◆ 国家社会科学基金一般项目资助成果

刘玉斌◎著

企业家隐性人力资本与科技型初创企业成长

——基于企业家情绪与行为的视角

经济管理出版社
ECONOMY & MANAGEMENT PUBLISHING HOUSE

图书在版编目（CIP）数据

企业家隐性人力资本与科技型初创企业成长：基于企业家情绪与行为的视角/刘玉斌著．—北京：经济管理出版社，2022.12
ISBN 978-7-5096-8899-1

Ⅰ.①企…　Ⅱ.①刘…　Ⅲ.①企业家—人力资本—影响—高技术企业—企业成长—研究　Ⅳ.①F276.44

中国版本图书馆 CIP 数据核字(2022)第 254030 号

责任编辑：张莉琼　詹　静
责任印制：许　艳
责任校对：陈　颖

出版发行：经济管理出版社
（北京市海淀区北蜂窝 8 号中雅大厦 A 座 11 层　100038）
网　　址：www.E-mp.com.cn
电　　话：(010) 51915602
印　　刷：唐山玺诚印务有限公司
经　　销：新华书店
开　　本：720mm×1000mm/16
印　　张：16.25
字　　数：308 千字
版　　次：2022 年 12 月第 1 版　　2022 年 12 月第 1 次印刷
书　　号：ISBN 978-7-5096-8899-1
定　　价：78.00 元

前　言

科技型创业企业作为最具创新活力和发展潜力的群体，在我国创新型国家的建设过程中至关重要，是我国经济发展的中坚力量。企业家作为科技型创业企业成长的领导者，其所拥有的隐性人力资本（包括隐性知识、企业家精神、社会资本以及创业情绪、企业家行为等）无疑左右着企业的发展和成长。然而，目前学术界对企业家隐性人力资本的研究尚未形成体系，这不利于学者们对其理论的认知、发展和延伸。本书在前期研究成果的基础上，探索企业家隐性人力资本的新内涵和外延——基于企业家情绪与行为的视角进行研究。企业家创业激情作为一种积极的情绪体验为企业家的创业活动提供精神动力，而创业过程中可能出现的创业倦怠情绪的调节将维持这种创业激情以促进企业成功创立及生存发展。此外，不同企业家的行为存在一定差异，这种差异可能会导致其企业成长路径及周期的不同。

本书基于企业家创业情绪和行为视角，探讨了企业家隐性人力资本在科技型初创企业成长过程中的作用。本书认为科技型企业家在创业过程中的创业激情以及可能出现的创业倦怠调节能力是重要的隐性人力资本构成要素，这是在之前的研究中没有涉及过的。因此，本书对企业家创业激情与科技型初创企业成长之间的关系展开研究；通过前导型案例研究，从企业家转型态度、主观规范、知觉行为控制等维度揭示了企业家行为对科技型企业转型发展的作用机理，分析了创业倦怠对企业成长的影响机制及创业倦怠调节机制；从企业家隐性人力资本的三个视角研究了其对科技型初创企业生存性绩效和成长性绩效的影响。

研究结果表明，创业激情的两个维度（企业家身份认同和企业家积极情绪）在知识型资源获取的中介作用下可以有效促进科技型初创企业的成长，而运营型资源在一定程度上可能会抑制创业激情向科技型创业企业成长的转化。从创业倦怠视角来看，创业倦怠的认知和调节能力是企业家隐性人力资本的重要组成部分，它与一般的员工职业倦怠存在本质区别，在此基础上本书探索了创业倦怠的形成机制以及对企业创业绩效的影响机制，最后提出了企业家创业倦怠的调节和抑制机制。针对企业家行为，借助计划行为理论发现企业家行为的三个维度：转型发展态度、主观规范以及知觉行为控制，都对科技型中小企业的发展具有很好的预测作用。另外，基于扎根理论和因子分析，构建了企业家隐性人力资本与科技型创业企业绩效的理论模型，从企业家隐性知识、企业家精神、企业家社会资本三个维度实证检验了企业家隐性人力资本对科技型初创企业生存性绩效和成长性绩效的影响。

本书在原有企业家隐形人力资本的隐性知识、企业家精神及社会资本等要素的基础上，丰富了企业家情绪调节能力及企业家行为态度等要素，但是对各要素的总结、归纳及各要素间相互作用及关联的分析还不够，这也是今后需要进一步厘清的重要内容和方向。

目　录

第一章　绪论

第一节　选题背景与意义

一、选题背景

作为最具创新活力和发展潜力的群体，科技型创业企业在我国创新型国家的建设过程中至关重要。由于国内经济发展方式的转变使经济结构亟待调整，作为市场中最活跃的部分，科技型中小企业在经济结构调整过程中是新旧动能转换的关键，是新的经济增长点，它们的转型将成为中国经济转型的主要力量。中国中小企业信息网数据显示，2016 年河北省“科技小巨人”企业比 2014 年增加了一倍，且 80%左右的著名商标来自科技型中小企业。同样地，天津新闻报道，科技型中小企业支撑着天津工业的半边天，它们将高科技转化为生产力并助推经济转型，对各个省市的发展起到关键的作用。因此，各领域学者，尤其是战略管理和变革管理领域的学者开始重点关注科技型中小企业的转型成长（杨桂菊，2010；孔伟杰，2012）。

（1）企业家作为引领科技型创业企业成长的群体备受关注。很多研究对企业成长的影响因素，如企业资源、社会环境（关系网络、社会资本、关系资本、战略联盟等）、企业家能力等展开论证，企业家人力资本的研究也是核心热点。从目前的国内外研究文献来看，对隐性人力资本的研究尚处于起步阶段。郭玉林（2002）首先对隐性人力资本给出了比较全面的定义，并梳理了隐性人力资本的价值度量方法。之后学术界主要针对企业家隐性人力资本开发、隐性人力资本的价值度量、隐性人力资本投资等方面进行研究。郭玉林（2002）的研究表明，隐性人力资本是员工头脑或组织关系中的知识、技能、经验、价值体系、创造力等。芮明杰和郭玉林（2002）以知识资本视角对隐性人力资本进行了研究。薛乃卓和杜纲（2005）研究表明隐性人力资本还应包括 Gratton 和 Ghoshal（2003）所提及的情感资本和社会资本，两者内隐于个人和组织且难以被洞察。本书认为大部分隐性人力资本看不见也摸不着，因此它为企业提供的竞争优势更具有持久性和不可模仿性。

（2）企业家隐性人力资本是对企业家特质以及关系网络、创新能力的凝练。国内外学者对企业家人力资本的相关问题展开了各种视角的深入研究，特别是在企业家社会网络、企业家特质以及企业家能力方面（张瑾，2009；韦红泉，2011；房路生，2010），但是当前很少见到企业家隐性人力资本的系统性研究出现在国内外的刊物上。

（3）隐性人力资本的研究尚未成体系。刘文和罗永泰（2008）搭建了在知识资本框架下的隐性人力资本框架，是隐性人力资本的理论研究基础，此后有学者深入研究了高技能人才隐性人力资本的形成与转化等相关问题。企业家隐性人力资本作为企业人力资本的核心目前还没有得到足够的重视和深入的研究，已有学者从经济学的视角对企业家隐性人力资本投入、配置、评价等问题展开了探索性研究，而本书则是从管理学的视角研究企业家隐性人力资本的形成与转化机制，从隐性人力资本的视角探讨企业成长的机理，进一步丰富企业成长理论。本书在完成对形成及转化机理研究的基础上，深入探讨和研究了企业家创业情绪及企业家行为对科技型初创企业发展的影响，从而进一步拓展了企业家隐性人力资本的内涵与外延，也为今后拓展研究奠定了基础。

二、选题意义

1. 在知识资本框架下开拓人力资本研究新领域

隐性人力资本研究是一个新生领域，正处于初期发展阶段。以知识资本理论为基础，将人力资本划分为显性人力资本与隐性人力资本，使人力资本理论由宏观拓展到微观，延伸人力资本理论的研究范围。

2. 从企业家隐性人力资本视角诠释企业成长

彭罗斯（Penrose，1996）认为企业成长来自企业内部，企业资源配置的独特性导致不同企业在其成长过程中的表现存在差异，进而导致不同企业的竞争力产生差异。企业家对资源配置的能力、企业家情绪控制能力与行为均可以总结为企业家所具备的其他人不具有的隐性人力资本。本书就是从企业家隐性人力资本的角度，探索其与企业成长之间的关系，并分析企业家激励机制，探讨能够实现企业持续成长的企业家激励机制。

通过对北京、天津、杭州和深圳科技型初创企业现状的调研和分析以及企业家隐性人力资本和科技型初创企业成长关系的研究，能够清晰地梳理科技型初创企业的成长模式和成长路径，通过对企业决策者——企业家隐性人力资本的分析，帮助企业做出更加准确、科学的选择。

3. 有利于完善我国企业家培养机制和促进企业家成长

企业家是科技型企业创新的核心原动力。企业家隐性人力资本形成影响因素的分析将有助于剖析科技型企业家队伍的发展和培养机制，不断提高其整体素质。通过深入分析企业家隐性人力资本转化机理和科技型企业家配置与整合企业资源的内在机制，能够帮助企业吸收、保持、转移、利用、保护自己的知识以及进行组织学习，为科技型企业家队伍的成长、更替和选择提供借鉴。

第二节 研究进展与新发现

一、前期研究成果

课题组成员在研究期间围绕企业家、企业成长展开了多方面的研究，目前在CSSCI期刊上发表论文三篇，参加并发表国际会议论文三篇（已检索），出版中期研究成果专著一部（获得天津市第十五届社会科学优秀成果奖二等奖），发表咨政建议两篇，完成工作论文两篇，拟分别投稿《南开管理评论》和《财经问题研究》，完成咨政建议两篇（修改投稿中，一篇已投《天津日报》理论版）。在课题开展研究期间，围绕科技型企业成长与发展获批省部级项目三项，包括天津市科技局招标项目（在研，题目：天津市培育高新技术企业成为“独角兽”企业的措施与路径）、一般项目（已结项，题目为双元并进战略：科技型企业并购中技术资源获取的路径选择）各一项，天津市教委人文社科重大基金项目一项（在研，题目：天津市激发和保护企业家精神的制度环境研究）。

本课题的前期研究围绕申报书的原有研究设计完成了相关内容，基于问卷调查以及大量的企业调研，本书界定了企业家隐性人力资本的概念，并对其形成和转化机制进行了理论分析和实证检验。以企业家隐性人力资本形成及转化为切入点，探讨企业家对企业集群发展的形成机制、作用机制以及运行机制，进而摸索出制度变迁路径，促进企业集群的优化与升级，完善企业家制度。从社会网络视角分析企业家隐性人力资本与企业集群演化机制，探索企业家隐性人力资本在企业集群的形成与演化中所起的作用以及企业家隐性人力资本各组成成分在企业集群发展演化各个阶段中所起的作用，从而构建企业家社会资本演化在企业集群发展与稳定中的作用模型。以天津市的科技型中小企业集群为研究对象，以 GEMN 模型为基础建立了具有针对性的科技型企业集群竞争力评价体系。以此评价天津市科技型企业集群的竞争力并计算得分，以探索其在发展过程中存在的优势及问题，并结合企业家隐性人力资本情况及企业家培育情况分析了天津市产业集群的发展态势，提出了基于隐性人力资本的企业家培育机制，并基于性别视角探索了女性互联网企业家在创业特别是创业融资过程中社会网络的影响。

二、研究新发现

在以上研究的基础上，探索企业家隐性人力资本研究的新视角——企业家创业情绪及企业家行为。本书认为科技型企业家创业过程中的创业激情以及可能出现的创业倦怠调节能力是重要的隐性人力资本构成要素，这是在之前的研究中没有涉及过的。另外，从企业家行为的视角，依托计划行为理论运用扎根理论和结构方程模型探讨了企业家行为对科技型企业转型发展的影响，进一步拓宽了企业家隐性人力资本研究的范畴。

本书的最终研究成果围绕着企业家创业激情对企业成长的影响，企业家创业倦怠的形成、影响及调节，企业家行为对企业成长的影响展开研究。在创业激情方面，研究发现企业家身份认同、企业家积极情绪在资源获取中介作用下，可以有效促进科技型初创企业的成长。并且，知识型资源获取在创业激情与科技型创业企业成长之间起有效的中介作用，运营型资源在一定程度上可能会抑制创业激情向科技型创业企业成长的转化。在创业情绪视角下，创业倦怠的认知和调节能力也是企业家隐性人力资本的重要组成部分，本书深入探讨了企业家创业倦怠与一般员工职业倦怠的区别，探索了创业倦怠的形成机制以及对企业创业绩效的影响机制，提出了企业家创业倦怠的调节和抑制机制。在企业家行为视角下，用计划行为理论阐释了企业家行为对科技型中小企业转型发展的影响机理，转型发展态度、主观规范以及知觉行为控制对科技型中小企业的发展具有很好的预测作用。另外，在扎根理论和因子分析的基础上，建立了企业家隐性人力资本与科技型创业企业绩效的理论模型，从企业家隐性知识、企业家精神、企业家社会资本三个维度实证检验了企业家隐性人力资本对科技型初创企业生存性绩效和成长性绩效的影响。

第三节 研究新视角的重要意义

一、企业家情绪及行为的视角

1. 创业情绪视角

在各种创业成功的案例中，我们都能从成功的创业者身上看到满满的创业激情。在公开媒体上，一些成功的企业家也公开强调了创业激情的重要性。创业是激情的体现，它使企业家深信他们正在做的事业，这对于实现他们的创业梦想和在各种困难中取得成功十分重要（Ma and Tan，2006）。心理学领域的学者们最先开始研究激情，他们认为激情可以激发个体的能力以及创造力（Vallerand et al.，2003）。目前，学者们也纷纷开始将心理学的情绪研究引入到创业研究中。创业领域学者对激情的研究可以追溯到熊彼特的早期著作中，创业激情也用来解释那些违背理性的创业行为，比如冒险、非常的专注度以及对梦想的坚定信念（Dalborg and Wincent，2015）。总之，不管是在创业实践中还是在理论研究中，创业激情都已经成为新创企业成长的重要影响因素。

创业激情是如何影响新创企业成长的？已有研究表明，企业家创业激情是驱动企业家克服困难、坚持创业行为的重要驱动因素（黎常等，2018）。受创业激情驱动的企业家将更加积极努力地去寻找资源。另外，企业家创业激情有利于企业家建立广泛的社会网络，从而吸引投资者投资（Cardon et al.，2009a，2009b；Chen et al.，2009）。创业激情也可以通过情绪传递等方式感染企业员工，有利于企业积累优越的人力资源（朱秀梅等，2019）。

2. 企业家行为视角

企业家契约理论认为企业家作为市场经济的主体（汪丁丁，1996），其判断影响着企业的发展路径（武光等，2015），并且在企业发展的不同阶段，企业家行为往往也不相同（吴春波等，2009）。那么企业的成功需要什么样的企业家行为呢？对这些问题的研究不仅有利于管理实践，同时也是理论发展的议题。

探索科技型企业家行为的个性和共性，寻找对企业发展和成长产生主要影响的行为因素，从而引导企业家行为，提高科技型企业发展成功率越来越被学者们关注。经济学家对企业家行为的关注点在于企业家利用市场非均衡状态的行为，如 Kirzne（2009）认为企业家行为就是把握获利机会。但是这些研究忽略了企业家个体异质性对其行为产生的影响。本书依据计划行为理论，在现有研究基础上研究科技型企业家行为产生的机制，延伸和拓展企业家隐性人力资本的研究范围，尝试建立企业家行为与科技型企业转型的关系模型。

二、研究新视角对课题研究的重要意义

1. 情绪调控能力是企业家隐性人力资本的重要组成部分

（1）企业家可以通过情绪管理来达到创业过程中的目的。个体认识自己与他人的情绪，并且为了实现自己的目的有意识调节情绪的能力被称作情绪智力。情绪智力可以在创业活动中得以积累和学习。情绪智力在企业家的谈判过程中起着重要作用，拥有较高情绪智力的谈判者可以有效提出双赢方案，顺利完成谈判任务。此外，Shepherd（2009）研究表明，情绪智力可以有效影响企业家的资源获取能力。除了企业家自身掌握的隐性知识、社会资本等外，情绪调控能力也是企业家隐性人力资本的重要组成部分。因此，通过对企业家创业情绪的研究有助于更全面地理解企业家隐性人力资本对初创企业发展的影响。

当前，关于新创企业成长绩效的研究较少把创业情绪作为研究变量，但 Baron（2008）认为，企业家的创业过程可以看成是一场情绪之旅，创业情绪对新创企业绩效的影响具有重要作用。

Van Kleef 等（2010）研究认为，个人情绪的效应可以分为个人效应与社会人际效应。其中，个人效应是指个人的情绪会调节个体的行为与能力；社会人际效应则是指个体情绪对于其他个体行为的影响。在创业情绪研究中，众多学者借鉴了情绪社会信息（EASI）模型。EASI 模型主要介绍了情绪的社会效应，该模型以情绪的信息功能为核心，认为个体的情绪反应包含了个体意图、情感等信息。观察者可以通过观察表达者的情绪表达，获取相关信息。观察者通过这些信息进行推理可以进一步完成相关行为与决策。同时，个体情绪也会通过情绪感染直接引起观察者的情感反应，高倩等（2010）的研究表明个体情绪分享程度越高，越能够激起观察者的积极情绪。在创业情绪的理论研究中，学者们对个体情绪的产生效应的研究也可以从个体效应与社会效应两个层面进行分析。

（2）创业情绪会影响企业家的认知能力以及创业行为。Hayton 和 Cholakova（2012）的研究认为，企业家的创业情绪与认知将会互相影响，情绪会在这种互动中不断调节企业家的感知能力、创业意向，最终影响企业家的创业行为。Welpe 等（2012）研究表明，创业过程中情绪会影响企业家的创业决定，如恐惧会降低企业家的创业意愿，热爱和愤怒会增加企业家对创业机会的正面评估，进而提高企业家的创业倾向。Foo 等（2009）的研究表明，积极的情绪会降低企业家感知风险的能力，从而提高其创业的机会识别能力。

（3）创业情绪会通过情绪传染方式影响周围的投资者、员工、家庭成员等

利益相关者。心理学者们认为人类会主动模仿身边其他人的语言表达、表情、动作等，在这一过程中模仿者会受模仿行为的影响调整自身的情感状态。在创业过程中，企业家的创业情绪也必然会在这种机制的作用下传递给其他人。Liu 等（2017）根据社会信息模型，研究认为领导者的情绪通过情绪传染会对员工情绪造成影响，进而对员工心理安全感产生影响。Wang 和 Seibrt（2015）的研究表明，领导者积极情绪的表达有助于提高员工的工作绩效。

2. 企业家行为研究丰富了企业家隐性人力资本的外延

企业家行为先前的研究焦点在于企业家行为的概念以及企业家行为维度的划分等，然而企业家行为的形成机制以及企业家行为对科技型中小企业转型的影响还鲜有研究涉及。从态度、主观规范以及知觉行为控制等视角探索企业家行为可以对企业家行为动机有更好的认知，从内生的视角，可深入挖掘企业家的隐性人力资本。

本书基于计划行为理论，大部分研究都证明了其可以有效提升对企业家行为的预测力和解释力（段文婷、江光荣，2008）。其实，计划行为理论主要应用于创业行为领域、创新行为领域、健康行为领域、共享行为领域、交通行为的管制等，在管理学领域多应用于市场营销方向的消费者行为，很少在企业家行为方面应用计划行为理论进行研究。本书在科技型企业家对企业采取转型发展行为的研究中引入计划行为理论，拓展了计划行为理论的应用领域。

本书为引导企业家行为以及科技型企业的转型成长提供了启发。首先，就引导企业家行为而言，我国有关部门应积极引导企业家的转型意图转变为企业家行为，促进企业转型，同时为企业提供丰富的资源以供其转型所需，提升企业转型效率，促进企业顺应国家经济结构的调整趋势，更好地服务社会。其次，就科技型企业的成长而言，本书构建了概念模型，并进行实证研究和假设检验，表明企业家的行为决策在不确定性环境中决定了一个企业的生存和发展，启发科技型企业家需要不断积累知识经验并建立自信，适应我国经济结构转型的趋势，为企业转型创造新思路，帮助科技型企业健康成长。

第四节　研究内容

一、研究框架

本书在原有研究基础上，以企业家创业情绪和行为新视角拓展企业家隐性人力资本的内涵及外延，重点研究了企业家创业激情、创业倦怠以及企业家行为对科技型初创企业发展的影响机理和路径，并进行了相应的实证研究。研究框架见表 1-1。

表 1-1　研究总框架

<table>
<tr><th>类型</th><th>研究重点</th><th colspan="2">主要研究内容</th><th>成果呈现形式</th></tr>
<tr><td rowspan="2">基础研究</td><td>1. 代表性区域科技型创业企业家及企业成长现状与问题——北京、天津、浙江、深圳</td><td colspan="2">• 科技型创业企业发展现状与特点
• 科技型创业企业成长中存在的阻碍因素
• 科技型初创企业企业家现状
• 科技型企业家思维创新与企业创新研究</td><td>研究报告
咨政建议</td></tr>
<tr><td>2. 文献综述</td><td colspan="2">• 企业家隐性人力资本
• 创业激情与创业倦怠
• 企业家行为
• 企业家个性与特征
• 科技型初创企业成长</td><td>综述性论文
研究报告</td></tr>
<tr><td rowspan="4">理论研究</td><td>3. 企业家创业激情与科技型初创企业成长</td><td>企业家创业激情视角的影响机理</td><td>• 企业家创业激情
• 资源获取能力的中介作用
• 科技型初创企业成长</td><td>实证型论文</td></tr>
<tr><td>4. 企业家行为与科技型初创企业成长</td><td>企业家行为视角的影响机理</td><td>• 前导性案例研究
• 企业家态度、主管规范、知觉行为控制对企业成长的影响
• 企业家行为对科技型企业转型发展的作用机理</td><td>实证型论文</td></tr>
<tr><td>5. 创业倦怠对企业成长的影响机制、创业倦怠调节机制</td><td>创业倦怠的调节机制及研究探索</td><td>• 企业家创业倦怠的内涵
• 创业倦怠的形成机制
• 创业倦怠的硬性机制
• 创业倦怠的调节机制
• 创业倦怠与企业成长</td><td>规范型论文</td></tr>
<tr><td>6. 企业家隐性人力资本与科技型初创企业发展的实证研究</td><td>企业家隐性人力资本与创业企业成长绩效的实证检验</td><td>• 科技型企业家隐性人力资本的扎根理论分析
• 企业家隐性人力资本对科技型初创企业生存绩效及成长绩效的影响</td><td>实证型论文</td></tr>
<tr><td>实践研究</td><td>7. 科技型初创企业成长模式及路径选择</td><td colspan="2">• 国外科技型初创企业成长模式经验借鉴
• 国内科技型初创企业成长模式经验与教训
• 科技型初创企业成长及成长路径选择</td><td>研究报告</td></tr>
</table>

（1）在理论研究层面。本书将对科技型创业企业家的隐性人力资本的内涵及外延从创业情绪和企业家行为的视角展开深入分析，通过理论分析和实证研究解读企业家创业激情、企业家行为对科技型初创企业发展的影响机理，研究创业倦怠对企业家和科技型初创企业的影响机制，在拓展其内涵的基础上构建企业家隐性人力资本对科技型初创企业创业绩效和生存绩效的影响。

（2）在实践研究层面。依托天津市科学学研究所，本书对天津、北京、上海、杭州、深圳等科技型企业进行深入调研和访谈，展开问卷调查和企业家访谈，深入一线了解企业家和企业的发展情况，进行总结和分析并提出企业家精神保护和激励的相关对策建议，从营商环境的视角提出科技型初创企业的发展路径。

二、研究的核心要点

1. 企业家创业激情对科技型初创企业的影响机理

为了研究创业激情对新创企业的作用机制，本书基于资源基础理论引入了资源获取作为中介变量。本书的主要研究问题为：①在新创企业的成长过程中，创业激情对其成长绩效究竟起到了什么作用？②创业激情是如何通过资源获取影响新创企业成长的？通过文献理论分析与实证研究，主要有以下两个主要结论：

（1）企业家创业激情积极促进新创企业成长。企业家的创业激情能够有效地促进新创企业成长。初创企业面临着较高的不确定性，企业的资源与能力都尚有不足，在组织结构上也不完善。在此阶段，企业家在很大程度上主导着企业未来的命运。激情澎湃的企业家能够不断克服困难，带领企业走出困境。企业家的个人情绪不仅能影响企业家的认知与行为，还能通过社会人际效应影响员工、投资者等利益相关主体的行为与决策。企业家应该积极调节个人情绪，并充分利用激情的传染效应，为企业成长寻求已有的成长资源与环境。

（2）知识型资源获取在创业激情与初创企业成长之间起中介作用，运营型资源在一定程度上可能会对创业激情向新创企业成长的转变产生抑制作用。知识型资源获取变量在企业家激情与企业成长之间起着显著的中介作用，但是运营型资源获取呈现了负向的中介作用。同时，企业家创业激情更能帮助企业获取知识型资源，而激情对于企业运营型资源获取相对困难。

企业家应该注重情绪管理，在企业成长阶段注意对知识型资源的积累。已有研究表明，知识型资源的获取有利于运营型资源的整合利用（朱秀梅、费宇鹏，2010）。进一步来说，当企业在丰富的知识型资源以及一定的运营型资源的支持下快速成长后，能够快速实现运营型资源的积累，优秀的成长绩效也有利于吸引投资者的关注。一味追求过多的资金、设备等运营型资源，过多的运营资源可能使新创企业失去发展的灵活性，成为企业成长的负担。

2. 企业家行为对科技型企业发展的影响机理

（1）企业家行为态度对科技型企业发展的影响。企业家本身具备企业未来命运决策者的身份，为使企业能够保持持续、稳定的发展，他们会表现出比其他群体更高的自我满足感和对于自我成就的追求，为此能更有效地产生积极的转型行为动机。这种来自内生态度的激励将会引起由意图到行为的连锁反应（张敏、张一力，2016）。通过结构模型分析可知，外生态度与科技人员转型意向和转型行为并没有任何关系，究其原因可能是：由于存在众多外部因素，如政策制度、市场环境、员工个体行为和态度等，使外生态度在转型意向到转型行为的变化成为一个复杂的过程（Gans and Stern，2003）。当存在适合企业转型的外部条件时，外生态度才会对转型意图到转型行为的变化过程产生影响。这一过程具体的转化机制还需要学者们做进一步深入分析。

（2）企业家行为规范对科技型企业发展的影响。当某些企业转型成功时，会产生企业转型的氛围。在集体意识的作用下，其他企业会纷纷投入到转型的活动中，这种情况在中国表现得更为明显（陈东平，2008）。科技型中小企业转型往往会受到成功转型企业示范性规范的影响，或者说会受到来自成功转型企业家无形的压力，在这些因素的推动作用下，科技型中小企业家会出于从众心理，推动企业实施转型行为。

在这一过程中，指令性规范并不会对企业家产生较大的影响。企业家本身具有较高的地位，很难屈从于他人的命令指使，企业家更倾向于按照自己的意志做出行为决策。这与我国传统儒家文化中强调的权力距离相一致（陈东平，2008），企业家作为位尊者拥有更大的权力，他们更多的是发布命令。因此，企业家群体并不会受到指令性规范的影响。

为更好地发挥成功转型企业的示范性作用，在企业转型氛围的烘托下，科技型中小企业应该选择出榜样企业。这样能使企业家更好地感受示范性作用，促进企业家转型意图的产生，并积极推进企业转型行为。

（3）企业家自我效能对科技型企业发展的影响。企业家自信心在企业转型过程中发挥着重要作用，其转型意图和转型行为会受到来自企业家自我效能感的影响，这种影响是显著的、正向的。特别是当企业绩效因环境因素而下降时，企业家需要保持自信的心态来克服困难（陈莹、周小虎，2017）。转型意图和转型行为还会受到控制力这一变量的影响，这种控制力经常表现在对可用资源的把控上。如果企业家能够有较强控制所需资源的能力，那么他们将更好地实现由转型意图到转型行为的发展，这也是企业家控制力经济合理性的具体体现（郭新帅、方世建，2007）。

所以，在企业转型发展的过程中，企业家不但需要拥有自信心，还需增强控制能力。当转型行为具有高风险特性时，企业家要对转型充满自信，坚持企业转型发展，坚信转型最终能够走向成功。同时，企业家要加强企业转型过程中所需资源控制力度，采取全方位、多渠道融资策略，保持企业转型所需资金的充足。根据企业转型需要及时调整人力、物力的数量，将各项资源数量把控在合理范围之内。具备自信心和控制力能力的企业家更能产生转型意图，并推动其向转型行为转变。

3. 企业家创业倦怠的影响机制及调节机制

创业倦怠不仅关系着企业家个体心理健康和创业幸福感的缺失（Stephan，2018），影响个人事业发展，而且会通过情绪传染等方式在创业团队或企业中蔓延（Kelly and Barsade，2001），影响全体成员创业士气，阻碍创业进程和企业发展，甚至左右创业成败。在组织外部，企业家的倦怠情感可以通过社会网络传播给其他创业者（Wang et al.，2011），尤其是处于结构洞位置的创业者，其倦怠传播范围更广，这样的情感扩散甚至可能会冲击整个行业的发展。总体而言，创业倦怠的影响范围广，破坏性强大，是阻碍创业和企业成长的一大因素。

创业倦怠与传统工作情境下的职业倦怠存在本质上的不同（Shepherd et al.，2010），企业家通过创业来实现自身职业发展的过程有其特殊性（Dyer，1995）。其中最明显的不同之处在于企业家在创业过程中面临高度不确定性与风险（Koudstaal et al.，2015；Packard et al.，2017），没有成熟的职业路径供其参考，尤其是在新冠肺炎疫情之下，所有企业均始料未及，面临更多不确定性和风险。在这样的环境中，很多企业摇摇欲坠，甚至破产消失，企业家或创业者所遭受的压力远远高于普通职工，很容易造成创业倦怠。

从目前研究成果来看，创业倦怠的研究并没有取得实质性的进展，本书将在剖析创业倦怠内涵的基础上，全面总结以往研究中创业倦怠量表的应用情况，并从个体视角和情境视角深入分析近年来国内外有关探索创业倦怠形成机制的研究，探讨创业倦怠对创业认知、创业行为、创业绩效的影响效应，并以自我调节和外部调节两种方式归纳如何克服创业倦怠。

第五节　研究方法

一、文献研究法

本书对研究所涉及的理论文献进行了搜集和回顾，如计划行为理论、企业家行为理论和企业转型理论等，并根据国内外研究现状对相关文献进行了系统梳理，为后续研究的开展提供了坚实的理论基础。本书在全面搜索阅读国内外关于创业激情、企业成长以及资源获取相关文献之后，梳理了已有研究成果，分析了现有研究的不足，为本书的选题与研究设计提供理论依据。

二、案例研究法

科技型中小企业转型与企业家行为的关系是一个尚未予以关注的领域，而案例研究适用于某领域研究的早期阶段。QWT 太阳能科技有限公司作为科技型中小企业，其本身发展经历和企业性质符合本书内容，为此本书选择该公司作为研究对象较为合适。另外，本书在坚持案例研究法典型性和系统抽样原则的同时，对单案例进行纵向深度的研究，这样便于对同一研究对象在不同时点开展进一步细化研究，形成完善的一手资料。

三、问卷调查及实证研究方法

借助统计分析软件可以快速、准确地对数据进行分析和处理。本书选择使用 SPSS23.0、AMOS22.0 和 Bootstrap 等软件对回收到的问卷数据进行处理和汇总。问卷和量表的信度、效度是实证分析中的首要内容，本书选择使用 SPSS 统计软件对问卷的信度进行检验，并对问卷进行描述性统计分析。使用 AMOS 统计软件检验所使用的量表效度情况，同时对结构方程模型进行因子分析。另外，本书中变量还包含中介效应和调节效应，因此选择运用 Bootstrap 方法对本书中所涉及变量的中介效应进行检验，选择运用 SPSS 统计软件对所涉及变量的调节效应进行检验。

四、研究技术路线

本书的技术路线如图 1-1 所示。

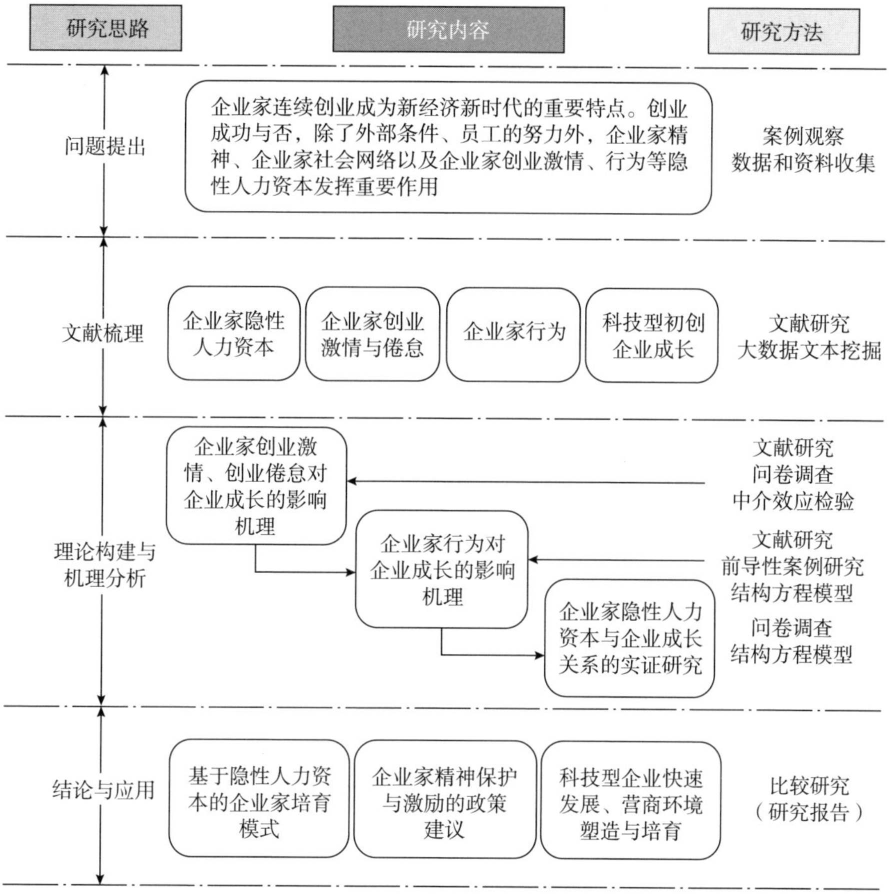

研究思路　研究内容　研究方法

问题提出

企业家连续创业成为新经济新时代的重要特点。创业成功与否，除了外部条件、员工的努力外，企业家精神、企业家社会网络以及企业家创业激情、行为等隐性人力资本发挥重要作用

案例观察
数据和资料收集

文献梳理

企业家隐性人力资本

企业家创业激情与倦怠

企业家行为

科技型初创企业成长

文献研究
大数据文本挖掘

理论构建与机理分析

企业家创业激情、创业倦怠对企业成长的影响机理

文献研究
问卷调查
中介效应检验

企业家行为对企业成长的影响机理

文献研究
前导性案例研究
结构方程模型

企业家隐性人力资本与企业成长关系的实证研究

问卷调查
结构方程模型

结论与应用

基于隐性人力资本的企业家培育模式

企业家精神保护与激励的政策建议

科技型企业快速发展、营商环境塑造与培育

比较研究
（研究报告）

图 1-1　本书的技术路线

第六节　研究创新点

一、在知识资本和情绪理论视角下，深化了企业家隐性人力资本的研究

将人力资本进一步区分为隐性人力资本和显性人力资本，能够在知识资本框架下拓宽及深化人力资本相关理论研究，将人力资本理论研究从宏观视角引向微观视角。同时，企业家隐性人力资本的产生、发展和作用发挥等影响因素、路径

等相关机理的研究也将丰富企业家相关理论，特别是本书的后期研究成果进一步深化了企业家隐性人力资本的内涵和外延，从企业家创业情绪和行为的视角展开了探索性研究。

二、验证了企业家隐性人力资本对企业动态能力的影响机理

本书采用实证的方法对组织动态能力的影响因素进行了分析和检验，具体包括企业家社会资本、企业家精神和企业家隐性知识等影响因素，研究发现企业家个人能力在这一过程中发挥着重要作用，随着企业家个人能力水平的提升，组织动态能力所受到的影响程度也变大。同时，分析了企业家隐性人力资本对企业集群发展的影响机理。本书以网络视角为切入点，在对集群企业家社会资本、企业家之间信任、稳定性和竞争优势等因素的分析基础上，进一步揭示对企业集群发展运行机理的影响过程，这对企业集群的优化与升级具有重要意义，并且提供了企业未来转型发展的制度变迁路径。

三、从企业家创业情绪的视角研究了企业家隐性人力资本对企业成长的影响机制

创业情绪是创业企业家具有的独特情感。本书从创业情绪视角出发，重点讨论了创业激情这一重要情绪在企业发展过程中的重要作用，并将资源获取视为中介变量引入研究之中。在对已有相关文献梳理和总结的基础上，重点探究了创业企业家如何运用创业激情对企业资源获取的影响，运用实证检验方法分析了企业家创业激情对新创企业成长的作用机制。同时，进一步深化研究了企业家创业倦怠对初创企业的影响机制。

四、企业家行为对科技型企业转型发展的影响机理

本书以计划行为理论为指导，并在理论回顾的基础上对转型态度、知觉行为控制和主观规范三个变量进行具体的维度划分，构建出研究假设模型，通过对相关数据收集和整理，应用结构方程探究了各个维度与企业转型行为之间的关系，在此基础上揭示了企业家行为这一关键变量如何对企业转型产生影响。本书明确指出促使科技型中小企业家实施企业转型行为的内部动机的具体内容，便于学者们加深对企业家行为来源的理解。本书不但具有丰富企业家行为理论的意义，同时具有能够对科技型中小企业家转型行为产生指导的实践作用。

第二章　文献综述

文献综述的目的是寻找充分的理论依据和文献支持，并通过对相关文献的阅读，发现目前与已有研究中存在的不足之处。本章通过对相关理论概念的回顾，具体包括企业家隐性人力资本理论、创业激情与创业倦怠概念与内涵、企业家行为理论、企业家个性与特征和科技型初创企业成长相关研究等，梳理了当前各领域的研究现状和发展脉络，为本书的后续研究提供了文献支撑和理论依据。

第一节　文献地图

本书以企业家隐性人力资本与科技型初创企业成长为中心进行研究。企业家隐性人力资本包含三个层面：隐性知识、人力资本和企业家隐性人力资本，在此基础上，延伸出企业家个性与特征、企业家的创业情绪（创业激情与创业倦怠）、企业家行为等相关理论与研究，进而探讨这三个方面分别与初创企业成长之间的关系（见图 2-1）。

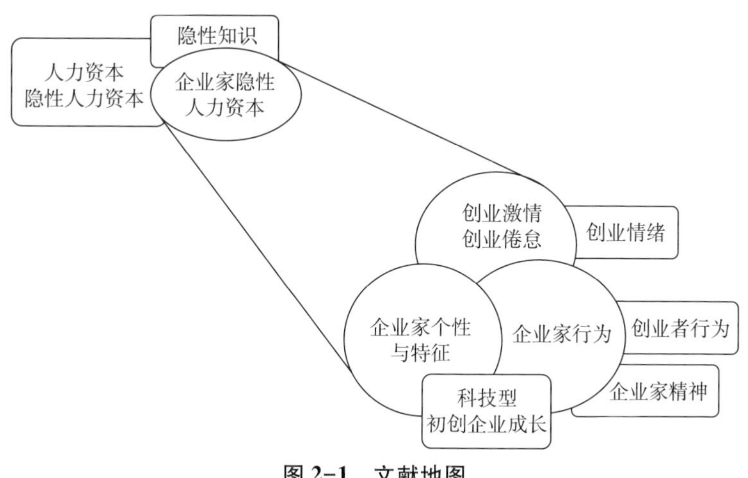

图 2-1　文献地图

第二节　企业家隐性人力资本

从现有研究文献来看，新创企业成长的影响因素可以分为企业外部与内部两个方面。其中，外部影响因素包括市场需求管理、外部知识与技术管理、社会关系管理以及政府行为的应对，内部影响因素包括企业家特质、学习型组织、人力资源管理、知识与技术管理、资金管理等方面。很多学者将企业家人力资本界定为影响企业成长的关键因素（余向前等，2013；连燕玲等，2014；李宇、张雁鸣，2013）。本书认为，企业家人力资本尤其是其隐性人力资本是决定企业成长的关键，企业家隐性人力资本组织化的过程决定了企业的成长方向及速度和质量。

一、隐性知识——理论基础

1. 知识的内涵概述

知识是人类社会对物质世界及精神世界不断探索所取得结果的总和，同时也是人类在实践过程中认识自我和客观世界的成果，它是一种观念、态度、原则、程序和信息在传递过程中的有机结合体（Bhatt，2000）。在哲学中，知识又被称为认知论，人们通过感知、沟通、推理等一系列复杂过程对知识进行获取，它被视为人类智慧构成的基本因素之一，但知识的定义仍然是一个争论不休的话题，至今也未有一个统一明确的定义。

在知识理论发展过程中，学者们常常将知识与其他概念混淆，如信息、数据等（祝振媛、李广建，2017）。事实上，知识具有一个不断演进的过程，纳塔拉詹（Natalajan）认为，信息是在数据收集和处理的基础之上形成的，而知识则包含着人工解释和人们经验充实的信息，同时也高度依赖于信息的背景环境，知识在层级上高于信息，并且被证明是有效的信息，综合信息后能够获取知识；另外，知识能够分解、转化为信息。正如 Wiig（1997）所阐述的那样，信号是数据的基础，而数据则构成知识形成的基本信息，个体智慧的形成需要对这些知识进行不断的理解、吸收和消化，由此产生知识阶层（见图 2-2）。

知识的演进阶层共分为五个层次，并且可以进行双向演进。从信号之中分析出数据，加以总结产生有用的信息，不断升级演化并升级为知识，最终升华成为智慧。这是一个知识管理的过程，在这个过程中通过对数量庞大的数据管理和分类，实现信息从无序到有序，同时实现信息升华。同样，随着信息生产和收集数

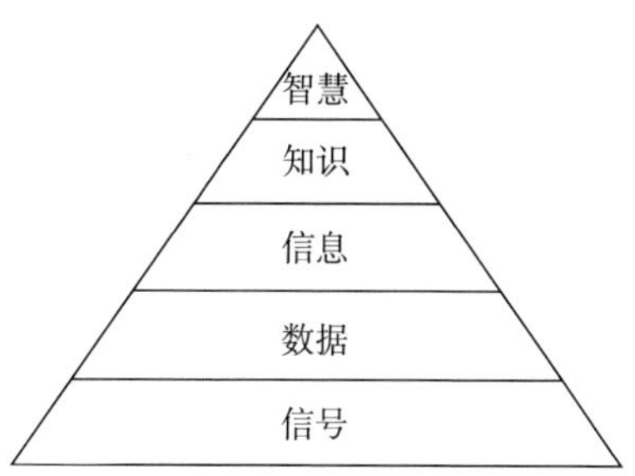

图 2-2 知识阶层

量不断增加，当数量达到临界值时，噪声便会产生。知识演进将会呈现出不断衰退的状态，此时智慧将会传播为知识，知识普及为信息，然后变为可储蓄、可记录的数据。此时的数据只有记录价值，而失去本身的应用价值。

2. 隐性知识内涵及概述

20 世纪 50 年代，世界著名的科学学大师 Michael Polanyi 发现了知识的隐性维度，并在其著作《个人知识》中率先对“隐性知识”进行了阐述。Polanyi（1958）指出，显性知识是一种“具有隐含属性未指明、未编码的信息”，其具有明显的个性化特征和特殊的情境特性，存在于个体的认知和行为之中；显性知识则与之相反，显性知识是通过加工编码等形式，以书面文本、公式符号、表格图片和程序等工具进行表达和阐释清楚的一种知识，它能够在正式的、规范的语言中进行传播，并且能与他人进行沟通和交流。1965 年，里伯设计了一个有关在无意识状态下获取知识的实验，对“隐性知识”进行实证研究。在实验中，个体在没有意识或并不了解其行为规则的条件下，仍然能够学习适应规则圈。这证明了人们通过内隐式的学习方式能够自主地学习隐性知识。尽管“隐性知识”理论得到了实证检验，但这一概念在当时并未引起学者们的重视（Atkeson and Kehoe，2002）。直到 20 世纪末，日本学者野中郁次郎与竹内弘高在其合著的《创造知识的企业》一书中，运用案例研究的方法，对波兰尼“隐性知识”观点进行分析和探究，并在确定“隐性知识”理论的基础之上，提出知识共享与知识创造的四种转化模式。这些模式已经发展成为知识管理研究颇具代表性的经典，直到今天仍然对西方知识管理领域产生重大影响。

隐性知识是一个非常复杂、模糊、抽象的概念。Kogut 和 Zander（1993）将隐性知识定义为一种教授个体如何去做事情的知识，有时也可以理解为人们日常实践、生活中积累下来的“知识或经验”，它们往往不具有分享性和转移性，并且很难进行人为的教授和编译。Davenport 和 Prusak（1997）从时间维度对隐性知识进行分析，认为个体对于隐性知识进行内化、吸收和运用需要经过长时间的过程，仅仅依靠文档和数据库等工具自动生成是不可能实现的，因为这一过程的实现与知识拥有者的情感、认知和价值观有着密不可分的联系。Nonaka 和 Konno（1998）从认知维度和技术维度对隐性知识概念进行了分析，揭开了探索隐性知识的全新视角。隐性知识作为人类个体行动中的一种特殊的技能（Winter and Nelson，1982），本身具有极大的价值，但其难以表达和教授的特殊属性，使实现价值最大化变得十分困难，人们很难对隐性知识进行充分利用，并产生了“知大于言”的普遍现象（Saint-Onge，1996）。正是由于隐性知识的稀缺性和难以沟通，在实践中个体能够采用某种方式理解和掌握它就变得十分珍贵（Lane and Lubatkin，1998）。

很多学者将隐性知识称为“内隐性知识”，概括为一种人类在不断适应自然、改造自然的实践活动中积累下来的直觉和经验。在这一过程中，个体的认知、经验和技能成为了内隐性知识形成的基础和源泉，个体难以通过语言或文字进行表达和说明，理解和实践成为了获得内隐性知识的唯一途径（Drucker，1985）。我国学者张庆普（2002）将内隐性知识定义为一种难以被不同知识主体（个人、组织等）进行复制和模仿，进行表达和分享的知识形式。内隐性知识来源于个体在不同的情境下和实践过程中的经验性知识，其本身不易表达、分享、描述和编码的特性，使人们总是在无意识的状态下进行使用。同时，内隐性知识常常镶嵌于企业或组织的规范之中，兼具稳定性、持久性、增值性及排他性等特征（李玉海、陈娟，2004）。

3. 隐性知识的测度

通过以往对隐性知识内涵的相关研究，不难看出隐性知识是个体基于特定个体的客观环境而获得的难以表达和传授的知识，由于个体所处环境的不同，隐性知识也存在着明显的个体差异性。因此，学者试图从不同角度寻找相似之处，总结出隐性知识的一般结构。

目前，学者们主要运用定性与定量相结合的方法对企业家的隐性知识进行测量。Sternberg（2000）通过对企业管理人员的长期观察和研究，设计出适用于测量该群体隐性知识内容的量表，并开展相关实证研究。研究发现管理者作为企业的主体，是带领企业发展前进的中坚力量，但这也意味着他们将会承担更多的责任。为此，管理者需要更加丰富的隐性知识内容，不仅要亲身参与，同时还要兼顾企业员工和企业长远战略目标的实现。我国学者在对相关量表进行梳理的过程中发现，隐性知识本身是一个动态发展的过程。个体经验是不断积累变化的，隐性知识也随之发生改变，这种动态性为隐性知识的测度和衡量创造了条件。连旭等（2007）较早设计出企业家隐性知识测量量表来衡量企业家隐性知识的内容因子，并针对企业家隐性知识较早开展了实证研究。通过运用因子分析的方法，最

终得到了关于企业家隐性知识的二阶三因子结构模型。

4. 显性知识和隐性知识的互动

显性知识与隐性知识这一对概念是相对存在的。在企业中，部分知识在时间维度的转移难易程度会影响知识在空间维度转移到其他企业的难易程度，那些越容易被转移的知识，被称为显性知识。易转移的知识不容易被储存，在频繁的转移过程中，其企业战略价值逐渐降低。隐性知识是企业自身持有的辅助性资源，具有较高的保存价值，与不具有相似辅助性资源的其他公司形成鲜明的对比（Garud and Nayyar，1994）。因此，根据不同企业的特性，这类隐性知识作为公司生存、发展的必要资源，必须被保存在企业内部（Barton，1995）。

基于 SECI 模型，学者们对隐性知识转化模式进行了相关研究并取得重要成果。绝大部分研究主要从企业层次角度阐述说明了隐性知识的具体转化过程。

人力资本向组织资本转化过程，即组织通过获取、分享、陈述、汇总和传递知识的过程，它涉及企业内部、组织之间和组织与客户等各个层次，并在不断交互的过程中实现知识的创造、共享、传播和应用。其中 Nonaka 和 Takeuehi（1995）提出四种基本知识转换过程，认为显性知识与隐性知识并不是独立存在的，它们既可以在自身基础上进行发展、完善，同时也可以彼此相互转化。具体而言，可以分为以下四点：

第一，从隐性知识中可以获取隐性知识。这种转化模式被称为“社会化”过程，主要是通过个体或团体分享以往经验以传授和创造新知识的方式实现的。隐性知识本身具有难以表达的特性，但个体或团体可以通过亲身体验、模仿观察等感性经验的方式克服语言沟通障碍，实现知识的交换和共享，并且经由社会化过程，在彼此之间产生高度的知识共鸣。

第二，从隐性知识中可以获取显性知识。这种转化模式被称为“表述化”过程，主要是在汇集原有个体或团体共享知识的基础之上，创造出全新的知识，如在实践中新产品观念的提出、技术方法的文字化、忠诚度和满意度等具体描述都属于这一转化模式。经由描述化的过程，创造出观念性的知识。

第三，从显性知识中可以获取显性知识。这种转化模式被称为“综合化”过程，是个体或团体对各种已有知识加以综合利用而创造新知识的过程。本质上是对现有显性知识进行排列、组合，经由综合化过程，创造出系统化的知识，如利用网络、语言、软件和数据库等工具进行新知识创造。

第四，从显性知识中可以获取隐性知识。这种转化模式被称为“内在化”过程，是通过将上述社会化、表述化、综合化等过程创造产生的显性知识进行内在化过程处理，进而转化为只可意会不可言传的隐性知识。经由内在化过程，创造出操作性的知识。

Nonaka 和 Takeuehi（1995）提出的四种基本知识转换过程，即从个人、团队和组织等不同知识层面描述了显性知识和隐性知识的转化过程被称为“知识螺旋”。内隐知识和外显知识总是在知识螺旋中不断进行着互动，且互动规模呈现出不断扩大的趋势。同样，个体的隐性知识在知识转换模式下不断扩张，并逐步上升为更高级层次的知识。

二、人力资本理论相关研究

1. 人力资本的内涵

对于人力资本的研究可以追溯到 20 世纪 30 年代。美国经济学家 Walsh（1935）在其著作《人力资本观》一书中首次提出人力资本这一概念。Walsh 通过将个人在教育上的投资花费与教育为个体所带来的收益相比较，进而得到个体受教育所得到的经济效益，以此对人力资本进行初步阐述。20 世纪 60 年代，随着古典经济学弊端逐渐显露，学者们在对其不断批判的同时，开始了对新理论的探索。这一时期，现代人力资本理论逐渐建立起来。特别是学者 Schultz（1961）在美国经济学年会上发表了题为《人力资本投资》的重要演讲之后，人力资本逐渐形成了体系，并演进成为一种理论。Schultz（1961）所提出的关于人力资本内涵的观点较具代表性，他认为人力资本是劳动者本身所拥有的一种无形资本，并通过教育、培训和知识迁移等方式形成。合理有效地使用人力资本能够加快促进技术创新进程，极大地推动生产力发展和科学技术的进步。用于人力资本的支出更应该被看作是一种投资，这不仅仅是简单的消费，在后续活动中能够带来更大的价值。Schultz 还通过对美国实证研究的分析发现，相对于劳动力资本和物质资本而言，人力资本促进经济增长的作用更为突出。上述观点和看法对后续人力资本理论的发展产生了重要影响。

在此之后，众多经济学家如 Becker 和 Mincer 等都对人力资本的概念进行了详细的阐述。Becker（1962）认为，单个劳动个体本身拥有知识、专业技术和教育水平，他们能够在工作中取得富有成效的成果，但这与他们单纯从事体力劳动能力不同，由此产生的便是人力资本。工人们正是因为使用了这些额外的人力资本，其生产能力得到了提升，创造出更大的社会价值（Drucker，1985）。这一时期对人力资本概念清晰准确的阐释，为后来学者们将人力资本应用于不同学科领域的研究奠定了坚实的基础。

经济合作与发展组织（OECD）将人力资本定义为个体本身所具有的能够为自身、他人甚至社会创造经济福祉的技术能力、个人素质和文化知识等。作为社会财富的重要组成部分（李海峥等，2010），人力资本与传统资本具有类似的形式，并且能够运用相同的方法进行理论化。为此，学者们将人力资本理论纳入到经济分析的理论框架之中。进入 21 世纪以来，人力资本领域的研究思路悄然发生了变化，重点更加偏向于“专业化人力资本”的研究，即从一般性的技术进步和人力资源转向强调特殊知识。随着计算机应用及网络技术的快速发展，人力资本研究也更为注重具体化、定量化分析。

2. 西方学者人力资本相关研究评述

人力资本理论从萌芽时期到理论诞生，再到后期不断发展完善经历了一个较为漫长的过程。在这个过程中，许多西方著名学者从不同的视角对人力资本的观点和思想进行了清晰和具体的阐释。

从表 2-1 可以看出，自人力资本概念产生以来，不少西方学者从不同的视角对人力资本的概念进行了界定。有些学者将人力资本视为一种投资活动（Smith，1976；Schultz，1961；Bowman，1969），这种投资的支出远远低于所获得的收益，因此可以带来经济效益。同时，作为一项重要的资源，人力资本能够成为经济发展的推动力（Romer，1987；Becker，1993），为社会发展带来更大的价值。同时，学者们就一点达成共识，人力资本是通过个人和政府的投资形成的。通过对教育培训的投入，将人力资本浓缩为各种具有排他性的能力和素质，以提高个人收入、劳动效率和产出水平。这些特有的能力和素质可以为人力资本的载体带来货币或非货币的利益。

表 2-1 西方学者对人力资本的定义

作者	年份	定义	关键变量
Adam Smith	约 1676	固定资本和流动资本、各种形式的人力资本投资、教育问题和劳动复杂性等	投资活动
Schultz	1961	人们通过教育和培训获得的知识和技能的形式。这种资本是有目的的投资的产物，可以达到产出效益	在人身上能够获得回报的投资
Mincer	1962	人力资本在学校教育方面作为投资将提高劳动力素质	劳动力素质
Denison	1962	人力资本投资作为一种教育形式可以促进经济增长，这不是简单地通过增加资本、劳动力和生产性土地的数量，而是通过提高劳动力的教育水平来实现的	改进的劳动力
Becker	1962	个人教育投资将达到边际收益等于边际成本的程度，这不仅体现在个人的额外收入上，而且体现在教育水平提高后社会劳动生产率上	私人和社会在教育投资上的收益
Bowman	1969	人力资本理论研究的是投资，并且在社会服务、健康和教育等方面的投资类似于物质资本的投资	投资

续表

作者	年份	定义	关键变量
Sotiropoulos 和 Woodhall	1985	人力资本是通过对教育和培训的正规和非正规投资获得的，通过提供经济和社会发展所需的知识、技能、态度和激励措施，产生个人劳动并促进生产率提升	劳动者生产率
Marshall	1987	为了人类生存而创造财富	人口发展
Romer	1987	组织、国家和经济体拥有的人力资本的大量增加可以增加人力的总体存量。拥有大量的人力资本可以加速经济增长	提高经济增长速度
Becker	1993	人力资本是以生育率来定义的。人力资本投资与家庭规模有关。一个家庭规模较小的社会，可以在人力资本方面进行更多的投资，从经济增长中获得更多的利益	提升经济增长速度
Bontis	1996	个人和政府在教育和培训方面的支出被视为投资。这样预计未来投资将产生货币和非货币回报	货币和非货币的收益
Fitz-Enz	2000	人力资本为个人工作带来的一些特性，并且个人能够获得学习能力	劳动生产率和效率
David 和 Lopez	2001	人力资本是一种后天获得的能力，能够持续对社会影响评估活动的质量表现产生积极影响	质量业绩

3. 我国人力资本相关研究评述

随着学者们对人力资本理论的不断深入研究，理论体系逐步完善。20 世纪初期，该理论逐步传入我国。早期西方学者对人力资本含义的界定及相关研究为我国学者开展研究奠定了坚实的理论基础。因此，我国人力资本理论研究发展迅速，并显现出本土化元素。

我国学者对于人力资本的定义主要存在三种观点：第一种观点是从人力资本本身的内容和组成要素出发，将人力资本定义为个体在劳动过程中所拥有的知识、技能、身体健康状况的总和（刘迎秋，2011；兰玉杰、陈晓剑，2003）。从个人角度看，人力资本是指存在于人体内并具有经济价值的知识、技术、能力、健康等所获得的要素的总和。从群体角度看，人力资本存在于一个国家或地区每一个个体之中，是后天获得的知识、技术、能力和素质等要素的综合整合，对每个个体都有经济价值（李建民，1999）。部分学者将国民素质、人际信誉和社会关系也纳入人力资本的范畴之中，这些要素可以在个体和社会交易的过程中节约费用（姚树荣、张耀奇，2001）。第二种观点是从形成过程的角度对人力资本进行定义。人力资本是一种通过人力投资的方式形成的资本，这种资本依附在劳动者个体身上，在较长的一段时间内能够为个体带来持久性生产能力和经济收益能力（温海池，2000）。同时这些投资要素的范围比较广泛，具体包括教育投资、科学研究费用、卫生保健费用、劳动力国内流动支出、国际移民费用等（何承金，2000）。第三种观点是从人力与资本两个方面对人力资本的概念进行了定义。人力资本能够体现出个体劳动者身上的劳动技能和生产知识能力，因此人力资本可以定义为一种对于具有活跃人格特征和天然遗传禀赋的人，通过教育、培训、保健、迁徙和“干中学”等投入形成的具有一定价值和以特定形式附着在人体上的知识、技能、健康和经验特殊资本（余荣建，2005）。

创业活动不但离不开来自于管理者人力资本的支持，创业团队成员所拥有的人力资本也是创业企业发展过程中不可或缺的重要力量。人力资本存在着多种表现形式，为此有学者将人力资本的多样性作为研究的重点。公司内部员工存在个体差异性，其拥有多样性的人力资本会影响到企业未来创新活动，并且这种人力资本结构形式越多样，企业创新绩效提高越明显。

随着经济快速发展，中共中央、国务院及各级政府高度重视以知识为基础的智力资本和人才资本在推动企业转型升级中的重要作用，为此相关部门制定并颁布了中长期人才培养战略。学者、经济学家们也开始关注兼具“隐性资本”特性的“人才”资本。这种隐性人才资本强调以人为载体，两者不可分离，并且能给企业带来经济优势，同时兼具集聚性优势的特质，有助于企业战略的实现（桂昭明，2015）。这是人力资本相关研究在我国本土化的创新，并且在我国经济发展过程中取得了显著成果，得到了国外学者的广泛认可。

三、企业家隐性人力资本相关研究

1. 隐性人力资本概念的提出

对于隐性人力资本的探讨正式形成于21世纪初。在这一时期，知识资本理论、转化能力理论和人力资本理论发展日趋成熟，学者们对人力资本的研究取得了重大进展并开始借鉴隐性知识的概念，其对人力资本进行了分类并提出了隐性人力资本的概念。隐性人力资本具有隐蔽性，不能像显性人力资本一样能通过财务数据表达其数量和价值，其本身具有难以计量性。国外学者的研究相对较少，大部分研究集中在国内。从目前的研究来看，学者们从生产经营、知识资本和完全竞争等不同的研究视角对隐性人力资本的内涵和维度进行了界定。

从生产经营角度来看，隐性人力资本作为一种投资，能够增加未来的效用并实现价值的增长（姚树荣、张耀骑，2013），这种不易被观察到的资源往往能为企业发展注入无形的动力，在潜移默化之中扩大经营效益。何海涛和刘慧娟（2011）将隐性人力资本定义为人力资源的质量和数量，它存在于组织的关系之中，是企业组织中潜在的、流动的及实际的人力资本（郑伟、王月红，2014）。

从知识资本角度来看，隐性人力资本是以知识的形式存在和表达的。郭玉林（2002）认为，隐性人力资本是指存在于员工头脑或组织关系中的知识。人力资本存在显性和隐性之分。那些具有观测性和价值确定性的人力资本属于显性人力资本。与之相对应的是，那些难以模仿和观测，不易对价值进行评价的部分，便属于隐性人力资本的范围。隐性人力资本具有隐蔽性，作为一种看不见、摸不着的知识，其被赋予了不可模仿性和持久性（岳彬，2003），它为企业组织关系创新提供了不竭的知识源泉，是竞争优势的核心来源，对企业发展具有重要的战略意义（刘善球、何继善，2005；王士红、彭纪生，2014）。

但有学者对此观点持有不同看法，郭英帝（2014）认为不能简单地从隐性知识视角对隐性人力资本进行定义，因为这偏离了人力资本的本质属性。所以，他从完全竞争的角度对显性人力资本和隐性人力资本进行了全新的界定。在市场之中，劳动者将按照既定的工作标准完成工作并取得成果，这些实际存在的便是显性人力资本。相对而言，隐性人力资本是指劳动者超过标准进行的工作，并能取得更多收获。这种无形的隐性人力资本能为劳动者创造出更大的价值。姚艳红（2013）认为隐性人力资本是一种存在于个体和组织中的有价值的无形知识。个体自身通过在客观实践中学习可以汲取这些内隐的知识。其价值的大小取决于隐性知识的掌握程度（杨荣，2016）。

2. 不同群体隐性人力资本相关研究

我国学者从技能型人才、高管团队、企业家等不同群体视角对隐性人力资本进行进一步探讨。

在具体工作的实践活动中，技能型人才比其他群体更能学习到知识和技能，这是由其职业特性所决定的。由于个体不同，技能型人才对这些知识和能力的吸收程度也不同，并且都不具备外显性，其本身属于隐性人力资本的范畴。所以，很多学者都把高新技术人员群体纳入到隐性人力资本的研究之中。高新技术人才由于工作性质的差异，与一般的管理型业务和操作型业务人员有所区别，他们可以将高度复杂的脑力劳动与困难的手工操作相结合，将丰富的专业（工种）经验与综合经验相结合，将独特技能与复杂技能相结合，将传统技能与创造性技能相结合。该群体在日常工作中所使用和获得的知识、技术、能力等，都属于高价值隐性人力资本的范畴（刘玉斌，2008）。同时它们具有专用性、利益相关性和不可分割性等特征。

当前外部市场环境复杂多样，具有高度的不可预见性和激烈竞争性，仅凭企业家个体之力似乎很难做出对企业有效、快速的决策。高管团队在这种环境中应运而生。相较于其他群体，高管团队表现出较高的决策能力和执行效率、团队内

部凝聚力和排他性实力，不易被他人复制和学习。这为企业长期稳定发展和实现价值增值提供了重要的保证。随后，学者们将高管团队视为隐性人力资本的研究对象，并将高管团队所拥有的创业精神、探索能力和人际关系等视为该群体隐性人力资本的重要组成内容（赵士军等，2011）。

企业家人力资本是人力资本的最高形式，但国内学者对于企业家隐性人力资本的研究相对较少。朱忠福（2004）认为企业家和企业家人力资本是一对形影不离的概念。企业家能够作为人力资本的一种载体，在长期积累和发展的过程中逐渐实现能力的资本化。从范畴角度看，企业家隐性人力资本属于价值范畴，并在一定程度上对它进行了延伸；从构成角度看，企业家人力资本是由企业家的专业知识、管理技能、健康状况等因素构成的。这些因素不能简单地被他人获取和学习，有的甚至不被察觉，其属于隐性人力资本的范畴。刘善球和何继善（2005）在对科技型企业家隐性人力资本的研究中指出，科技型企业家社会网络作为企业家与社会相联系的关系网络，能够为企业家个体提供获得稀缺资源的能力，这正是科技型企业家隐性人力资本重要的表现形式之一。在科技型企业的经营和发展过程中，企业家资源网络逐渐形成，这为企业带来优势资产，并赋予企业市场竞争能力，拥有者也因此获得经济效益。他们还指出，企业家隐性知识个体主动性和整体性等特点都为构建显性化模型创造了条件。

3. 隐性人力资本与企业绩效关系相关研究

通过对已有文献的回顾可以发现，学者们关于企业核心竞争力较早的研究多集中在资金、劳动和土地等物质生产要素方面，这些研究视角并不全面。在人力资本理论发展的推动下，研究视角逐渐发生转移。人力资本要素作为提升企业核心竞争力的又一重要内容引起了研究人员的广泛关注。按存在形式划分，人力资本可分为有形人力资本和无形人力资本。对前者而言，其具有可观测性，一般可以直接获得；后者不容易进行直接观察，时常与个体密切相关，往往以内在状态形式存在。这种无形的人力资本属于隐性人力资本的范畴，因其不可复制性很难被同行企业通过学习行为获取，由此形成了自身的竞争优势，为企业绩效提升提供了保障。同时，高新技术企业的企业家的知识、管理能力、态度等隐性人力资本越来越成为推动企业创新发展的关键动力（李永周等，2015）。陈树文和郭殿东（2012）指出，由于隐性人力资本具有异质性，很难被竞争对手所获得，因此隐性人力资本能够极大地促进企业竞争实力提升并获得较好的业绩表现。

综上所述，本书将隐性人力资本定义为一种具有不可复制性和主体相对性的人力资本，其存在于个体头脑之中，难以被其他个体所觉察，是企业进行创新活动和发展的不竭动力源泉。

4. 企业家隐性人力资本的测度

隐性人力资本本身具有难以观测和衡量的特点，并会受到来自主体认知差异的影响。为此，对其进行测度的难度较大。对于企业家隐性人力资本测度的研究并未因此停滞不前，国内外学者在该方面的研究取得了一些重要成果。2000 年，斯腾伯格率先运用间接观察的方法，在将专家群体和新手群体之间进行比较的基础上，对隐性人力资本进行了评价，这种方法降低了直接测量隐性人力资本的难度。同时，隐性人力资本会受到认知主体特质和外部环境等主客观因素的影响，随时有可能发生变化，即隐性人力资本具有动态性。为此，学者不能以一成不变的眼光看待隐性人力资本的测度问题，其可以首先从认知个体出发，对问题进行逐步剖析（郭玉林，2002）。部分学者借助隐性知识的相关研究结论对隐性人力资本测度问题展开探讨（李作学，2003），但这种测量方法存在较大缺陷，隐性知识具有与隐性人力资本一样的性质，难以进行显性化处理，测量结果不够全面，可能只被部分表达出来。李汉通（2007）则从经济学视角出发，运用有关劳动、工资等原理知识，构建相关概念模型，并对隐性人力资本价值存量展开计算。

第三节 创业激情与创业倦怠

一、创业情绪理论

当前，关于新创企业成长绩效的研究较少把创业情绪作为研究变量。但 Baron（2008）认为，企业家的创业过程可以看成是一场情绪之旅，创业情绪对新创企业绩效的影响具有重要作用。

Van Kleef 等（2010）研究认为，个人情绪的效应可以分为个人效应与社会人际效应。其中个人效应是指，个人的情绪会调节个体的行为与能力；情绪的社会人际效应则是指个体情绪对于其他个体行为的影响。在创业情绪研究中，众多学者借鉴了情绪社会信息（EASI）模型。EASI 模型主要介绍了情绪的社会效应。该模型以情绪的信息功能为核心，认为个体的情绪反应包含了个体意图、情感等信息。观察者可以通过观察表达者的情绪获取相关信息，并通过这些信息进行推理可以进一步完成相关行为与决策。同时，个体情绪也会通过情绪感染直接引起观察者的情感反应，高倩等（2010）的研究表明个体情绪分享程度越高，越能激起观察者的积极情绪。在创业情绪的理论研究中，学者们对个体情绪产生效应的研究也可以从个体效应与社会效应两个层面分析。

首先，创业情绪作为企业家的个人情绪体验会对企业家的认知能力、创业行为产生影响。Hayton 和 Cholakova（2012）研究认为，企业家的创业情绪与认知将会互相影响，情绪会在这种互动中不断调节企业家的感知能力、创业意向，最终影响企业家的创业行为。Welpe 等（2012）研究表明，在创业过程中，情绪会影响企业家的创业决定。恐惧会降低企业家的创业意愿，热爱和愤怒会增加企业家对创业机会的正面评估，进而提高企业家创业倾向。Foo 等（2009）的研究表明，积极的情绪会降低企业家感知风险的能力，从而提高其创业的机会识别能力。

其次，创业情绪会通过情绪传染方式影响周围的投资者、员工、家庭成员等利益相关者。心理学者们认为人类会主动模仿身边其他人的语言表达、表情、动作等，在这一过程中模仿者会受模仿行为的影响从而调整自身的情感状态。在创业过程中，企业家的创业情绪也必然会在这种机制的作用下传递给其他人。Liu 等（2017）根据社会信息模型研究认为，领导者的情绪可以通过情绪感染影响员工情绪的形成，进一步影响员工的心理安全感。Wang 和 Seibrt（2015）的研究表明领导者积极情绪的表达有助于提高员工的工作绩效。

情绪事件理论也被管理学者们广泛地用来解释情绪在企业中的传染过程（Cropanzano et al.，2017）。情绪事件理论认为，个体的情绪是由某一事件激发的，积极事件可以激发积极情绪，反之消极事件也会激发消极情绪。创业者或领导者的情绪表达本身可以作为一种事件，进而激发员工的情绪（Jordan and Lindebaum，2015）。

企业家可以通过情绪管理来达到创业过程中的目的。个体认识自己与他人的情绪，并且为了实现自己的目的有意识调节情绪的能力被称作情绪智力。情绪智力可以在创业活动中得以积累和学习。情绪智力在企业家的谈判过程中起着重要作用，拥有较高情绪智力的谈判者可以有效提出双赢方案，顺利完成谈判任务。此外，Shepherd（2009）研究表明情绪智力可以有效影响企业家的资源获取能力。

二、创业激情内涵

创业激情的内涵最先起源于心理学研究中的积极情绪理论。积极情绪理论认为个体的积极情绪比如快乐、兴奋等对个体的认知行为产生不同程度的影响，并且有助于构建个人的生理、智力以及社会资源。近年来学者们将“激情”引入到创业研究中（见表 2-2）。

表 2-2　创业激情相关研究梳理

作者（年份）	激情定义	重要结论
Baron（2008）	一种感情和情绪	情感影响着创业者认知和行为的方方面面，对机会识别和资源获取具有重要意义
Baron 和 Hannan（2002）	个人归属感和对公司的认同感	用“激情”与“爱”将员工与组织联系起来可以更早获得人力资源，并且创业失败率更低
Baum 和 Locke（2004）	对工作真挚的爱，企业家特质之一	激情通过愿景、目标和自我效能感对创业成长产生间接的影响
Bird（1989）	一种情绪性能量、动力	激情驱动创业者的坚持。远见和激情共同维系着创业者面对挫折时的乐观情绪，调动他人的信念和精力
Cardon 等（2009）	持续性的、强烈的、积极的情感	将创业激情具体化为探索新事物、创立新企业、发展新企业三种。激情促进变革型领导和情感展示，从而影响员工的激情和敬业度
Chen 等（2009）	企业家对创业事业的热忱	企业家的认知激情对风险投资家的投资决策有显著的正向影响，而情感激情对风险投资家的投资决策没有显著的正向影响
Ma 和 Tan（2006）	对创造伟大、有影响的事业的渴望	创业是激情的体现，使企业家相信自己在做什么，这对于实现他们的创业梦想和克服各种困难取得成功是很重要的
Winnen（2005）	激情是一种情感，是创业的动力	激情是一种情感，当从事新的创业活动时，它会影响机会识别、任务、愿景、决策、坚持和计划过程
Zott 和 Huy（2007）	企业家采取的激发、改变或维持所需情绪状态的行为（通常是令人愉悦的，高度活跃的情绪）	成功的企业家善于表现对他人的热情，以及积极主动的情绪来表达自我控制。这增加了投资者对企业的信心，并有助于动员员工
Smilor（1997）	热情、喜悦；对成功的执着渴望	激情来自于对一个有价值、有挑战性和令人振奋的目标的精力充沛和不懈的追求

关于创业激情的定义，目前学者们普遍将创业激情定义为企业家在创业过程中体验到的一种持续且强烈的情绪，特别是积极情绪。例如，Baum 和 Locke（2004）称创业激情是一种对工作真挚的爱。Bird（1989）将创业激情定义为一种情感动力，这种动力能使企业家在面对挫折时保持乐观，并且调动他人的信念和精力。Baron 和 Ward（2004）将创业激情定义为一种强烈的情绪体验，他们认为具有创业激情的企业家在机遇面前会感受到更强烈的积极情绪，从而比常人更容易识别创业机会。Cardon 等（2013）将创业激情具体化为探索新事物、创立新企业、发展新企业三种。探索新事物的激情指个体识别市场机会、探索研发新

产品的激情，即个体作为发明家的身份；创立新企业的激情指个体抓住市场机会，整合企业关键性资源，创立一个新的企业的机会，即个体作为创始人的身份；发展新企业的激情指个体在创立新企业之后，不断扩大市场份额、积极壮大创业企业，即个体作为发展者的身份。

随着创业激情研究的深入，对于创业激情的定义也在不断地发展。Chen 等（2009）将“创业激情”定义为企业家的强烈情感状态，这种情感通常伴随着个人价值的认知和行为表现。基于这个定义他们将创业激情划分成了情感和准备（认知和行为）两个层面，最终发现准备层面（即创业激情最终的外在表现结果，比如完善的商业理念）更能让企业家赢得投资者的青睐，从而赢得创立企业的各种资源。Cardon 等（2009）则将身份认同视为创业激情的核心本质，这使创业激情与一般的情绪区别开来。一般的情绪是短暂的且不持续的，但是成功创业者所具有的创业激情往往贯穿在整个创业过程中，这源于创业者对于自己身份的高度热情。周键（2016）认为创业激情是创业者对于创业活动情感的集中体现，可以激发创业者的创造力，帮助创业者识别潜在的创业信息和开发创业机会。

三、创业激情维度

目前关于创业激情的划分维度主要有三种流派。第一种划分方式是来源于心理学家 Vallerand 等（2003）对于激情的二元结构划分，将激情划分为和谐性激情和强迫性激情。和谐性激情指个体自发的情感，创业者主动参与创业活动，对工作表现出强烈的热爱，而强迫性激情与和谐性激情相反，它是当个体处于某个职位或者情景被迫参与创业活动而产生的情感，这种情感一般是消极负面的影响。在此激情维度划分下，Vallerand 等（2003）开发了包括 12 个题项的量表。

第二种划分方式是将创业激情划分为强烈激情的情绪和创业身份认同两个维度（Cardon et al.，2009），并通过问卷调查、试点研究等方法开发了相关量表。其中强烈激情的情绪是指企业家一种包含愉悦、兴奋等情绪复杂的积极情绪；身份认同是指企业家在创业过程中对于“企业家”这一身份的深切认同，并且积极扮演好“企业家”这一角色。目前，国内的大部分实证研究都借鉴采用了 Cardon 等（2009）开发的量表。谢雅萍和陈小燕（2014）则在此基础上将强烈激情的情绪和创业身份认同这两个维度拓展为愉悦、心流、韧性、冒险、身份认同五个维度。

第三种划分方式是来自 Chen 等（2009）对于投资者感知企业家创业激情的研究。他们将创业激情划分为情感维度的“激情”和认知维度的“准备”。情感维度的“激情”可以体现为创业者在行为举止上所表现的积极情绪；认知维度的“准备”则是指企业家的思考，可以体现为创业者完善的商业理念。Cardon

等（2009）在 Chen 等（2009）的基础上进行了拓展，除去情感和认知两个维度又加入了行为维度的“承诺”。

为了研究创业激情与新创企业成长的关系，本书借鉴以上研究成果，将创业激情定义为在创业过程中企业家体验到的持续性且强烈的对创业活动的热爱情绪，这种积极情绪是企业家隐性人力资本的一种。同时，本书将其划分为身份认同和积极情绪两个维度。

四、创业激情与创业倦怠关系研究

创业倦怠（Entrepreneurial Burnout）是倦怠在创业领域的延伸和发展。创业倦怠与创业激情（Entrepreneurial Passion）同样作为创业情感，都聚焦于创业者在创业过程中的潜在表现，两者关系密切。创业倦怠是创业激情的对立面，也是完全独立于创业激情的概念。因此，本书认为有必要对此展开讨论。

有学者对创业激情与创业倦怠两者之间的关系展开了实证研究，如 De Mol 等（2018）关注了两种创业激情（和谐激情和强迫激情）与创业倦怠之间的关系，和谐激情与创业倦怠呈负相关，而强迫激情与创业倦怠呈正相关。这是因为和谐激情的创业者专注度高，拥有足够投入创业活动的认知资源来履行职责，并且和谐激情作为积极的情绪资源使创业者积极应对挑战，从而避免创业倦怠。强迫激情的创业者由于被其他角色和职责分散注意力而需要在创业活动上耗费更多的认知努力，甚至有时角色之间会产生相互冲突，这会导致更大的压力和更高的风险。换言之，创业激情（和谐激情）在一般情况下与创业倦怠是此消彼长的关系，一旦创业激情超过某个“度”成为强迫激情，那么创业倦怠就会随创业激情的增加而增加，即两者呈“U”型关系，如图 2-3 所示。

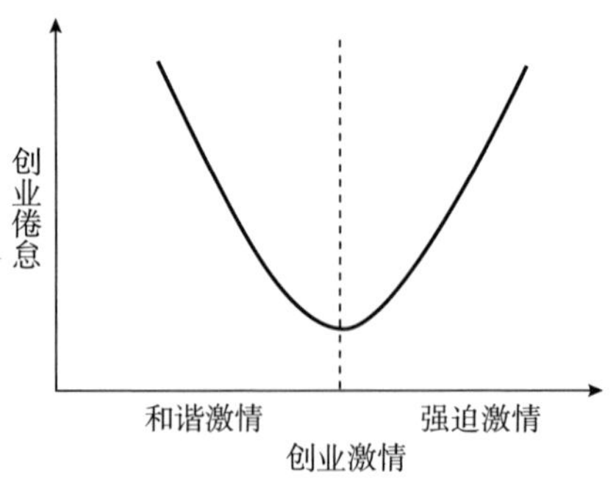

图 2-3　创业倦怠与创业激情的关系

五、创业激情与新创企业成长

对于创业研究来说，企业家在新创企业的发展过程中起着举足轻重的作用。众多学者研究了企业家精神、企业家特质等对新创企业成长的影响。高阶理论的学者着重研究了如企业家的教育经历、年龄、性别等可显著观测的特征对于管理者认知、战略决策等方面的影响。近年来，关于企业家精神的研究成果也相当丰硕。Stevenson（1990）将企业家精神分成了创新性、冒险性和主动性三个维度研究创业行为。大量研究表明企业家精神在企业成长过程中起着重要作用。Pekkala 等（2017）则从企业家控制点、自我效能、成就需求及风险态度几个角度论述了企业家这些个人特质对创立企业的影响。除此之外，近年来学者们开始引入心理学研究中的情绪相关理论。企业家的乐观、积极情绪等对企业家个人认知、创业行为等都有着深远的影响。其中，企业家的创业激情近年来也备受学者关注。Cardon 的一系列相关研究梳理了创业激情的定义，开发了相关量表，后来，学者们在此基础上对创业激情与企业成长之间的关系进行了大量实证研究。

创业激情作为企业家一种强烈的、积极的情绪，对于企业的成长起着至关重要的作用。首先，创业激情会对企业家认知产生影响（Baron，2008；Branzei and Zietsma，2003）。创业激情对创业认知的影响主要体现在其对创业者风险感知与机会识别方面。机会识别被定义为一种认知过程并且被广泛认为是企业家精神的一个关键方面。具有创业激情能够使创业者对外部市场环境更加敏感，同时刺激创业者积极地寻找市场机会（Baron and Ward，2004）。其次，现有研究认为创业激情可以促进创业行为。例如，Baum 和 Locke（2004）研究表明，对工作的热爱会影响 CEO 在招聘员工时的行为。Cardon 和 Kirk（2015）发现创业激情作为中介变量调节了自我效能和坚持之间的关系。由于创业坚持是一种涉及持续目标导向的行为，因此有理由认为激情会影响具体的创业行为。

创业激情也可能会对新创企业成长产生消极影响。谢雅萍和陈小燕（2014）研究表明，在创业学习的中介作用下，创业激情与创业绩效间呈现倒“U”型关系。在某种程度上，过高的创业激情可能导致创业者过度自信，低估风险（Busenitz and Barney，1997）；同时过高的创业激情可能导致创业者较少地思考创业计划的可行性，直接采取创业行动，这些都可能导致新创企业绩效受到负面影响，甚至创业失败。

总的来说，目前关于创业激情与企业成长的具体关系还存在一定的争议性，但是学者普遍认为创业激情在企业的成长过程中扮演着十分重要的角色，因为创业激情被引入创业研究中不久，其对企业成长的作用机制研究也尚待丰富。本书试图从资源视角出发，引入资源获取变量进一步对创业激情与企业成长的作用机制进行研究。

第四节 企业家行为

一、企业家内涵相关研究

企业家一词来源于法语，最早出现在 14 世纪（Hoselitz，1960），用以强调某个人凭借自己主观意识积极主动去完成某事。16 世纪初，该词被赋予全新的含义，在中欧组织军队中从事航海远征四处探险的将官被称为“企业家”，并有冒险家的意思。18 世纪，法国经济学家 Cantillon 首次将企业家一词写入经济学著作《商业性质概论》一书中，该书将企业家定义为从事各种经济活动的个体，并认为企业家能够在承担风险的情况下按照自身计划产生交易行为。法国政治经济学家 Say 将企业家一词进行推广使用，他更为注重强调经济过程的流程性，视企业家为价值的创造者和协调者。同时，Say 提出三要素定论，并认为企业家是组织劳动、土地和资本三个基本生产要素结合在一起进行经济活动的关键角色，他将企业家视为机会发现者，能够识别并把握市场中存在的细微机会，并能在经济活动中发挥经济资源从生产效率较低的领域向较高的领域转换的重要作用，而创新则是实现这一过程的必要手段。

企业家一词自产生至今已有三百多年，在对企业家漫长的历史研究进程中，西方学者取得了大量的研究成果并促进企业家理论不断发展和完善。

英国经济学家 Marshall 对企业家理论形成做出了重要贡献，他重点研究经济活动中人的行为，并对企业家概念进行了全面的论述。作为最早将企业家概念作为一个独立的生产要素进行研究的学者，Marshall 在其著作《经济学原理》中强调，企业家拥有敏锐的洞察能力，这使他们更加善于发现、识别机会，并能通过获得利润发现和消除市场的不均衡状态。同时，作为领导者和协调者的企业家兼具领导创新能力和监督管理能力，从而创造出交易机会，并通过这种才能使企业降低风险。他们也是冒险者，拥有着勇于冒险的精神和敢于承担可能破产风险的特殊力量。

美籍奥地利经济学家 Schumpeter 以 Marshall 的理论成果为基础，对企业家理论进行更深一步的探索。他在 1912 年发表的《经济发展理论》一书中首次提出企业家“创新理论”，打开了对企业家全新认识的大门。其在书中指出，企业家作为引领经济发展人，承担着一定风险来实现生产要素的重组。企业家是市场发展的创新者，能够对以往的传统落后的生产方式进行创造性破坏，并从经济系统内部进行革命性突变，以此找到获利机会。他还将创新视为判断企业家的唯一标准，企业家通过创新性行为能够促进产业结构实现调整，并刺激经济快速增长。这一观点得到了现代管理学之父 Drucker 的认同。Drucker（1985）将未来情况的不确定性视为企业家进行变革和创新的机会，他在《创新与企业家精神》一书中写道，企业家能够通过开展系统化管理将企业家精神展现出来。他们能够极大地提高生产资源的产出程度，改变市场原有价值，并通过创新行为创造出与众不同的东西，发掘崭新的机会并拓宽新的顾客消费群体。从 Drucker 的观点不难看出，企业家一般具备促进资源投入和产出、开拓新市场和新消费群体、适应环境因素的动态变化、创造新产品和新服务、创造新价值等重要品质。

随后学者们对企业家相关理论进行了进一步研究。Lumpkin 等（1996）指出企业家是企业市场行为的决策者。企业家经常出现在公众的视野中，作为企业管理的象征，往往更能吸引人们的眼球，企业因此可以提升知名度。我国部分学者将企业家归结为经营企业的高级领导者（易明，2000；叶国灿，2004；陆根尧、陶子毓，2006），他们专门从事企业经营的各项活动，从中为企业带来大量收益，并通过自身能力对市场中各种资源进行整合、配置，组织企业合理、有效运作，最终取得竞争优势。更明确地说，企业家是决定企业兴衰成败的关键因素（王忠武，2000）。

二、企业家行为概念

企业家在企业发展的过程中发挥着重要作用，往往扮演着掌舵人的角色（武光等，2015；陈漫、张新国，2016），这是管理实践和学术研究中公认的。但由于企业家具有“非理性”（武光等，2015）和难以捉摸的特征（吴春波等，2009），在长时间的发展过程中，学者们按自己从事领域的特点对企业家内涵进行了阐释，至今该概念难以形成统一、明确的定义。

通过对已有文献的阅读和梳理发现，学者将企业家和企业所有者联系起来展开探究，但是两者存在着明显的区别（Carland et al.，1984），区分的标准便是企业家行为。在近 200 年的时间里，关于外在环境风险性和不可预见性下企业家进行组织生产所需哪些能力的争论从未停止过（Kvietok，2014）。Kvietok（2014）强调，企业家是相对独立的个体，都具有较强的风险承担能力，坚信我能够掌握命运。那些拥有管理领域相关经验和技能的个体更容易在职业发展的过程中转变为企业家这一角色（Honjo，2015）。Ucbasaran 等（2003）认为风险偏好者相较于风险规避者更容易成为企业家。风险偏好代表着机会警觉性和对超额利润的强烈欲望（Ozgen and Baron，2007），具有较高风险偏好的企业家个体拥有独特的信息处理能力，同时善于发现迅速变化市场中所存在的机遇，这对企业未来的发展都会产生影响甚至可以直接诱发创新行为。

20 世纪中期的新古典主义对企业家行为的研究以个人期望效用最大化为基础，认为企业家相对于劳动者、消费者和管理者而言的独有行为是承担风险，Kihlstrom 和 Laffont（1979）基于风险规避建立了企业家风险承担系数模型，由此模型得到了风险承担临界值，低于此值的人选择做企业家，高于此值的做雇员；随着研究的发展出现了以 Kirzne（1973，2009）为代表的奥地利学派，他们主张企业家行为是对获利机会的把握，奥地利学派的研究关注点集中于对机会的利用，而在一定程度上忽视了对机会的开发。McClelland（1987）认为，企业家开发和利用机会的能力，是企业成功的能力之一。Misra 和 Kumar（2000）基于个人层面提出，个人的心理特质并不能保证其成为一名企业家，但是他的行为和行动可以，并将企业家行为界定为涉及寻找机会和构建组织的活动。机会警觉是企业家行为的重要维度（Hood and Young，1993），而风险偏好决定了对机会的开发和利用程度（张敏等，2016）。随着企业家行为理论的发展，熊彼特提出了企业家行为“创造性破坏”功能即创新行为，在一定程度上对企业家行为进行了补充（Schumpeter，1934），现有研究主要将创新行为划分为渐进式创新和突破式创新，对企业家创新行为的研究也为实现新常态背景下创新驱动战略提供根本动力。刘志成和吴能全（2012）构建了近代中国企业家行为过程模型，提出创新行为和机会警觉是识别企业家行为的重要特征。但是企业家行为是一系列内外因素共同作用的结果，仅依靠企业内部资源并不能满足企业的发展，越来越多的企业正在不断嵌入更广泛且相互重叠的网络组织之中（Gulati，1999），企业家的行为也嵌入在其所处的社会网络中。企业家的社会网络不仅包括外部的企业联盟、企业集群等，还包括在企业内部网络“结盟”。基于现有文献对企业家行为理论的发展，本书认为企业家行为是指企业家在个体风险偏好影响下所形成的机会警觉行为、创新行为和网络构建行为。

第五节　企业家个性与特征

注重个性化是现代企业发展的必然趋势，同时也是企业保持竞争优势的重要前提之一。在企业发展过程中，一味依赖普遍方法或固有模式很难实现企业的突破创新（尹利，2005）。企业家个性在企业个性化发展进程中发挥着重要的引导作用，甚至会影响企业未来发展的方向。由于个性存在着健康和不健康两种类别，因此企业很可能会被引导朝截然相反的方向发展。

“个性”一词在英文中为“personality”，是在人类先天遗传和后天环境的相互作用下逐渐形成的一种相对稳定的心理动机的组织形式，它通常表现为独特的个体行为特征。人的个性是每个人所具有的各种心理特征的总称，通常包括个人的需要、兴趣、偏好、动机、信念等各个层次的基本内容。心理学家认为，个性也称为人格，表现为一种人类个体所拥有的内在的、稳定的、持久的心理作用机制。在不同环境下，人格系统可以保证人们行为的一致性，形成人格的基本单位便是特质，并且特质能够直接影响外显行为和对外部环境的认知结果（Pervin，1993）。

关于企业家人格特质的研究最早开始于18世纪初期。在这一时期，承包商从事经济活动的费用通常由政府进行支付，这一行业变得毫无风险。因此，人们一般将和政府签订合同的承包商叫企业家。Cantillon（1755）借用企业家这一概念并进行了重新定义，他在著作《商业性质概论》中写道，企业家应该是敢于冒险的人，而不是那些通常按时间拿薪水的人。未来具有高度的不确定性，所有的经济活动天生具有风险。即便是这样，仍存在一些人需要冒险以期收获预期利润。这种勇于冒险的企业家对于周期性生产过程的良好运转和经济繁荣起到至关重要的作用。Schumpeter（1934）将创新归结为企业家的唯一职能，这也反映出企业家敢于突破、拼搏进取的精神。在追求剩余价值的驱动下，企业家不断尝试全新的经营模式和管理方式以破坏旧的经济秩序，并以此推动整个社会经济向前发展。

20世纪二三十年代，随着领导特质理论在企业管理领域的产生和应用，产生了大量有关企业家特质的理论。“伟人”理论认为，有些人生下来注定会取得成功，而有些人一生注定平庸。那些较为成功企业家的特质是与生俱来的。虽然这一时期，企业家特质理论得到快速发展，但由于缺乏相关实证研究的支持，逐渐陷入低谷（孟建平、霍国庆，2008）。20世纪50年代，行为理论开始居于主导地位，但特质理论研究并未停下脚步，仍然逐步向前摸索。这一时期，学者们的研究不仅仅局限于领导者与非领导者之间各种特征的对比，部分研究已经开始关注成功领导者与平庸领导者之间特质的差异。直到20世纪末，特质理论再次兴起，其中以Allport的人格特质论为代表。Allport（1996）将特质定义为个体在其生理基础上形成的一组较为稳定的性格特征，并构成了以心理组织为基本单位人格的基础。对于个体而言，行为的稳定性较大程度来自于某些成分的核心特质，即按照某种特定方式长期且持久的行为倾向。企业家特质正是蕴含在企业家个性中持久、稳定的基本单位（梁巧转等，2012）。

一、大五人格模型

大五人格模型是一种多维度的人格定义方法，测量开放性、严谨性、外向性、宜人性和神经质。开放性描述了个体精神和实际生活的广度、深度、独创性和复杂性；严谨性描述社会规定的冲动控制，促进任务和目标导向的行为；外向性意味着对社会和物质世界的积极态度，包括社交、活跃、自信和积极的情绪；宜人性将亲社会性和群体性倾向与敌对性进行对比，包括利他主义、心地温柔、信任和谦虚；神经质将情绪稳定甚至是脾气与消极情绪（如感到焦虑、悲伤和紧张）进行对比。自 20 世纪 80 年代以来，大五人格特质一直是人格特质的主要模式，并且有学者发现大五人格特质会影响职业选择和工作绩效（Costa and McCrae，1992；Digman，1990；Goldberg，1990；John et al.，2008；Rauch，2014）。

现有的研究主要是在 1960～2000 年，比较企业家和管理者群体中大五人格特质的普遍性。管理者经常被用作企业家的比较点，因为这两个群体都有指导工人和管理多项任务的潜在需要。Zhao 和 Seibert（2006）对 1970～2002 年在不同国家进行的 23 项研究进行了荟萃分析，结果发现企业家对经验更开放、更严谨，外向性相似，不太讨人喜欢，也不那么神经质（或者用五大行话，O+，C+，E，a-，N-）。当然，许多个人研究都显示出与这一模式的偏差。例如，Envick 和 Langford（2000）对加拿大一个大城市的 218 名企业家和管理者进行的一项调查发现，企业家比管理者更加缺乏责任心和宜人性，也不那么外向（O+，C-，E-，a-，N-），同时也证实了元研究中观察到的其他模式。

二、自我效能与创新

在新企业创建的不确定和竞争环境中，许多研究人员假设企业家的成长依赖于强烈的个人自我效能感来实现他们的愿景，以及对创新的敏锐眼光来识别新产品和市场。自我效能感描述了一个人“相信他/她能够完成任务和完成角色，并且与期望、目标和动机直接相关”（Cassar and Friedman，2009）。高自我效能感与工作相关的绩效（Stajkovic and Luthan，1998）、小企业成长（Baum and Locke，2004）、学业成绩（Hackett and Betz，1989；Luszczynska et al.，2005）和职业选择（Lent and Hackett，1987）相关。自我效能是在两个特定的水平上衡量的，要么是广义的自我效能感，要么是特定领域的创业自我效能感（ESE）。大多数研究者关注与情境相关的 ESE 测度。

Chen 等（1998）将 ESE 定义为对五项任务的自我效能感的组合：创新、冒险、营销、管理和财务控制。其调查了三个商学院的学生，他们发现创业学生在市场营销、管理和财务控制方面的平均 ESE 高于组织心理学和管理专业的学生。也许创业项目吸引了那些在许多领域充满自信的学生，因为他们对成为一名企业家有着不同的要求，或者创业研究也会灌输这种观点。Chen 等（1998）还发现，企业创始人在创新和风险承担方面的 ESE 高于非创始人，即使两个群体的控制点保持不变。此外，研究人员假设，创业型企业可能只是更自信，这会促使他们在通常用于收集数据的主观调查中，全面提高自己的得分。我们将在下面讨论与这一点相关的证据。大多数研究者并没有评估创业者是否比其他群体拥有更大的 ESE，而是集中在 ESE 对企业绩效的影响上。

Utsch 和 Rauch（2000）考察了创新性和主动性作为成就取向的中介变量，在这种情况下，创新性和主动性是自我效能感、高阶需求强度、需要成就和内部控制源的综合测量。他们的调查和访谈记录了 201 名德国企业家，这些企业家被定义为一家员工不足 50 人的小企业创始人、所有者和管理者。研究发现创新是一个中介变量，而主动性不是。同样，创新与自我效能感、高阶需求强度、需要成就的人格特质呈正相关关系且显著，但与内部控制源无关。

三、控制源

创业文献中的一个重要特征是控制源（Locus of Control，LOC）。一个有内部 LOC 的人认为他们自己的决定控制了他们的生活，而那些有外部 LOC 的人认为真正的控制因素是他们不能影响的机会、命运或环境特征。Crafts 和 Rotter（1954）的社会学习理论首先引入了 LOC 的概念。有内部 LOC 的人认为他们可以通过自己的能力、努力或技能来影响结果，而不是外部力量控制这些结果。先前的研究将内部控制的信念与从事创业活动的可能性联系起来（Shapero，1975；Brockhaus，1982；Gartner，1985；Perry，1990；Shaver and Scott，1992）。

许多研究者在他们的工作中强调了 LOC。Barrick（2005）声称，“特定”特征依赖于对创业活动的明确描述，这些特征可能位于时间、地点和角色上，这就是为什么风险承受能力、成就需求或控制点等特定特征在预测创业绩效方面比大五特征更有用。Caliendo 等（2009）重新评估这一论断，并与其他研究人员一起提出，诸如 LOC 之类的特征可以更直接地外推到专业领域的决策中。

许多研究人员发现创业者群体的内部 LOC 比其他群体更为强烈。Levine 和 Rubinstein（2017）在 NLSY 纵向数据中发现，与受雇于他人或从事非法人企业的个体经营者相比，那些成为经营法人企业的自营职业者在成立公司之前表现出较强的内部 LOC。这与 Evans 和 Leighton（1989）的早期发现相呼应，许多研究发现了类似的结果。在一项横断面研究中，Korunka 等（2003）衡量奥地利企业家与“新生企业家”相比具有强大的内部 LOC。Gürol 和 Atsan（2006）发现，更倾向于创业的土耳其学生拥有更高的 LOC。Caliendo 等（2014）认为内部 LOC 是较能预测企业进入和退出决策的人格特征之一。Hansemark（2003）在对瑞典创业学生进行 11 年的跟踪调查中发现，LOC 能够预测男性创业，而不是女性创业。

在创业群体中，较高的内部 LOC 与风险增长有进一步的关联。Rauch 和 Frese（2007）在他们的元分析中发现，内部 LOC 与业务创造和最终业务成功有着显著的相关性。Lee 和 Tsang（2001）对新加坡 168 名中国中小企业的企业家进行了调查，发现内部 LOC 与风险规模和增长率呈正相关。同时，Lee 和 Tsang（2001）指出，在解释企业成长的样本中，人格特质不如工业和管理经验和技能重要。总体来说，LOC 的人格特质得到了广泛的支持，并且在不同类型的创业者中相对一致。

四、成就需要

成就需要是指个人对重大成就、掌握技能和实现具有挑战性的目标渴望。创业者可能对成就有很高的需求，因为从零开始创业展示了一个人的个人能力，而在一个责任分散的体系中工作时，这种能力往往很难与之匹敌。与 LOC 一样，成就需要的这一重要作用在多个维度的文献中得到了有力的支持。

成就需要（Need for Achievement）是基于 McClelland（1987）“获得性需求理论”提出的一个概念，是影响工作场所个体行为的主要需求之一。这个概念最早由 Murray（1938）提出，后来由 McClelland（1961，1985）发展和普及。许多研究人员发现，对成就的高需求预示着创业的开始，尽管这一发现有时在特定的环境下受到挑战。比较奥地利的四项研究，Frank 等（2010）得出成就的需要选择了进入创业的个人。Stewart 和 Roth（2010）通过对 18 项研究和 3272 名研究对象的荟萃分析得出结论，企业家比管理者表现出更高的成就动机。Mueller 和 Thomas（2001）发现瑞士企业家对成就的需求高于英国企业家，这表明不同文化和国家的特征不同。

一些研究人员还发现了成就需求与企业绩效之间的联系。例如，Collins 等（2004）的元分析发现，成就动机的投射性和自我报告的测量都能预测创业意向和绩效。Rauch 和 Frese（2007）也发现了类似的结果。然而，Frank 等（2007）认为，在解释创业绩效时，成就需要以及其他人格因素远不如环境资源和许多“过程配置”（如一套管理职能，包括计划、组织和人力资源实践）的相关性。

第六节 科技型初创企业成长

一、初创企业

初创企业通俗来讲是指刚刚成立不久的企业，目前学术界并没有对新创企业作出统一的界定标准。一种界定方法是基于企业生命周期理论，将处于初始阶段的企业界定为初创企业。生命周期的界定方法主要是基于企业的某种特点，例如Biggadike（1979）分析了企业不同阶段的财务绩效，在初创时期企业的财务绩效比较低，甚至并不盈利，这时企业处于初创期和青春期，此期限大约在8年左右。Kazanjian和Prazin（1990）认为新创企业在进入成熟期以前将经历概念发展期、商品化期以及成长期。另一种界定方式是基于企业的成立年限。这种界定方式容易观测和统计，因此学者们在进行实证研究时大多采用这种界定方式。全球观察报告中将新创企业定义为成立年限在42个月之内的企业。目前，国内许多学者将8年作为初创企业成立年限的界定标准（张秀娥、徐雪娇，2019；马蓝，2019）。基于以上研究，本书将创立8年以内的企业作为研究对象。

初创企业通常有两个特征：①组织管理制度和结构不完善。相对成熟企业来说，新创企业的组织管理主要依赖于创业者的管理能力，尚未建立起成熟的组织结构与制度（周健、王庆金，2017）。②资源匮乏。由于信息不对称以及没有完整的绩效记录，投资者很难对新创企业进行合理评估，因此，投资者对于新创企业的投资十分谨慎（祝振铎、李新春，2016）。此外，初创企业往往盈利能力比较低，在资金方面也很难自给自足。

二、科技型初创企业

Little（1987）是最早定义科技型初创企业的学者，他认为科技型初创企业是指以技术创新和开发利用发明为目的且存续过程中存在相当多的技术风险，同时成立时间在25年之内的企业。另有一些学者产生了不同的观点，如Candi等（1992）认为科技型初创企业是以企业家的知识或技能为基础而新建立的独立企业，这种企业是技术创新的载体，其目的是基于新技术或改进的产品、服务而提供新服务和生产新产品。

中国境内并没有对科技型初创企业作出明确统一的划分标准，很多学者将其与科技型中小企业相混淆，然而科技型中小企业比科技型初创企业的范围更大，无法将其与初创企业完全等同。根据本书的研究主题，我们对科技型初创企业的界定从以下三个方面进行：

（1）成立时间：为凸显“初创”，我们选择的科技型企业的成立时间在5年之内。

（2）技术投入：技术人员占企业员工总数的50%且科研投入占企业收入超过50%。

（3）生产经营：主要经营新能源、新材料、电子信息等。

三、科技型初创企业成长

1. 科技型企业成长的内涵

企业成长一直是西方经济学以及现代管理学领域关心的重要话题，相关研究可以追溯到20世纪50年代。关于企业成长的研究广泛涉及组织结构、企业行为等相关问题，学者的研究视角多样，流派纷呈，对企业成长内涵的定义也有所不同。

古典经济学学者从分工视角出发，从单个企业以及企业数量两个范围解释了企业成长，认为分工程度的提高有助于单个企业降低成本提高产能进而获得成长，同时伴随着分工的自我繁殖，新的企业也将不断出现。新制度经济学学者Coase（1937）的交易费用理论侧重于探讨企业和市场之间的联系，结果表明企业成长其实就是企业边界的扩张，企业成长是为了节约交易费用。英国著名经济学家彭罗斯（Penrose，1995）则从资源视角出发，认为企业成长是企业在不断发掘及利用企业内部未利用资源的同时不断扩大规模的过程。彭罗斯的研究主要强调了内生资源及内部能力对企业成长的重要性，并且提出了“企业资源—企业能力—企业成长”的框架。在现代企业所有者和经营管理者身份分离的背景下，由于管理者的目标并不是提高利润，而是企业成长，因此基于管理者理论的企业成长成为企业的目标。钱德勒（1987）从企业管理角度出发，认为现代企业的成长是企业为适应技术革新和市场扩大而做出的适应性反应（见表2-3）。

表2-3　企业成长定义

企业成长定义	学者（年份）
企业功能的扩展	科斯，1937
规模的扩张与获取资源能力的增强	Penrose，1995
企业规模及组织结构在空间和时间上的改变	William H. Starbuck，1965
企业组织生存能力的增强	Trewatha，1979
企业组织能力的增强与市场规模的扩大	钱德勒，1987

续表

企业成长定义	学者（年份）
规模扩大，企业素质提高	刘曜和干胜道，2011
企业竞争优势的培育过程	杨建昆等，2016

目前学者普遍认为企业成长不仅意味着企业规模的扩大，而且企业素质也随之提高。刘曜和干胜道（2011）认为企业规模扩大是企业成长的结果，而企业素质的提高则是企业成长的核心。杨建昆等（2016）认为企业成长是企业从幼稚到成熟，逐渐培养自身竞争优势的过程。汤文仙和李攀峰（2005）分析了知识、制度和规模对企业成长的影响，认为企业成长是一个知识积累、制度建设和规模扩张的循环过程，企业成长必须有知识积累以及制度保障才能达到规模扩张的结果。陈金亮等（2017）将企业成长视为企业绩效的重要表现，是企业生存发展的结果。王爱群和唐文萍（2017）则认为企业成长是企业不断整合内外资源，使企业实现持续性的规模、质量、速度和效益的协调发展。

2. 科技型企业成长的驱动因素

按照企业成长驱动因素可以将企业成长相关理论分为企业外生成长理论以及企业内生成长理论。在经济学研究中，学者们大多侧重外生因素对企业成长的影响，管理学学者们则更加侧重于企业内部，探索企业内部资源和能力等因素对企业成长产生的影响。

企业外生成长因素主要包括制度环境、市场供需条件以及外部技术条件等因素。企业获得的成长机会来自于外部环境，而外部环境是企业资源和信息的重要来源。在新古典经济学理论中，企业成长的驱动因素均是外生的，企业只是一个生产函数，企业成长即企业生产规模到最优生产规模的调整过程。在国内初创企业成长外部驱动因素的研究中，学者们普遍从政策因素及融资环境两个方面进行研究。政府服务、基础设施建设、专项资金的投入、税收政策以及区域重大研究机构对企业的创新及规模扩大都有重要意义（邹国平等，2017）。许秀梅（2015）研究了行业技术特征对企业成长的重要意义。随着我国经济的转型，制度基础观理论逐渐成为学者关注的热点。何轩等（2016）研究了制度变迁速度对家族企业的影响，认为制度变迁速度将影响企业家对生产性活动和非生产性活动的分配。除此之外，吴先明等（2017）则考虑了市场的劳动力要素，认为工资扭曲对于新创企业的生存有积极意义，但是对于进入成熟期的企业则将抑制其创新发展，而种群密度在其中将起到调节作用。

企业成长的内生性驱动因素研究以资源基础观理论研究最为广泛。资源基础观理论的开创者经济学者彭罗斯认为一个企业的能力取决于企业所拥有的内部资源，企业的能力则决定着企业的成长。在众多内生视角下的企业成长理论中，他们的核心都离不开企业的资源、能力及知识。企业作为资源的拥有者，其掌握的能力以及积累的知识是企业做出战略决策及任何企业行为的依据，这些内部条件（资源、能力、知识）决定着企业的存续和发展。庄亚明等（2008）将企业成长的内生因子分为了关键种因子（企业的技术性知识要素）、优势种因子（对企业能力的形成和提升具有控制作用的决策要素、利益要素、组织要素、道德要素和非技术性知识要素）、冗余种因子（超出内在能力发展需要的因素）。张静（2008）从企业家素质、企业的组织结构、企业资源以及创新意识四个方面总结了企业的内部驱动因素，同时提出企业家要素在企业内外部环境及资源之间起到了互动协调的作用。

对于初创企业成长驱动要素的研究，学者们更广泛地研究了企业家、高管以及创业团队的特质以及能力对新创企业成长的影响。单标安等（2018）对科技型新创企业进行了实证研究，表明创始人的创造性会显著促进新创企业的成长，同时企业家的先验经验也有利于创业企业的成功。陈金亮等（2017）研究表明，企业家的社会网络可以帮助新创企业获取资源、识别更多的机会，从而促进新创企业的成长。产业聚集有助于企业成长，但是赵彩虹等（2019）的研究表明产业聚集的异质性对于企业成长的促进作用并不显著，而管理者的先验经验能够显著影响产业聚集的异质性对新创企业成长的促进作用。

3. 初创企业成长性评价

当前学者对于企业成长的测度评价可以分为客观性评价和主观性评价两种方式。客观性评价主要是利用企业的财务指标、人员规模等客观性数据进行评价。在这些指标中又可以分为绝对指标以及相对指标，其中国内学者大多使用相对指标（见表2-4）。

表2-4　企业成长客观性评价指标

客观性评价指标		相关学者
绝对指标	资产额、市场份额、利润额、产出量、雇员人数和营业收入	Davidsson 和 Delmar，1997
相对指标	盈利能力（净资产收益率、销售净利率、销售毛利率、总资产收益率）、资产运营（存货周转率、应收账款周转率、总资产周转率）、投资报酬（债务股权比、每股收益）、偿债能力（流动比率、速动比率）、发展潜力（净利润增长率、净资产增长率、总资产增长率）	李金洲和周敏倩，2008 王瑛芳，2010 钱佩华，2013
	资产管理效率、企业盈利能力、偿债能力、市场拓展能力、成本控制水平	吴世农等，1999
	总资产增长率、主营业务利润增长率、主营业务收入增长率、主营业务利润贡献率和净利润增长率	毛定祥，2004

续表

客观性评价指标		相关学者
相对指标、绝对指标相结合	相对和绝对的销售数量增长、相对和绝对的员工总数的增长、组织结构优化成长、并购次数的增长及过去 10 年的平均增长率和超常增长率	Frederic 等，2003
	销售收入增长率、净利润增长率、市场占有率	赵彩虹等，2019

主观性评价方法主要是依靠组织成员对企业成长的主观感受对企业成长绩效进行判断。Rik Donckels 和 Asko Miettinen（1997）在对企业成长性进行评价时采用了客观指标和主观指标相结合的方法，客观指标包括常见的固定资产情况、产量及雇员数量，主观指标则为企业能力及市场份额，这两个指标均主要来源于企业管理者的预期。刘井建（2011）在对成长绩效进行测量时主要侧重组织成员对于企业规模、收益的主观感受。马蓝（2019）在研究新创企业的成长绩效时从个人绩效和组织绩效两个方面对新创企业成长绩效进行了测量。

目前学者们的研究越来越多地使用客观指标及主观指标相结合的方法。基于研究的角度以及企业类型的不同，学者们对于企业成长的定义也有不同，在测量企业的成长绩效时也灵活使用各种指标。

综上所述，本书将科技型新创企业成长定义为科技型企业在动态环境中充分发挥企业资源与能力致使企业管理日臻完善，企业规模、经营绩效不断提升的过程。同时，在新创企业成长过程中，企业的成长也会体现在企业家个人的收入、社会关系等个人绩效的成长。为了研究新创企业的驱动因素，本书从企业家——新创企业的主导者视角出发，引入心理学研究成果，试图探讨创业激情对于新创企业成长的影响。同时，基于资源依赖理论视角，引入了资源获取这一中介变量，试图探讨创业激情对新创企业成长的作用机制。

第七节　文献述评

目前关于企业家隐性人力资本的研究已经有很多，特别是其与企业成长关系的研究，但是目前关于其内涵的界定还局限于企业家的隐性知识、社会资本、企业家精神等相关内容，尚未将企业家的创业情绪调控能力以及企业家行为作为企业家隐性人力资本的重要组成部分并开展深入的研究。本书通过文献综述发现，企业家创业激情、创业倦怠和企业家行为都对企业成长具有巨大的影响，企业家情绪调节能力和企业家行为态度应该作为企业家隐性人力资本的重要内涵。

目前关于创业激情的研究方兴未艾，国内学者的研究也主要是建立在 Cardon、Chen 等的研究成果上，关于创业激情与企业成长之间的作用机制研究不足，本书将引入资源获取这一中介变量对此进行研究；对于创业激情与企业成长之间的作用机制研究不足，虽然资源对于企业成长的重要性研究颇多，但是对于企业尤其是新创企业如何获取所需资源研究尚待丰富。本书将从企业家创业激情入手，研究企业家的创业激情如何对新创企业的资源获取做出贡献。本书有利于为企业家管理激情情绪，并利用其为新创企业寻求、积累所需资源提供一定建议。目前关于职业倦怠的研究已经有很多，但是关于创业倦怠的研究还比较少，本书将创业倦怠的调节作为企业家隐性人力资本的重要内容，研究创业倦怠对企业成长的影响机制和作用机理，将进一步丰富与倦怠相关的理论。

本书将通过案例研究和文献研究，从计划行为理论的视角研究企业家行为对科技型企业转型成长的影响。在当前动态的环境下，企业转型发展成为很重要的企业成长路径，而且企业家的行为态度和行为规范作为企业家隐性人力资本的重要组成部分也将发挥重要作用，这也是本书的重点内容之一。

第三章　企业家创业激情与科技型创业企业成长

当前学者们的研究主要集中在创业激情究竟如何影响科技型创业企业的成长，但是目前关于创业激情与科技型创业企业成长之间的作用机制研究不足，通过对相关概念界定和对已有文献进行梳理，本章基于企业成长理论以及创业激情的相关理论研究，对创业激情、资源获取与企业成长各维度之间的关系进行了理论推导，提出了相关假设与模型框架，并引入资源获取作为中介变量，对提出的假设模型进行实证检验。

第一节　企业家创业激情对科技型初创企业成长的影响机理

一、创业激情与科技型创业企业成长

创业激情是企业能否生存成长的一项重要预测因素。在部分创业产业园，区企业家的创业激情是企业入园的重要考核标准之一，一般认为富有激情的创业者更容易创业成功。本书主要采取 Cardon 等（2009）的研究成果，将创业激情划分为积极情绪以及身份认同两个维度。

首先，创业激情作为一种积极情绪能够对科技型创业企业的生存和成长产生积极影响（Baron，2008；Branzei and Zietsma，2003）。企业家在创业过程中感受到的兴奋、愉悦等积极情绪对于企业家个人来说有利于其克服创业挫折带来的失败感，使企业家坚持创业行为（Cardon and Kirk，2015）。创业激情也会对创业学习产生影响，适度的创业激情会促进创业者的探索式学习（谢雅萍、陈小燕，2016），使企业家更好地学习创新，促进企业的成长。此外，创业者的创业激情还能通过情绪感染等方式对员工行为造成影响。朱秀梅等（2019）研究表明，激

情可以通过情绪表达、情绪感知、情绪模仿和情绪内化等过程提高员工工作激情，进而提高创业任务的执行力度，为企业带来更高的成长绩效。

其次，创业激情的身份认同维度即企业家身份为创业者带来积极的自我效能感有利于激发企业家的创业行为。崔广连等（2019）研究表明，创业激情通过影响创业的自我效能感进一步提高新创企业的绩效。创业企业的成长离不开企业家精神（创新性、风险承担性、前瞻性），创业者对企业家这一身份高度的认同感有利于激发其企业家精神，促进企业家勇于创新、承担决策风险，并做出具有前瞻性的战略性决策，促进企业的创新成长。

综上所述，本书提出如下假设：

H1：创业激情有助于科技型创业企业成长。

H1a：企业家的积极情绪有利于科技型创业企业成长。

H1b：企业家的身份认同感有利于科技型创业企业成长。

二、创业激情与资源获取

企业家的创业激情有助于资源的获取。创业企业面临的最大问题就是资源供给不足。现有研究表明创业激情可以通过情绪感染等途径影响投资者的决策，进而影响创业企业的资源获取。成功的企业家善于向他人展示激情，从而增加投资者对企业的信心，同时调动员工积极性（Huy and Zott，2007）。Chen 等（2009）将创业激情定义为企业家的积极情绪，同时这种情绪将体现在创业者的“准备”层面（即商业计划书、路演等外在表现方面），认为具有创业激情的创业者的商业计划书、路演表现等更加能吸引投资者，从而获得投资。

企业家的创业激情作为一种积极情绪有利于企业知识型资源及运营型资源的获取。首先，具有激情的创业者更容易向投资者传递情感信号，与其建立情感关系，从而更容易从投资者那里获得社会资源和财务资源（Huang and Knight，2017）。其次，通过这种途径吸引的投资者更容易为企业家提供社会资本，企业也更容易从投资者那里获取知识型资源，而不仅仅是资金上的支持。张振刚等（2016）认为企业家社会资本有助于科技型小微企业获得产学合作的机会，进而有助于专利的产出。秦剑和张玉利（2013）利用中国创业动态跟踪调查项目研究了社会资本对资源获取的作用，得出了社会资本有利于新创企业获取资源的结论。此外，具有激情的创业者更加容易获得创业产业园区以及各种创业孵化器的青睐，这些园区以及孵化器能为新创企业提供更多的政策性帮助以及知识型资源。这些产业聚集的地区可以为创业者提供浓厚的企业家精神氛围，为创业者的创业行为提供方向（Saboe，2013）。管理者在这种环境中更容易获取丰富的管理知识（Reynolds et al.，1994）。同时，这种产业聚集也有利于企业以更低的成本

获取人力资源等运营型资源。

企业家创业激情身份认同的维度是指企业家对于“企业家”这一身份的认同感。具有创业激情的企业家更加能从创业过程中享受乐趣，为了获取创业所需的各种资源，他们能更积极地去利用各种社会资源来获取资金、厂房、设备等运营型资源。同时他们也会为了维持“企业家”身份积极学习企业管理、市场营销、市场拓展等相关知识。

综上所述，本书提出以下假设：

H2：创业激情有助于企业资源获取。

H2a：企业家的身份认同感有利于知识型资源获取。

H2b：企业家的身份认同感有利于运营型资源获取。

H2c：企业家的积极情绪有利于知识型资源获取。

H2d：企业家的积极情绪有利于运营型资源获取。

三、资源获取与科技型创业企业成长

本书将资源获取划分为运营型资源获取以及知识型资源获取两个维度。对于科技型创业企业而言，资源匮乏是普遍存在的现象。针对新创企业的特点，新创企业在起步初期往往组织结构和制度尚待完善，企业管理通常依靠企业家自身的管理经验和知识。然而，对科技型创业企业家尤其是初次创业的企业家缺乏管理经验，此时知识型资源对于企业成长就异常重要。此外，科技型创业企业往往难以获得银行贷款以及投资者投资，因此此时运营型资源获取能力也尤其重要。

运营型资源是指包括资金、厂房、设备等企业运营需要的基本资源。当运营型资源匮乏时，企业在做出战略决策尤其是具有风险的决策时会缺少支持，企业在一定程度上也失去了试错机会，因此很可能错失进一步发展的机会。拥有充足的运营型资源的企业，能激发企业家承担风险的勇气，勇于开拓创新，为企业开辟新的市场机会。另外，充足的运营型资源能够为企业进行市场营销、研发创新等行为提供基本保障，从而促进企业扩张。

知识型资源获取主要是指企业对于企业管理、市场营销、新产品服务与开发等知识的获取。知识型资源相对于运营型资源来说异质性更强，更加容易成为企业竞争优势的来源。张梦琪（2017）通过对科技型企业的实证研究，表明知识型资源会有助于企业建立独特的竞争优势，从而促进企业的成长绩效。知识型资源对于创业企业来说尤其重要。创业者尤其是没有过创业经历的创业者在企业的起步阶段，管理知识的获取能帮助其迅速进入企业管理者的角色，帮助企业快速建立成熟的组织结构，完善管理办法。在创业早期阶段，创业者商业理念尚待完善，业务的可行性也比较模糊，此时来自外界的专业咨询机构的专业知识以及管理建议对

于创业企业能否顺利进入下一阶段十分重要（Huang and Knight，2017）。

基于以上分析，本书提出以下假设：

H3：资源获取有助于科技型创业企业成长。

H3a：知识型资源有助于科技型创业企业的成长。

H3b：运营型资源有助于科技型创业企业的成长。

四、资源获取的中介作用

创业激情在创业故事中往往经常扮演着重要角色。在公开媒体上，一些成功的企业家也公开强调了创业激情的重要性。创业是激情的体现，它使企业家相信他们正在做的事情，这对于实现他们的创业梦想和在各种困难中取得成功都很重要（Ma and Tan，2006）。创业激情究竟是如何影响创业企业成长的？为什么同样具有激情的创业者会面临创业失败的结果？企业成长的关键在于企业获得所需的资源，培育成长能力，企业家空有激情是不能促进企业成长的。Chen 等（2009）研究表明，企业家的创业激情如果仅仅停留在情绪层面是远远不够的，企业家必须将激情体现在完美的商业计划等“准备”层面才能成功获取投资人的投资，从而为企业获得所需资源。

利用商业计划、企业前景的描述、创业团队声誉等吸引投资者，获取厂房设备、专利技术、优秀员工、资金等资源，是企业资源获取的重要途径，而企业家的创业激情作为一种积极情绪，是这种途径的重要前因。企业家创业激情可以激发投资人、合伙人以及员工的共同情绪，是企业家建立长期人际关系的重要方式。通过“关系”企业可以获得所需的运营型资源（资金、厂房、设备等投资）以及知识型资源（来自专业咨询机构的管理知识、技术指导等），进一步促进企业成长（Huang and Knight，2017）。此外，企业内部资源的培育也是资源获取的重要来源。朱秀梅等（2019）研究表明激情可以通过情绪表达、情绪感知、情绪模仿和情绪内化等过程提高员工工作激情，进而提高创业任务的执行力度。

资源获取在创业激情的身份认同维度与企业成长之间也有一定的中介作用，企业家对于“企业家”这一身份的高度认同感，将驱动企业家努力扮演好“企业家”这一角色。在企业成长缺乏资源时，具有激情的企业家不会轻易放弃，而是积极通过各种途径（如积极吸引投资者、劝说员工努力工作、寻求外部专业机构的帮助）来获取企业成长所需的资源，从而维持企业的生存，谋求企业成长。

综上所述，本书提出如下假设：

H4：资源获取在创业激情与科技型创业企业成长中起中介作用。

H4a：知识型资源获取在企业家身份认同与科技型创业企业成长中起中介作用。

H4b：知识型资源获取在企业家积极情绪与科技型创业企业成长中起中介作用。

H4c：运营型资源获取在企业家身份认同与科技型创业企业成长中起中介作用。

H4d：运营型资源获取在企业家积极情绪与科技型创业企业成长中起中介作用。

五、理论模型构建

1. 企业家创业激情与资源获取能力的理论模型

经过对相关文献梳理后，本书发现在创业理论研究中，创业情绪对于企业成长的重要性毋庸置疑，但是创业情绪的影响机制还需要进一步探讨。本书在创业情绪理论背景下，试图具体分析企业家创业激情与科技型创业企业成长的关系，并且引入企业资源获取这一动态能力作为中介变量（见图 3-1）。创业情绪对企业能力的影响已有一定的研究基础，创业情绪会对企业的机会识别能力、学习能力都产生一定影响。本书对创业情绪对资源获取能力的影响进行了丰富与拓展，着重研究创业情绪中创业激情这一积极情绪对企业资源获取能力的影响。

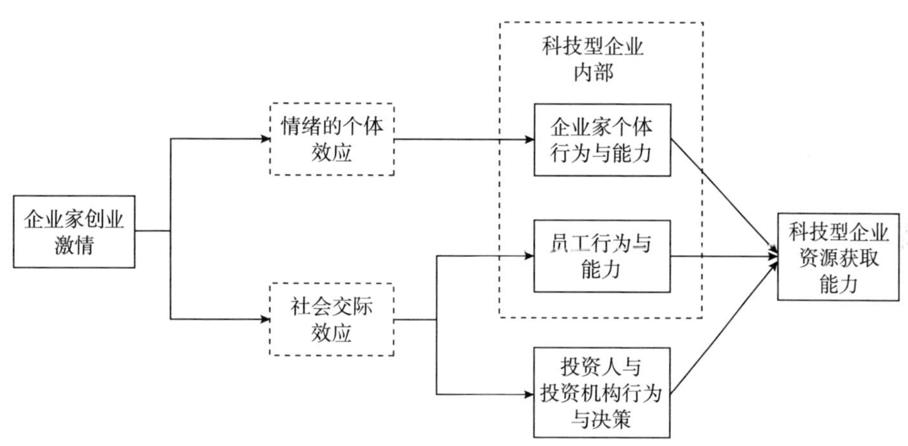

图 3-1 创业激情与科技型创业企业资源获取能力的关系

基于情绪视角，首先企业家创业激情会对企业家本身的行为与能力产生一定影响。拥有激情的企业家更加能坚持创业行为（Murnieks et al.，2012），在科技型创业企业成长过程中，企业家能不断地谋求新机遇，为企业带来各种资源。其次企业家创业激情可以通过激情输出、激情传导以及激情输入等一系列过程传递给员工，激发员工的积极情绪（朱秀梅等，2019），企业可以更容易获取人力资源以及技术资源等。最后企业家可以通过创业激情这一积极情绪向资源拥有者传达高资源回报率的信息，从而获取更多的资源。企业家积极情绪的表达有利于与投资者建立良好的关系，积累关系网络从而有效地解决企业的资源获取问题（Huang and Knight，2017；Cardon et al.，2009；Chen et al.，2009）。

上文文献综述表明，创业激情可以通过影响企业家个人认知和行为以及通过情绪感染的方式更加有效地获取企业的资源获取能力，而企业的资源获取能力则直接关系到企业的成长。因此，本书沿着“情绪—能力—成长”的研究逻辑，可以得到“创业激情—资源获取—新创企业成长”的概念模型。在下文中本书将进一步详细分析三个变量各维度之间的关系，用来为本书的理论模型提供有力的支持。

2. 基于资源获取中介作用的影响机理

本章基于创业情绪理论，分析了创业激情对资源获取能力的影响，同时分析了不同类型的资源获取对新创企业成长的影响。并且，本书从资源获取的角度解释了创业激情对于企业成长的影响机制（见图 3-2）。

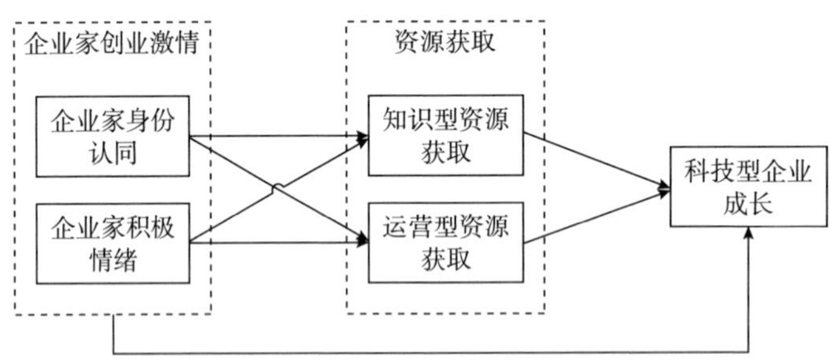

图 3-2 资源获取的中介作用机理

第二节 问卷设计与变量测量

一、问卷设计

问卷设计是收集可靠数据以及进一步验证假设的基础。本书在前期对创业激情、资源获取以及企业成长相关主题进行了大量的中外文献阅读，从中选取了比较成熟的量表，并对措辞加以调整，形成了本书的调查问卷。

本书的问卷可以分为指导语、背景信息以及变量测量三个部分。背景信息部分主要对企业家的年龄、性别、受教育程度以及企业的人员规模、成立年限、所属行业进行了调查。在变量测量部分采用 Likert 5 级评分法，对创业激情、资源获取以及企业成长绩效进行了测量。请参与调查的人员根据对描述问题的符合程度进行评分，从“1”到“5”表示符合程度越来越高。

二、变量测量

1. 创业激情

本书借鉴 Cardon 等（2009）的研究成果，将创业激情划分为积极情绪以及身份认同两个维度。同时借鉴 Callero（1985）、Cardon 等（2013）以及谢雅萍和陈小燕（2016）等的研究成果，整理了本书关于创业激情的测量问卷（见表 3-1）。

表 3-1　创业激情测量题项

测量维度	题项		来源
身份认同	EP1	探索解决问题新的方案可以表明我的企业家身份	Callero（1985）；Cardon 等（2013）；谢雅萍和陈小燕（2016）
	EP2	企业创建者是表明我身份的重要部分	
	EP3	培育和发展企业可以表明我的企业家身份	
	EP4	我给别人的印象是企业家	
积极情绪	EP5	创建新企业使我非常兴奋	
	EP6	我热衷于寻找新的商业机会	
	EP7	拥有自己的企业使我充满拼搏的动力	
	EP8	成功创办一家企业是令人兴奋的	
	EP9	我热衷于寻找开发新服务新产品	
	EP10	我非常希望寻找到可以拓展产品或服务的员工	
	EP11	拥有优秀的员工是非常重要的	
	EP12	提升员工和自我的素质保证企业的发展能够很好地激励我	
	EP13	我非常愿意去完善本企业现有产品或服务	

2. 资源获取

本书将资源获取依照资源类型划分为知识型资源获取以及运营型资源获取两个维度。相关的测量题项主要参考朱秀梅和费宇鹏（2010）、蔡莉等（2011）的研究成果（见表 3-2）。

表 3-2　资源获取测量题项

测量维度	题项		来源
知识型资源获取	KR1	可以获取新产品或服务开发的知识	朱秀梅和费宇鹏（2010）；蔡莉等（2011）
	KR2	可以获取市场营销的知识	
	KR3	可以获取市场开发的知识	
	KR4	可以获取企业管理的知识	
运营型资源获取	OR1	可以获取厂房、设备、装置等物质资源	
	OR2	可以获取资金资源	
	OR3	可以获取人才资源	
	OR4	可以获取技术资源	

3. 科技型创业企业成长绩效

企业成长绩效的测量指标分为客观指标和主观指标。客观性指标大多涉及企业的财务数据，这些数据大部分企业并不愿意透露。为了保证数据的可获得性及真实性，本书参考了 Vallerand 等（2007）、刘井建和史金艳（2013）以及马蓝（2019）的研究，采用主观性数据对新创企业的成长绩效进行了评价。对于科技型创业企业而言，企业成长不仅仅意味着组织层面的绩效提升。对于企业家个人来说，随着科技型创业企业的日益成熟，企业家的个人收入情况会得到改善，同时企业家能够抽出精力用在家庭关系中。本书从企业家个人层面以及组织层面评价了科技型创业企业的成长，包括企业家个人收支情况、关系状况、企业的组织管理情况、企业规模的增长以及新产品新服务五个相关题项（见表 3-3）。

表 3-3　企业成长绩效测量题项

测量维度	题项		来源
企业成长绩效	EG1	我工作与家庭的关系越来越平衡	Vallerand 等（2003）；刘井建和史金艳（2013）；马蓝（2019）
	EG2	我的个人收入有所提高	
	EG3	企业的组织管理日益完善	
	EG4	企业的市场占有率比较高	
	EG5	企业的新产品或新服务在不断增长	

4. 控制变量

影响企业成长的因素众多，本书主要研究创业激情、资源获取与企业成长之间的关系，因此有必要对一些变量进行控制。本书的控制变量主要选取了企业家的个人特征以及企业基本情况两个层面的变量。关于企业家个人特征本书选取了企业家性别、学历以及年龄作为控制变量，企业基本情况选取了企业所属行业、员工规模以及成立年限作为控制变量。其中：企业家的学历分为高中及以下、大学本科、硕士研究生和博士研究生；企业家年龄分为 30 岁以下、30～39 岁、40～49 岁和 50 岁及以上；企业所属行业分为 IT 行业、光电子、航空航天技术、新材料技术、生物医学、资源与环境艺术、通信技术、新能源及节能技术、电子信息技术、高技术服务业以及其他 11 类；企业员工人数分为 1～20 人、21～50 人、51～200 人、201～500 人、500 人以上五档；对新创企业的成立年限分为 1 年及以内、2～3 年、4～5 年以及 6～8 年四类。

第三节　企业家创业激情与科技型创业企业成长关系的实证检验

一、样本和数据收集

1. 问卷发放与回收

本书问卷针对科技型创业企业进行发放，主要针对有过创业经历、企业的中层以上管理人员进行发放。问卷发放工作于 2019 年 7 月开始，截至 2019 年 12 月，历时近半年时间多批次发放问卷，同时对符合科技型创业企业与企业家研究对象要求的问卷进行了严格的筛选。数据收集主要依靠在科技型创业企业工作的朋友、同学、我校 MBA 同学以及其关系网络进行发放，共发放 200 份问卷；另一发放渠道为委托专业问卷发放机构进行发放，共发放 220 份。

通过文献梳理，本书将企业成立在 8 年以内的认定为科技型新创企业，并且考虑研究对象为企业家人群，因此在设置问卷时设置了被调研者职位的题项，仅留下在企业中任高层管理职位人员的问卷。本书共发放 420 份问卷，其中去除掉雷同和不完整的无效问卷、不符合新创企业条件的问卷以及非企业高层管理者填写的问卷之后，剩余 285 份有效问卷。

2. 样本特征统计

本书基于企业家创业激情对科技型创业企业成长的影响这一研究主题，从被调研者的性别、受教育程度、年龄、企业所属行业、企业员工人数以及企业成立年限六个角度对被调研者的自身以及所属企业的基本信息情况进行描述性统计分析，收集的 285 个有效样本主要分布情况如下（见表 3-4）：

表 3-4 被调研人员基本信息描述性统计

主体特征类别	主体特征描述	人数	百分比（%）	有效百分比（%）	累计百分比（%）
性别	男	203	71.2	71.2	71.2
	女	82	28.8	28.8	100.0
学历	高中及以下	34	11.9	11.9	11.9
	大学本科	171	60.0	60.0	71.9
	硕士研究生	56	19.6	19.6	91.5
	博士研究生	24	8.4	8.4	100.0
年龄	30 岁以下	36	12.6	12.6	12.6
	30~39 岁	102	35.8	35.8	48.4
	40~49 岁	117	41.1	41.1	89.5
	50 岁及以上	30	10.5	10.5	100.0
所在企业所属行业	IT 行业	39	13.7	13.6	13.6
	光电子	50	17.5	17.5	31.1
	航空航天技术	40	14.0	14.0	45.1
	新材料技术	25	8.8	8.8	53.9
	生物医学	23	8.1	8.1	62.0
	资源与环境艺术	23	8.1	8.1	70.1
	通信技术	17	6.0	6.0	76.1
	新能源及节能技术	13	4.6	4.6	80.7
	电子信息技术	21	7.4	7.4	88.1
	高技术服务业	13	4.6	4.6	92.7
	其他	21	7.4	7.4	100.0
所在企业员工人数	1~20 人	61	21.4	21.4	21.4
	21~50 人	90	31.6	31.6	53.0
	51~200 人	73	25.6	25.6	78.6
	201~500 人	41	14.4	14.4	93.0
	500 人以上	20	7.0	7.0	100.0
所在企业成立年限	1 年及以内	61	21.4	21.4	21.4
	2~3 年	97	34.0	34.0	55.4
	4~5 年	70	24.6	24.6	80.0
	6~8 年	57	20.0	20.0	100.0

（1）在性别方面。男性被调研者有 203 人，占比为 71.2%，女性被调研者有

82 人，占比为 28.8%。男性被调研者人数要显著多于女性被调研者人数，符合目前企业家性别的分布状况，增加了样本的可靠性程度。

（2）在学历方面。大学本科（171 人，60%）学历所占比例最高，硕士研究生有 56 人，占比为 19.6%，博士研究生有 24 名，占比为 8.4%。可以看出被调研者近 90%均是本科及以上学历，被调研者的学历水平相对较高，其阅读并把握问卷题项的能力较强，这一定程度上增加了问卷的有效性。同时，也说明目前我国的创业者一般都有着较好的教育背景。

（3）在年龄方面。被调研者年龄主要在 40~49 岁（117 人，41.1%），其次是 30~39 岁（102 人，35.8%），而 50 岁及以上的被调研者仅有 30 人，占比为 10.5%，30 岁以下的被调研者有 36 人，占比为 12.6%。

（4）所在企业员工人数。21~50 人的企业所占比例最大（90 人，31.6%），其次是 51~200 人（73 人，25.6%）和 1~20 人（61 人，21.4%），201~500 人的被调研者有 41 人，占比为 14.4%，而 500 人以上的仅有 20 人，占比为 7%。

此外，对被调研者所在企业的基本情况进行描述性统计分析，在企业所属行业调研中发现，被调研者企业所属行业分布广泛，包括 IT 行业、光电子、航空航天技术、新材料技术、生物医学、资源与环境艺术、通信技术、新能源及节能技术、电子信息技术以及高技术服务业等多个行业，并且各个行业的分布比较均匀，这在一定程度上能均衡地表现各个行业的被调研者对企业成长的差异性认知。

二、共同方法偏差检验

共同方法偏差指的是因为同样的数据来源或评分者、同样的测量环境、题项语境以及题项本身特征所造成的预测变量与效标变量之间人为的共变。共同方法偏差会导致数据分析结果出现混淆，诱导不当的结论分析。共同方法偏差可以从程序和统计两方面进行控制。

程序控制是指在研究设计阶段从题项设计、数据收集来源、问卷填写者等方面进行事前控制。首先，本书的问卷题项主要参考了经过验证后的较为成熟的量表。同时在问卷正式发放之前对每一个题项进行了反复推敲修改，请老师及同学在小范围内进行了测试，确保题项的语义明确。其次，本书通过问卷星网络以及专业问卷发放机构两种渠道进行了发放，涉及人群所处行业、区域等较为广泛。同时问卷分批次发放，涉及的发放时间范围也比较广泛。这避免了填写者可能在相似测量环境中填写问卷造成的共同方法偏差。

统计控制是指在数据收集后进行统计检验，包括 Harman 单因素检验、偏相关法、潜在误差变量控制法、多质多法模型等。本书使用 SPSS 软件进行了 Harman 单因素检验。结果表明本书抽取了多个因子且抽取的第一个因子的贡献率为29.68%，小于40%的判断标准。因此，可以认为本书的共同方法偏差问题并不严重，不会对研究结果和结论造成严重影响。

三、信效度分析

信度是用来检验问卷设计是否可靠的重要方法，Cronbach's α 系数是学术界采用最为普遍的衡量标准，如表 3-5 所示。因此，本书采用 SPSS22.0 数据分析软件对其加以检验。本书将接受 Cronbach's α 系数>0.6，并且校正的项总相关系数>0.3 的题项。

表 3-5 问卷信度水平说明

α 取值范围	问卷信度水平
α>0.9 时	问卷具有极高的信度水平
0.7≤α<0.9 时	问卷信度较高
0.6≤α<0.7 时	问卷信度一般，但在可接受的范围内
α<0.6 时	应该对问卷进行重新设定或编制

信度检测结果如表 3-6 所示。通过信度分析发现，问卷整体的 Cronbach's α 系数为 0.925，大于学术界规定 0.6 的最低标准，说明问卷设计较为可靠。本书问卷题型的 Cronbach's α 系数均在 0.7 以上，无须删掉题项或进一步调整，这说明问卷数据具有一定的稳定性或一致性。因此问卷通过信度检验，可以进行下一步的效度分析。

表 3-6 问卷的可靠性分析

编码	删除项目后的标度平均值	删除项目后的标度方差	校正后项目与总分相关性	项目删除后的 Cronbach's α 值
EP1	10.42	6.492	0.658	0.781
EP2	10.46	6.383	0.647	0.786
EP3	10.38	6.778	0.616	0.799
EP4	10.55	6.000	0.696	0.763
EP5	27.88	40.287	0.744	0.887
EP6	27.60	43.003	0.599	0.898
EP7	27.83	40.708	0.676	0.892

续表

编码	删除项目后的标度平均值	删除项目后的标度方差	校正后项目与总分相关性	项目删除后的Cronbach's α 值
EP8	27.90	40.513	0.700	0.890
EP9	27.64	42.122	0.650	0.894
EP10	27.80	40.728	0.708	0.890
EP11	27.77	42.806	0.661	0.893
EP12	27.75	41.039	0.680	0.892
EP13	27.72	42.759	0.653	0.894
KR1	11.22	5.092	0.674	0.782
KR2	11.20	5.214	0.632	0.801
KR3	11.20	5.367	0.665	0.787
KR4	11.19	5.106	0.674	0.782
OR1	10.78	5.157	0.496	0.778
OR2	10.66	4.473	0.621	0.718
OR3	10.70	4.573	0.612	0.723
OR4	10.77	4.400	0.642	0.706
EG1	13.28	15.520	0.640	0.898
EG2	13.15	13.225	0.780	0.868
EG3	13.10	13.024	0.781	0.868
EG4	13.09	13.110	0.759	0.873
EG5	13.13	13.136	0.789	0.866
问卷整体 Cronbach's α 值				0.925

注：N-285。

学术界规定问卷效度检验标准为：①KMO>0.6 时，说明适合做因子分析；②Bartlett 球形检验的显著性水平小于 0.01；③采用主成分因子分析法提取特征值大于 1 的因子，累计方差贡献率大于 50%；④采用最大方差旋转法将因子进行正交旋转，因子载荷大于 0.6。本书通过 SPSS22.0 数据分析软件，对问卷整体以及各个变量的效度进行了检验。

对问卷整体的 KMO 和 Bartlett 进行检验，得到问卷整体的 KMO 和 Bartlett 球形检验结果如表 3-7 所示。问卷整体 KMO 值为 0.919，大于 0.6，Bartlett 球形检验水平显著（Sig. =0.000），说明问卷变量适合做进一步的因子分析。

表 3-7　问卷整体的 KMO 和 Bartlett 球形检验

KMO		0.919
Bartlett 球形检验	上次读取的卡方	6016.301
	自由度	325
	显著性	0.000

1. 关于多维度企业家创业激情的效度检验

在对多维度企业家创业激情进行效度检验中发现，企业家创业激情的 KMO 值为 0.857，Bartlett 球形检验显著，表明企业家创业激情能进行主成分分析（见表 3-8）。通过主成分分析法提取企业家创业激情的公因子，累计方差贡献率达到 60.028%>50%（见表 3-9）。最后，通过主成分分析法得到企业家创业激情的旋转成分矩阵，旋转后的因子载荷均在 0.5 以上（见表 3-10）。因此，企业家创业激情通过效度检验，本书可以将企业家创业激情划分为企业家积极情绪、企业家身份认同两个维度。

表 3-8　企业家创业激情的 KMO 和 Bartlett 球形检验

KMO		0.857
Bartlett 球形检验	近似卡方	2532.378
	df	78
	Sig.	0.000

表 3-9　企业家创业激情总方差解释

序号	初始特征值			提取载荷平方和			旋转载荷平方和		
	总计	方差贡献比（%）	累计方差贡献比（%）	总计	方差贡献比（%）	累计方差贡献比（%）	总计	方差贡献比（%）	累计方差贡献比（%）
1	5.152	39.633	39.633	5.152	39.633	39.633	5.073	39.021	39.021
2	2.651	20.395	60.028	2.651	20.395	60.028	2.731	21.007	60.028
3	0.964	7.414	67.442						
4	0.656	5.049	72.491						
5	0.574	4.418	76.909						
6	0.561	4.312	81.221						
7	0.498	3.834	85.055						
8	0.454	3.490	88.545						
9	0.396	3.046	91.591						

续表

序号	初始特征值			提取载荷平方和			旋转载荷平方和		
	总计	方差贡献比（%）	累计方差贡献比（%）	总计	方差贡献比（%）	累计方差贡献比（%）	总计	方差贡献比（%）	累计方差贡献比（%）
10	0.318	2.448	94.039						
11	0.287	2.208	96.246						
12	0.269	2.069	98.315						
13	0.219	1.685	100.000						

注：提取方法为主成分分析法。

表 3-10 企业家创业激情旋转后的成分矩阵

编码	组件	
	1	2
EP1	0.049	**0.807**
EP2	0.078	**0.800**
EP3	0.044	**0.777**
EP4	-0.005	**0.844**
EP5	**0.822**	-0.114
EP6	**0.662**	0.279
EP7	**0.758**	-0.014
EP8	**0.778**	-0.025
EP9	**0.725**	0.103
EP10	**0.776**	0.081
EP11	**0.741**	-0.022
EP12	**0.751**	0.075
EP13	**0.726**	0.094

注：提取方法为主成分分析法。旋转方法为 Kaiser 标准化最大方差法。旋转在 3 次迭代后已收敛。

2. 关于多维度资源获取的效度检验

在对多维度资源获取进行效度检验中发现，资源获取的 KMO 值为 0.782>0.6，Bartlett 球形检验显著，表明企业资源获取能够进行主成分分析（见表 3-11）。通过主成分分析法提取企业资源获取的公因子，累计方差贡献率达到 64.159%（见表 3-12）。通过主成分分析法得到企业资源获取的旋转成分矩阵，旋转后的因子载荷均在 0.5 以上（见表 3-13）。因此，企业资源获取通过效度检验，本书可以将企业资源获取划分为企业知识型资源获取和企业运营型资源获取两个维度。

表 3-11　企业资源获取的 KMO 和 Bartlett 球形检验

KMO		0. 782
Bartlett 球形检验	近似卡方	1030. 796
	df	28
	Sig.	0. 000

表 3-12　企业资源获取总方差解释

序号	初始特征值			提取载荷平方和			旋转载荷平方和		
	总计	方差贡献比（%）	累计方差贡献比（%）	总计	方差贡献比（%）	累计方差贡献比（%）	总计	方差贡献比（%）	累计方差贡献比（%）
1	2. 740	34. 248	34. 248	2. 740	34. 248	34. 248	2. 694	33. 681	33. 681
2	2. 393	29. 911	64. 159	2. 393	29. 911	64. 159	2. 438	30. 479	64. 159
3	0. 674	8. 424	72. 583						
4	0. 525	6. 568	79. 152						
5	0. 482	6. 030	85. 181						
6	0. 419	5. 231	90. 413						
7	0. 414	5. 171	95. 584						
8	0. 353	4. 416	100. 000						

注：提取方法为主成分分析法。

表 3-13　企业资源获取旋转后的成分矩阵

编码	组件	
	1	2
KR1	**0. 823**	0. 056
KR2	**0. 792**	-0. 022
KR3	**0. 823**	0. 006
KR4	**0. 818**	0. 044
OR1	0. 190	**0. 689**
OR2	-0. 054	**0. 806**
OR3	0. 011	**0. 796**
OR4	-0. 061	**0. 821**

注：提取方法为主成分分析法。旋转方法为 Kaiser 标准化最大方差法。旋转在 3 次迭代后已收敛。

3. 关于单维度科技型创业企业成长的效度检验

在对单维度科技型创业企业成长进行效度检验中发现，企业成长的 KMO 值为 0.886>0.6，Bartlett 球形检验显著，表明新创企业成长能够进行主成分分析。通过主成分分析法提取新创企业成长的公因子，累计方差贡献率达到 71.130%。通过主成分分析法得到新创企业成长的旋转成分矩阵，旋转后的因子载荷均在 0.5 以上（见表 3-14）。因此，科技型创业企业成长通过效度检验，本书可以将新创企业成长划分为一个维度。

表 3-14 新创企业成长的效度检验

变量名称	KMO 值	Bartlett 球形检验			题项代码	因子载荷	贡献率
		近似卡方	df	Sig.			
企业成长绩效	0.886	1129.124	10	0.000	C1	0.757	71.130%
					C2	0.865	
					C3	0.867	
					C4	0.850	
					C5	0.872	

四、描述性统计与相关分析

1. 描述性统计

本书对问卷涉及的核心变量进行了描述性统计分析，测度了创业激情、资源获取以及企业成长所有变量维度的均值、标准偏差、极小值、极大值以及偏度和峰度情况，以此来验证数据的止态分布情况（学术界规定样本数的偏度绝对值应低于 3、峰度绝对值应低于 8）。分析结果如表 3-15 所示。

表 3-15 变量描述性分析结果

变量名称	N	最小值	最大值	均值	标准偏差	偏度		峰度	
						统计	标准误	统计	标准误
身份认同	285	1.00	5.00	3.4852	0.82092	−0.333	0.124	0.181	0.247
积极情绪	285	1.33	5.00	3.4708	0.80033	−0.107	0.124	−1.093	0.247
知识型资源获取	285	2.00	5.00	3.7339	0.73933	−0.194	0.124	−0.705	0.247
运营型资源获取	285	2.00	5.00	3.5752	0.69444	0.048	0.124	−1.059	0.247
企业成长绩效	285	1.20	5.00	3.2869	0.91051	−0.440	0.124	−0.773	0.247

续表

变量名称	N	最小值	最大值	均值	标准偏差	偏度		峰度	
						统计	标准误	统计	标准误
创业激情	285	1.44	4.44	3.4785	0.60513	-1.022	0.124	0.955	0.247
资源获取	285	2.13	4.75	3.6570	0.51883	-0.604	0.124	-0.218	0.247

从表3-15中可以发现各题项的均值在3~4，标准偏差均大于0.5，说明被调研者对企业家创业激情、资源获取以及企业成长绩效三个变量给予了一般认同或较为认同的水平，有效样本的平均值和标准偏差集中度和分散性较好。并且，各个变量偏度绝对值均小于3、峰度绝对值均小于8，符合正态分布的标准，综上分析，本书所收集的数据可以运用相应的统计方法进行进一步数据分析。

2. 相关分析

相关分析作为回归分析的基础，能够对变量进行初步的假设关系验证，本书通过使用SPSS22.0数据分析软件，采用Pearson积差相关法探究企业家创业激情（创业家积极情绪和创业家身份认同）、企业资源获取（企业知识型资源获取和企业运营型资源获取）和企业成长之间的相关关系。具体分析结果如表3-16所示。

表3-16 各个变量之间的相关性分析

变量名称	(1)	(2)	(3)	(4)	(5)	(6)	(7)
(1) 企业家身份认同	1						
(2) 企业家积极情绪	0.114*	1					
(3) 企业知识型资源获取	0.575**	0.574**	1				
(4) 企业运营型资源获取	0.344**	0.352**	0.048	1			
(5) 企业家创业激情总分	0.753**	0.739**	0.770**	0.466**	1		
(6) 企业资源获取总分	0.639**	0.644**	0.744**	0.703**	0.859**	1	
(7) 企业成长总分	0.581**	0.623**	0.692**	0.102*	0.807**	0.561**	1

注：*在置信度（双侧）为0.05时，相关性是显著的。**在置信度（双侧）为0.01时，相关性是显著的。

从表3-16中可以看出，在 $p<0.01$ 水平上，企业家创业激情（创业家积极情绪和创业家身份认同）、企业资源获取（企业知识型资源和企业运营型资源获取）和企业成长之间存在显著的相关性，并且企业家创业激情的两个维度与企业

资源获取的两个维度与企业成长都是被调研者对企业成长影响因素的评价。

五、企业家创业激情与科技型创业企业成长关系的回归分析

本部分以科技型创业企业成长为因变量，企业家创业激情的各个维度：企业家积极情绪、企业家身份认同为自变量进行回归分析。表 3-17 模型 1 中的解释变量为控制变量，由数据可知，控制变量中仅有学历能对企业成长有一定的解释作用。模型 2 和模型 3 中依次加入了身份认同以及积极情绪两个变量。

表 3-17　企业家创业激情各个维度对科技型创业企业成长的回归模型汇总

变量	科技型创业企业成长		
	模型 1	模型 2	模型 3
控制变量			
性别	-0.003	0.027	0.067
学历	0.127*	0.090	0.050
年龄	0.091	0.051	-0.008
行业	-0.004	-0.010	-0.008
员工人数	-0.031	-0.013	0.008
成立年限	0.030	0.046	0.045
自变量			
创业激情—身份认同		0.632***	0.573***
创业激情—积极情绪			0.638***
F	2.616	30.411***	92.930***
R^2	0.039	0.358	0.662
ΔR^2	0.024	0.347	0.655
D-W	2.032		
VIFmax	1.043	1.045	1.048

注：* 表示显著性水平 $p<0.05$；** 表示显著性水平 $p<0.01$；*** 表示显著性水平 $p<0.001$。

首先，企业家身份认同对科技型创业企业成长能力的解释度为 34.7%，企业家身份认同、企业家积极情绪对科技型创业企业成长能力的解释度为 65.5%。其次，在共线性统计中，容差均大于 0.1，VIF 均小于 10，且 D-W 检验值为 2.032 约等于 2，残值较为符合正态分布，排除了回归模型可能存在的多重共线性及异方差问题。最后，由回归系数以及显著性水平可以看出，企业家积极情绪、企业

家身份认同均在 $p<0.001$ 显著性水平上对企业成长能力产生正向影响。因此，得到回归方程：科技型创业企业成长＝0.573×企业家身份认同+0.638×企业家积极情绪。

因此，假设 H1a 和 H1b 成立，进而接受研究假设 H1。

六、企业家创业激情与资源获取关系的回归分析

1. 企业家创业激情各个维度对知识型资源获取的影响

本部分以企业知识型资源获取为因变量，企业家创业激情的各个维度：企业家积极情绪、企业家身份认同为自变量进行回归分析。表 3-18 模型 1 是控制变量对知识型资源获取的回归模型，由数据可知控制变量与知识型资源获取没有明显相关关系。模型 2 和模型 3 逐步加入了身份认同与积极情绪两个自变量。

表 3-18　企业家创业激情各个维度对企业知识型资源获取的回归模型汇总

变量	知识型资源获取		
	模型 1	模型 2	模型 3
控制变量			
性别	0.025	0.048	0.078
学历	0.092	0.062	0.033
年龄	0.105	0.073	0.031
行业	-0.004	-0.009	-0.008
员工人数	-0.024	-0.011	0.005
成立年限	-0.043	-0.031	-0.031
自变量			
创业激情—身份认同		0.504***	0.461***
创业激情—积极情绪			0.470***
F	3.127	29.925***	72.380***
R^2	0.047	0.355	0.604
ΔR^2	0.032	0.343	0.595
D-W	2.058		
VIFmax	1.043	1.045	1.048

注：*表示显著性水平 $p<0.05$；**表示显著性水平 $p<0.01$；***表示显著性水平 $p<0.001$。

首先，企业家身份认同对企业知识型资源获取的解释度为 34.3%，企业家身份认同、企业家积极情绪对企业知识型资源获取解释度为 59.5%。其次，在共线

性统计中，容差均大于 0.1，VIF 均小于 10，且 D-W 检验值为 2.058 约等于 2，残值较为符合正态分布，排除了回归模型可能存在的多重共线性及异方差问题。最后，由回归系数以及显著性水平可以看出，企业家积极情绪、企业家身份认同均在 $p<0.001$ 显著性水平上对企业知识型资源获取产生正向影响。因此，得到回归方程：企业知识型资源获取=0.461×企业家身份认同+0.470×企业家积极情绪。

因此，H2a 和 H2c 假设成立，接受这两个研究假设。

2. 企业家创业激情各个维度对运营型资源获取的影响

本书利用 SPSS22.0 数据分析软件，以企业运营型资源获取为因变量，企业家创业激情的各个维度：企业家积极情绪、企业家身份认同为自变量进行回归分析。表 3-19 中模型 1 是控制变量与运营型资源获取的回归分析，其中行业这一控制变量对运营资源的获取起到了一定的影响。模型 2 和模型 3 依次加入了身份认同和积极情绪两个自变量，分析结果如表 3-19 所示。

表 3-19　企业家创业激情各个维度对运营型资源获取的回归模型汇总

变量	运营型资源获取		
	模型 1	模型 2	模型 3
控制变量			
性别	-0.050	-0.036	-0.019
学历	-0.044	-0.061*	-0.079
年龄	0.057	0.038	0.013
行业	0.024*	0.021*	0.021
员工人数	-0.037	-0.029	-0.021
成立年限	-0.007	0.000	-0.020
自变量			
创业激情—身份认同		0.288***	0.262***
创业激情—积极情绪			0.281***
F	2.225*	9.415***	15.732***
R^2	0.034	0.147	0.249
ΔR^2	0.019	0.132	0.233
D-W	2.018		
VIFmax	1.043	1.045	1.048

注：* 表示显著性水平 $p<0.05$；** 表示显著性水平 $p<0.01$；*** 表示显著性水平 $p<0.001$。

首先，企业家身份认同对运营型资源获取的解释度为13.2%，企业家身份认同、企业家积极情绪对运营型资源获取解释度为23.3%。其次，在共线性统计中，容差均大于0.1，VIF均小于10，且D-W检验值为2.018，约等于2，残值较为符合正态分布，排除了回归模型可能存在的多重共线性及异方差问题。最后，由回归系数以及显著性水平可以看出，企业家积极情绪、企业家身份认同均在p<0.001显著性水平上对企业运营型资源获取产生正向影响。因此，得到回归方程：运营型资源获取=0.262×企业家身份认同+0.281×企业家积极情绪。

因此，H2b和H2d假设成立，接受这两个研究假设。

综上所述，H2下的四个研究假设均成立，接受假设H2。同时通过H2a、H2b与H2c、H2d回归方程的系数对比可以明显看出企业家创业激情对知识型资源获取的影响明显大于其对运营型资源获取的影响。

3. 资源获取与科技型创业企业成长的关系

本部分以科技型创业企业成长为因变量，资源获取各个维度：知识型资源获取、运营型资源获取为自变量进行回归分析。表3-20模型1为控制变量对于科技型创业企业成长的回归分析，模型2和模型3依次加入了知识型资源获取与运营型资源获取两个变量，分析结果如表3-20所示。

表3-20 资源获取各个维度对科技型创业企业成长的回归模型汇总

变量	科技型创业企业成长		
	模型1	模型2	模型3
控制变量			
性别	-0.003	-0.024	-0.019
学历	0.127*	0.049	0.054
年龄	0.091	0.001	-0.004
行业	-0.004	0.000	-0.002
员工人数	-0.031	-0.010	-0.006
成立年限	-0.030	0.067*	0.067
自变量			
资源获取—知识型资源		0.846***	0.842***
资源获取—运营型资源			0.099
F	2.116	52.242***	46.612***
R^2	0.039	0.490	0.495
ΔR^2	0.024	0.480	0.485

续表

变量	科技型创业企业成长		
	模型 1	模型 2	模型 3
D-W	2.077		
VIFmax	1.043	1.049	1.052

注：* 表示显著性水平 $p<0.05$；** 表示显著性水平 $p<0.01$；*** 表示显著性水平 $p<0.001$。

首先，知识型资源获取对新创企业成长的解释度为 48.0%，知识型资源获取和运营型资源获取对科技型创业企业成长的解释度为 48.5%。其次，在共线性统计中，容差均大于 0.1，VIF 均小于 10，且 D-W 检验值为 2.077，约等于 2，残值较为符合正态分布，排除了回归模型可能存在的多重共线性及异方差问题。最后，由回归系数以及显著性水平可以看出，知识型资源获取在 $p<0.001$ 显著性水平上对科技型创业企业成长能力产生正向影响，而运营型资源获取对科技型创业企业成长能力的正向影响并不显著。因此，得到回归方程：科技型创业企业成长 $=0.842\times$知识型资源获取。

因此，接受假设 H3a，拒绝研究假设 H3b。综上所述，H3 研究假设仅部分成立。

七、资源获取中介作用检验

传统逐步回归检验中介作用的方法有四点基本判定条件：①自变量影响因变量，影响系数界定为 c；②自变量影响中介变量，影响系数界定为 a；③中介变量影响因变量，影响系数界定为 b；④引入中介变量后，影响系数界定为 c′，自变量对因变量的影响明显削弱甚至消失。如果加入中介变量后自变量与因变量之间的影响系数减小且影响系数不再显著，说明该变量起到了完全中介作用。如果加入中介变量后自变量与因变量之间的影响系数减小但影响系数仍然处于显著性的水平，说明该变量起到部分中介作用。

在采用逐步回归法检验中介效应不成功时，可以采取 Sobel 方法进行检验，此种方法是基于 $a\times b$ 服从正态分布的条件提出的，但是很多情况 $a\times b$ 并不能完美地服从正态分布。为了检验本书中介作用的假设，本书采用 Bootstrap 方法进行中介效应检验。

Preacher 和 Hayes（2004）提出了对逐步回归法检验中介效应的质疑，并且提出了 Bootstrap 的检验方法。Bootstrap 检验中介效应的方法又被称作重置抽样法，将所有样本作为总体，从中无限抽取子样本进行分析。本书使用 SPSS 软件中的 PROCESS 插件进行 Bootstrap 中介效应分析。在 Bootstrap 中介效应分析中如果中介效应满足95%的置信区间的上限（BootULCI）与下限（BootLLCI）之间不存在0的条件则证明中介作用成立。

1. 知识型资源获取在企业家身份认同与科技型创业企业成长关系中的中介作用

本书利用 Hayes（2012）编制的 SPSS 中 PROCESS 插件中用来检验简单中介模型的 Model4 对知识型资源获取在身份认同与企业成长关系中的中介作用，检验结果如表 3-21 所示。结果表明企业家创业激情的身份认同维度与企业成长有明显的正相关性（B=0.632，t=13.764，p<0.001），并且在放入知识型资源获取这一中介变量后身份认同对企业成长的促进作用仍然显著（B=0.303，t=6.402，p<0.001），并且知识型资源获取对企业成长的促进作用也十分显著（B=0.652，t=12.220，p<0.001）。此外，表 3-22 的结果显示身份认同对企业成长的直接效应，以及知识型资源获取的中介效应在 Bootstrap 95%的置信区间的上限（BootULCI）与下限（BootLLCI）之间不存在0，这表明身份认同不仅能直接影响企业成长，并且能通过知识型资源获取的中介作用影响企业成长。

因此，假设 H4a 通过检验。

表 3-21 知识型资源获取在企业家身份认同与科技型创业企业成长间中介效应检验

	知识型资源获取		科技型创业企业成长		科技型创业企业成长	
	B	t	B	t	B	t
控制变量						
性别	0.048	0.063	-0.005	-0.070	0.027	0.348
学历	0.062	0.026	0.049	1.813	0.090	2.826**
年龄	0.074	0.031	0.003	0.084	0.051	1.327
行业	-0.009	0.010	-0.004	-0.394	-0.010	-0.836
员工人数	-0.011	0.024	-0.006	-0.251	-0.013	-0.447
成立年限	-0.031	0.030	0.066	2.125*	0.046	1.252
自变量						
创业激情—身份认同	0.504	13.485***	0.303	6.402***	0.632	13.764***
中介变量						
资源获取—知识型资源			0.652	12.220***		
F	29.925***		55.633***		30.411***	
R^2	0.355		0.539		0.359	

注：*表示显著性水平 p<0.05；**表示显著性水平 p<0.01；***表示显著性水平 p<0.001。

表 3-22 知识型资源获取在企业家身份认同与科技型创业企业成长间中介效应分解

	Effect	BootSE	BootLLCI	BootULCI	效应占比
中介效应	0.329	0.035	0.263	0.401	52.04%
直接效应	0.303	0.047	0.209	0.397	47.96%
总效应	0.632	0.046	0.542	0.723	

2. 知识型资源获取在企业家积极情绪与科技型创业企业成长关系中的中介作用

本书利用 Hayes（2012）编制的 SPSS 中 PROCESS 插件中用来检验简单中介模型的 Model4 对知识型资源获取在企业家积极情绪与科技型创业企业成长关系中的中介作用，检验结果如表 3-23 所示。

表 3-23 知识型资源获取在积极情绪与企业成长间中介效应检验

	知识型资源获取		企业成长		企业成长	
	B	t	B	t	B	t
控制变量						
性别	0.059	0.932	0.007	0.115	0.044	0.583
学历	0.058	2.217	0.045	1.719	0.081	2.633
年龄	0.055	1.766	-0.011	-0.338	0.023	0.628
行业	-0.003	-0.328	-0.000	-0.045	-0.002	-0.209
员工人数	-0.006	-0.256	-0.002	-0.089	-0.006	-0.209
成立年限	-0.042	-1.418	0.057	1.905	0.032	0.897
自变量						
创业激情—积极情绪	0.5148	13.290***	0.379	8.003***	0.695	15.189***
中介变量						
资源获取—知识型资源			0.614	11.859***		
F	29.145***		61.281***		36.550***	
R^2	0.349		0.563		0.402	

注：*表示显著性水平 p<0.05；**表示显著性水平 p<0.01；***表示显著性水平 p<0.001。

结果表明企业家创业激情的积极情绪维度对科技型创业企业成长有明显的促进作用（B=0.695，t=15.189，p<0.001），在放入知识型资源获取这一中介变量后积极情绪对企业成长的促进作用仍然显著（B = 0.379，t = 8.003，p<

0.001），并且知识型资源获取对企业成长的促进作用也十分显著（B=0.614，t=11.859，p<0.001）。此外，表 3-24 的结果显示积极情绪对企业成长的直接效应，以及知识型资源获取的中介效应在 Bootstrap 95%的置信区间的上限（Boot-ULCI）与下限（BootLLCI）之间不存在 0，这表明积极情绪不仅能够直接影响企业成长，并且能够通过知识型资源获取的中介作用影响企业成长。

因此，假设 H4b 通过检验。

表 3-24 知识型资源获取在积极情绪与企业成长间中介效应检验分解

	Effect	BootSE	BootLLCI	BootULCI	效应占比
间接效应	0.3158	0.0358	0.2475	0.39	0.454716
直接效应	0.3787	0.0473	0.2856	0.4717	0.545284
总效应	0.6945	0.0457	0.6046	0.7844	

3. 运营型资源获取在身份认同与企业成长关系中的中介作用

本部分对运营型资源获取在身份认同与企业成长关系中的中介作用进行了检验，检验结果如表 3-25、表 3-26 所示。结果表明企业家创业激情的身份认同对企业成长有明显的促进作用（B=0.632，t=13.764，p<0.001）。这一结果在直接效应结果中也得以证明。但是在加入了中介变量运营型资源获取之后，虽然结果显著，但是却出现了与预测相反的结果——运营型资源在企业家身份认同与企业成长中起到了负面影响效应（B=-0.131，t=-2.261，p<0.05）。

因此，假设 H4c 运营型资源获取在企业家身份认同与科技型创业企业成长中起中介作用通过验证，但是运营型资源获取在企业家身份认同与科技型创业企业成长中起负向的中介效应。

表 3-25 运营型资源获取在身份认同与企业成长间中介效应检验

	运营型资源获取		企业成长		企业成长	
	B	t	B	t	B	t
控制变量						
性别	-0.036	-0.531	0.022	0.288	0.027	0.348
学历	-0.061	-2.201	0.082	2.570*	0.090	2.826
年龄	0.039	1.147	0.056	1.464	0.051	1.327
行业	0.021	1.976	-0.007	-0.609	-0.010	-0.836
员工人数	-0.029	-1.112	-0.017	-0.577	-0.013	-0.447
成立年限	0.001	0.015	0.046	1.260	0.046	1.252

续表

	运营型资源获取		企业成长		企业成长	
	B	t	B	t	B	t
自变量						
创业激情—身份认同	0.288	7.128***	0.670	13.774***	0.632	13.764***
中介变量						
资源获取—运营型资源			-0.131	-2.261*		
F	9.415***		27.536***		30.411***	
R^2	0.148		0.367		0.359	

注：*表示显著性水平 p<0.05；**表示显著性水平 p<0.01；***表示显著性水平 p<0.001。

表 3-26 运营型资源获取在身份认同与企业成长间中介效应检验分解

	Effect	BootSE	BootLLCI	BootULCI
中介效应	-0.0377	0.0165	-0.0716	-0.0073
直接效应	0.6699	0.0486	0.5743	0.7656
总效应	0.6322	0.0459	0.5419	0.7225

4. 运营型资源获取在积极情绪与企业成长关系中的中介作用

本书利用 Hayes（2012）编制的 SPSS 中 PROCESS 插件来检验简单中介模型的 Model 4 对运营型资源获取在积极情绪与企业成长中的中介作用，检验结果如表 3-27、表 3-28 所示。该结果与上述运营型资源获取在身份认同与企业成长中的中介效应出现了相似的结果，表明企业家创业激情的积极情绪对企业成长有明显的促进作用（B=0.632，t=13.764，p<0.001）。但是在加入了中介变量运营型资源获取之后，呈现了与预测相反的结果——运营型资源在企业家积极情绪与企业成长中起到了负面影响效应（B=-0.163，t=2.905，p<0.01）。因此，假设 H4d 通过验证，运营型资源获取在积极情绪与企业成长间中介效应显著，但是该中介效应为负面效应。

表 3-27 运营型资源获取在积极情绪与企业成长间中介效应检验

	运营型资源获取		企业成长		企业成长	
	B	t	B	t	B	t
控制变量						
性别	-0.029	-0.430	0.039	0.524	0.044	0.583
学历	-0.065	-2.333	0.070	2.295	0.081	2.633**

续表

	运营型资源获取		企业成长		企业成长	
	B	t	B	t	B	t
年龄	0.027	0.802	0.028	0.753	0.023	0.628
行业	0.024	2.316	0.002	0.133	-0.002	-0.209
员工人数	-0.026	-1.001	-0.010	-0.360	-0.006	-0.209
成立年限	-0.006	-0.186	0.031	0.878	0.032	0.897
自变量						
创业激情—积极情绪	0.307	7.411***	0.745	15.370***	0.632	13.764***
中介变量						
资源获取—运营型资源			-0.163	-2.905**		
F	10.023***		33.661***		36.550***	
R^2	0.156		0.415		0.402	

注：*表示显著性水平 p<0.05；**表示显著性水平 p<0.01；***表示显著性水平 p<0.001。

表 3-28　运营型资源获取在积极情绪与企业成长间中介效应检验分解

	Effect	BootSE	BootLLCI	BootULCI
中介效应	-0.0499	0.0165	-0.0858	-0.0206
直接效应	0.7445	0.0484	0.6492	0.8397
总效应	0.6945	0.0457	0.6046	0.7844

八、实证结果分析

本书通过对企业家创业激情、资源获取、企业成长等相关理论进行分析后提出了 4 个主假设和 12 个子假设，其中关于运营型资源获取与新创企业成长以及运营型资源获取在创业激情与企业成长之间的中介作用的三个子假设未通过验证，其余假设均通过了验证。表 3-29 是本书的验证结果汇总。

表 3-29　检验结果汇总

编码	假设内容	验证结果
H1	创业激情有助于科技型创业企业成长	全部通过
H1a	企业家的积极情绪有利于科技型创业企业成长	通过
H1b	企业家的身份认同感有利于科技型创业企业成长	通过

续表

编码	假设内容	验证结果
H2	创业激情有助于企业资源获取	全部通过
H2a	企业家的身份认同感有利于知识型资源获取	通过
H2b	企业家的身份认同感有利于运营型资源获取	通过
H2c	企业家的积极情绪有利于知识型资源获取	通过
H2d	企业家的积极情绪有利于运营型资源获取	通过
H3	资源获取有助于科技型创业企业成长	未全部通过
H3a	知识型资源有助于科技型创业企业的成长	通过
H3b	运营型资源有助于科技型创业企业的成长	未通过
H4	资源获取在创业激情与科技型创业企业成长中起中介作用	全部通过
H4a	知识型资源获取在企业家身份认同与科技型创业企业成长中起中介作用	通过
H4b	知识型资源获取在企业家积极情绪与科技型创业企业成长中起中介作用	通过
H4c	运营型资源获取在企业家身份认同与科技型创业企业成长中起中介作用	通过
H4d	运营型资源获取在企业家积极情绪与科技型创业企业成长中起中介作用	通过

1. 创业激情积极促进科技型创业企业的成长

由实证结果可得回归方程：企业成长＝0. 573×企业家身份认同+0. 638×企业家积极情绪。因此假设 H1a 和假设 H1b 成立，即企业家创业激情能够促进科技型创业企业的成长：企业家的身份认同感以及创业过程中的积极情绪均能促进科技型创业企业的成长。实证结果表明具有创业激情的企业家更加容易创业成功，并且更容易促进企业的高速成长。企业家强烈的身份认同感以及在创业中的积极情绪都能转化为创业过程中企业的成长绩效。

2. 创业激情有利于企业资源获取

由实证结果得到回归方程：企业知识型资源获取＝0. 461×企业家身份认同+0. 47×企业积极情绪。因此，H2a 和 H2c 假设成立。企业运营型资源获取＝0. 262×企业家身份认同+0. 281×企业家积极情绪。因此，H2b 和 H2d 假设成立。

企业家的创业激情能够促进企业的资源获取，这意味着具有激情的企业家能找到更多的途径去获取资源。如上文所述，企业家的积极情绪能感染投资者吸引外部投资，也能够感染企业员工，吸引有经验有技术的人才，培育优秀的员工，从而不断积累企业资源。此外，企业家的身份认同感也会驱动企业家更加积极地去为企业生存和成长寻求更多的资源。

根据创业激情与知识型运营资源获取的回归方程和创业激情与运营型资源获取的回归方程的系数对比，可知创业激情对知识型资源获取的促进程度明显高于对运营型资源获取的促进程度。Huang 和 Knight（2017）的研究认为企业家在释放情感信号时更有可能吸引天使投资者的注意，并且在两者间能建立积极的情感关系，而不仅仅是经济上的往来。基于这种情感关系，投资者更加可能动用社会网络为企业家提供知识型资源，而企业家单凭一腔热血可能较难让投资者冒承担经济损失的风险而去为新创企业提供资金、厂房、设备等运营型资源。

3. 资源获取与科技型创业企业成长

在回归分析中，资源获取的运营型资源获取维度与科技型创业企业成长的关系并不显著。可得到回归方程：企业成长=0. 842×企业知识型资源获取。在此主假设中只有“知识型资源有助于科技型创业企业成长”这一假设得到了验证，“运营型资源有助于科技型创业企业的成长”这一假设并没有通过验证。

知识型资源包括市场营销知识、市场开发知识、企业管理知识以及新产品、新服务开发的知识等，这类知识型资源相比运营型资源来说不易模仿和复制，更加容易为企业培养竞争优势。

造成这个结果的原因也可能是本书的样本全部是科技型创业企业。不同类型的资源在企业成长的不同阶段起到的作用不同，科技型创业企业在起步阶段对于知识型资源与运营型资源的需求程度不同。王勇（2016）的研究表明在企业快速成长的阶段，企业家、市场营销以及企业文化的重要程度要高于技术创新等因素。基于这个结果，在科技型创业企业成长阶段企业家应该将更多的激情与注意力放在寻求知识型资源上。

4. 资源获取的中介作用

本书使用 Bootstrap 分析方法对中介效应进行了检验。资源获取中介作用的相关假设只有知识型资源获取这一维度的中介效应得到了认证。这意味着创业激情能够有效地通过知识型资源的获取促进科技型创业企业的成长。运营型资源获取在创业激情与企业成长中的中介作用没有通过验证，甚至在 Bootstrap 分析得到的中介效应中，运营型资源获取产生了负面效应。

出现这样的结果可能有以下几点原因：①运营型资源越多越需要较强的资源整合能力。如果企业缺乏资源的整合能力，过多的运营资源可能导致产出比下降，产品单位成本增高，从而降低企业的成长绩效。②运营型资源比较充裕时可能导致企业家对现有情况的满足，失去创新发展的动力。③较多的运营资源可能会成为企业改革的负担，给企业造成“船大不好掉头”的窘境，使企业对环境的适应能力降低。因此，在企业家过多地获取运营型资源可能会对企业成长产生负面效应。

第四节　本章小结

一、主要结论

如何驱动科技型创业企业的成长是本书最关心的问题。为了研究创业激情对科技型创业企业的作用机制，本书基于资源基础理论引入了资源获取作为中介变量。本书的主要研究问题为：①在科技型创业企业的成长过程中，创业激情对其成长绩效究竟起到了什么作用？②创业激情是如何通过资源获取影响科技型创业企业成长的？通过文献分析与实证研究，本书得出了以下两个主要结论：

1. 企业家创业激情积极促进科技型创业企业成长

本书的实证结果表明，科技型创业企业家的创业激情能够有效地促进科技型创业企业成长。科技型创业企业面临着较高的不确定性，企业的资源与能力都尚有不足，在组织结构上也不完善。在此阶段，企业家在很大程度上主导着企业未来的命运。激情澎湃的企业家能不断克服困难，带领企业走出困境。企业家的个人情绪不仅仅能影响企业家个体的认知与行为，还能通过社会人际效应影响员工、投资者等利益相关主体的行为与决策。企业家应该积极调节个人情绪，并充分利用激情的传染效应，为企业成长寻求有利的成长资源与环境。

2. 知识型资源获取在创业激情与科技型创业企业成长之间起中介作用，运行型资源在一定程度上可能会抑制创业激情向科技型创业企业成长的转化

本书结果表明，企业家知识型资源获取在企业家激情与企业成长之间起着显著的中介作用，但是运营型资源获取呈现了负向的中介作用。同时，实证结果在一定程度上也显示企业家创业激情更能帮助企业获取知识型资源，而激情对于企业运营型资源获取相对困难。因此，企业家应该注重激情管理，在企业成长阶段注意对知识型资源的积累。已有研究表明知识型资源的获取也有利于运营型资源的整合利用（朱秀梅、费宇鹏，2010）。进一步来说，当企业在丰富的知识型资源以及一定的运营型资源的支持下快速成长后，能快速实现运营型资源的积累，优秀的成长绩效也有利于吸引投资者的关注。然而，一味追求过多的资金、设备等运营型资源，可能使新创企业失去发展的灵活性，从而使运营资源成为企业成长的负担。

二、理论与管理启示

1. 理论启示

第一，本书从心理学视角丰富了科技型创业企业成长驱动因素的研究。科技型创业企业如何跨过“死亡谷”，实现企业成长是创业研究中的重要问题。近年来学者们才将创业激情这一因素引入到科技型创业企业成长的研究中，相关研究还有许多空白。在实践中，创业者、投资者都相当看重企业家的创业激情，本书为创业激情如何影响科技型创业企业的成长提供了一定的理论解释。

第二，本书丰富了资源获取的过程机制。为了探讨“创业激情是如何影响科技型创业企业的成长的”这一问题，本书引入了资源获取这一中介变量，把资源获取作为创业激情与新创企业的成长之间的路径。实证结果表明，知识型资源的获取在创业激情与新创企业的成长之间起到了中介作用。

2. 管理启示

第一，从企业家角度来看，创业者要重视创业激情的管理。虽然大部分创业者都能意识到创业激情的重要性，但是如何成功地将激情转化为创业成果困扰着许多实践者。本书为这一困惑提供了一个答案。首先，企业家可以通过激情的管理，使自己获取坚持创业行为的勇气，并且在创业过程中要不断激发创业激情。其次，企业家可以通过激情感染投资者以及优秀人才，为企业获取发展所需的资源。最后，企业家在企业成长阶段应该注重激情的分配，要重点关注对于知识型资源的获取。

第二，从投资者角度来看，要关注投资对象的“激情”情绪，同时关注对创业者知识型资源的投资。本书的研究结果表明，创业激情的确对科技型创业企业的成长起到了显著的促进作用，有理由认为创业激情可以看作创业成功的一个重要的预测因素。因此，投资者在进行投资时有必要考察创业者的创业激情。另外，本书还证明了知识型资源获取对于创业激情转化为创业成果的重要性。因此，投资者为了保证经济利益也应该关注被投资者对知识型资源的需求，在一定情况下，可以提供相关帮助。

第三，从企业孵化器以及产业园区的角度来看，应该注重企业家激情的调动，培育良好的创业氛围。在培育创业项目时，应该关注创业者及其团队的心理情绪，对于科技型创业企业应该适当开展必要的心理培训，保持创业者的积极情绪。另外，应该主动为创业者提供获取资源的渠道，尤其是知识型资源的获取渠道。例如，可以为企业家提供交流平台，在内部学习借鉴管理技能，或者为其提供获取专业管理咨询机构的途径等。

第四章　企业家隐性人力资本与创业倦怠影响、调节机制

创业激情作为一种企业家隐性人力资本，是影响企业成长的积极因素。但企业家在创业过程中不可能总是充满激情，有时也会产生创业倦怠，那么创业倦怠如何影响创业企业成长将在本章进行讨论。本章在创业倦怠的内涵综述基础上，从个体与情境视角梳理了创业倦怠的形成机制，整理了创业倦怠的测度工具，分析了创业倦怠对创业认知、创业行为以及创业绩效的影响效应，归纳了创业倦怠自主调节和被动调节两种克服方式。

第一节　创业倦怠的内涵

一、倦怠与职业倦怠

倦怠（Burn Out）在词典里被定义为“过度的精神、能量或资源需求而导致的衰退、损耗甚至枯竭”。基于该定义，Freudenberger（1974）从生理、心理和行为三个方面阐述了倦怠的表现。生理上，倦怠者会感到疲倦，体力下降，经常头痛和肠胃不适，可能伴随感冒、呼吸急促、体重下降、失眠甚至抑郁等不良反应；心理上，倦怠者会感到无聊、厌恶、不抱幻想、气馁、困惑；行为上，倦怠者变得易怒、多疑、偏执、易冒险。

职业倦怠（Job Burnout）是服务行业工作者由于持续工作压力而导致的一种心理综合征，涉及情绪衰竭（Emotional Exhaustion）、去个性化（Depersonalization）和低成就感（Reduced Personal Accomplishment）三个维度（Maslach and Jackson，1981）。其中，情绪衰竭是指个体情绪资源的耗尽，在工作中无法奉献自己；去个性化是个体以一种冷漠的、麻木的、疏远的态度对待同事以及工作对象；低成就感是指个体缺乏准确的自我效能感判断，继而失去自信，并持续否定

自我存在的价值。这种三维结构在学术界广受认可。

二、创业倦怠的内涵

创业倦怠（Entrepreneurial Burnout）是倦怠在创业领域的延伸和发展，现有文献大多把企业家或创业者的倦怠放在职业倦怠的框架下进行研究，但本书认为创业倦怠与一般工作环境下的职业倦怠存在本质上的区别。如表 4-1 所示，创业倦怠和职业倦怠的主体、情境、引发方式、主要来源和影响性均存在差异。

表 4-1　职业倦怠、创业倦怠的内涵界定

	职业倦怠	创业倦怠
研究主体	专门从事某项职业的人	创业者
关注情境	专业领域或特定职业	创业活动
引发方式	组织驱动失效	自我驱动失效
主要来源	组织内部职业属性或工作内容	组织内部工作压力 组织外部环境不确定性
影响性	个人职业发展或组织绩效	个人事业、企业甚至行业发展

就主体和情境而言，职业倦怠早期的研究主体集中在服务行业工作者，之后逐渐扩展到教师（Maslach and Jackson，1981；王国香等，2003）、学生（Leiter and Maslach，2017）、员工（李超平、时勘，2003）等群体，其关注情境在于某一专业领域或具体职业，而创业倦怠的研究主体则是创业者，关注的情境在于特定的创业活动。创业者进行创业活动与普通员工进行职业活动的不同之处在于创业者创造的是一个新的组织（Low and Macmillan，1988），并没有成熟的职业路径供其参考（Stumpf，1992）。

就引发方式而言，创业是创业者在自我要求下进行的一系列创业活动，其驱动方式为自我驱动，而普通职业是在组织要求下进行各种职业活动，更多的是组织驱动（陈建安等，2015）。因而，与组织驱动失效所导致的职业倦怠不同，创业倦怠是创业者自我驱动失效的结果。

就主要来源而言，与普通职业相比，创业者在组织外部面临环境的高度不确定性与风险（Koudstaal et al.，2015；Packard et al.，2017），在组织内部往往扮演多种角色，如所有者和管理者等（Dyer，1995），承担多方面的工作压力。因而创业倦怠可能来源于组织内外部的双重压力，而职业倦怠则主要与组织内部职业属性或工作内容有关。

就影响性而言，创业倦怠比职业倦怠辐射性更广、破坏性更大。职业倦怠直

接影响的是个人职业发展，更甚者损害组织绩效（Cordes and Dougherty，1993），但并不能动摇企业之根本，而企业家或创业者的创业倦怠影响的是创业者个人事业发展，严重者将威胁整个企业的生死存亡。此外，依据社会网络情感传播理论，情感的载体通过其嵌入的社会网络传播情感（Wang et al.，2011）。对创业者来说，其倦怠情感同样也可以通过社会网络传播给其他创业者，尤其是处于结构洞位置的创业者，其倦怠传播范围更广，这样的情感扩散甚至可能会冲击整个行业的发展。

综上所述，职业倦怠与创业倦怠存在本质区别，有必要对创业倦怠的内涵单独梳理。由于创业者可以分为个体创业者、创业团队和创业企业，因此创业倦怠的内涵也可以从个体、团队、组织层面进行界定。

1. 个体层面的创业倦怠

目前，学术界对个体创业者倦怠的界定普遍沿用 Maslach 的倦怠经典概念：一种综合征，涉及情绪衰竭、去个性化和低成就感（Perry et al.，2008；Shepherd et al.，2009；Shepherd et al.，2010；Wei，2015；De Mol et al.，2018）。情绪衰竭对应于创业者情绪资源的过度使用，去个性化对应于创业者人际关系中的非人性化，低成就感对应于创业者的负面自我评价（Delaye and Boudrandi，2010）。这种三维结构是目前创业倦怠研究中应用最广的概念模型（Wesolowski and Mossholder，1997；Boles et al.，2000）。但是，也有学者（韦雪艳，2008）指出个体创业倦怠的概念缺少认知因素，因而增加了创业认同感维度，建立了包括情绪衰竭、去个性化、创业成就感以及创业认同感在内的创业倦怠四维概念模型。其中，创业认同感（包括创业职业认同、创业角色认同和创业收益认同）是创业者对自我角色和身份的感知，创业者对自我行为产生的负面评价，于是对创业产生不满意感。这样，创业倦怠的构念更加完整，不仅包括情绪和动机要素，也包括了认知要素。

不过，创业倦怠是否还有其他维度表征（如创业意愿等）还有待研究。创业意愿（Entrepreneurial Intention）反映创业者将有意识的计划或决定付诸行动的动机（Conner and Armitage，1998）。Delaye 和 Boudrandi（2010）认为情绪衰竭对应于创业动机的减弱，即创业者情绪反应被消耗殆尽，从而丧失创业积极性。本书认为，情绪衰竭维度的核心在于情绪反应，动机因素在以往创业倦怠的概念中表现并不明显，因而提出创业倦怠应包含“创业意愿”维度，从而使创业倦怠的构念更加完整。当然，这还需进一步研究证明。

韦雪艳（2008）实证研究表明创业倦怠不同维度之间存在联系。一方面，情绪衰竭与去个性化关系紧密，这一研究结果与 Maslach 和 Jackson（1981）一致。另一方面，创业成就感与创业认同感关系高度密切。因此，本书认为创业倦怠的发展可能存在一种动态过程。

Leiter 和 Maslach（1988）、Leiter（1991）、Belaid 和 Hamrouni（2016）已经证明情绪衰竭、去个性化和低成就感三个维度具有先后顺序。对创业者来说，某种刺激使创业者的情绪资源耗尽（情绪衰竭）。作为一种防御性应对策略，创业者会限制自己与他人的接触，这种去个性化在个人和压力刺激之间提供了情感缓冲（去个性化）。继而创业者认识到自己目前的态度与最初对自己、社会、机构或组织的潜在贡献的乐观预期存在差异，从而对自己的能力产生怀疑和不满足（低成就感）。此外，Babalola（2010）认为创业者的成就需求与创业认同之间存在正相关关系。计划行为理论认为，创业者的内心状态以及所构建的现实和身份是驱动创业的源泉，即创业认同（行为态度）和创业成就感（知觉行为控制）决定创业意愿（陈建安等，2015）。也就是说，创业倦怠的动态过程可能为“情绪衰竭—去个性化—低创业成就感—低创业认同感—低创业意愿”，显示了创业者由情绪到认知再到动机的情感变化。具体过程可能更为复杂，这还需进一步实证研究。

2. 团队层面的创业倦怠

许多企业都是由创业团队而不是个人创建的（Kamm et al.，1990），团队创业倦怠是个体创业倦怠在团队层面的延伸和拓展，但目前针对该方面的研究十分匮乏。

Kelly 和 Barsade（2001）的团队情感理论指出，个体情感体验通过内隐和外显两种共享机制在团队中分享、传播与整合，从而形成团队情感。其中，内隐情感共享机制是潜意识的情感传染、情感替代或行为诱骗的过程，外显情感共享机制则是有意影响其他成员或团队情感的过程。由于外显情感共享机制通常是积极情感的分享过程，团队创业倦怠作为一种消极情感可以通过情感传染等内隐情感共享机制在团队中共享。在分享过程中，团队内的消极情绪在成员间多次循环、反复加强，推动团队成员形成同质化的情绪状态（Smith and Conrey，2007）。尤其是当创业倦怠的情感原型为处于团队中心地位的团队领导者时，更易形成团队创业倦怠（Bono and Ilies，2006），如 Sy 等（2005）指出领导者的消极情绪通过情绪表达和传输，能够引起团队成员对领导者情绪的关注，从而影响团队成员产生消极情绪，进而产生消极的团队情感基调，即团队内一致或同质的情感反应（George，1990）。

基于上述分析，本书认为，团队创业倦怠是个体创业倦怠（尤其是团队领导者创业倦怠）经过分享、传播、循环和整合所形成的创业团队内一种一致的、消极的情感反应。基于个体创业倦怠的概念维度涉及情绪、认知和动机因素，可以将团队创业倦怠划分为共同的消极情绪、集体的负面创业评价和共同的低迷创业

动机三个维度。

3. 组织层面的创业倦怠

进行创业活动的主体除了个体创业者和创业团队，还包括创业组织，它是进行创业活动的新创企业整体。新创企业在适应发展环境后，可能会拘泥于现有行为模式，而不愿进行变革，这就是组织创业倦怠。该构念与“组织惰性”相似，组织惰性指的是在面对环境变化时，组织不愿改变或无法改变原有行为模式（许小东，2000）。两者不同之处在于组织创业倦怠更侧重不愿改变某种行为模式（自主性）。借鉴组织惰性的维度划分，本书认为，可从情绪倦怠、认知倦怠和动机倦怠三个维度界定组织创业倦怠。其中，情绪倦怠是指组织成员表现出紧张、焦虑、心理防御抵制等，可能会导致个人和集体妥协以及功能障碍；认知倦怠是指组织对于环境中重大变化的认知存在时间上的滞后（Godkin and Allcorn，2008）；动机倦怠是指组织总是希望避免变革（Tushman and Romanelli，1985）。由此可见，组织创业倦怠与个体、团队创业倦怠都涉及了情绪、认知和动机因素。

综上所述，创业倦怠的内涵包括个体层面、团队层面和组织层面。个体层面的创业倦怠是个体创业者在创业过程中经历的一种可持续的、消极的创业情感，包括从情绪衰竭、去个性化到低成就感和认同感，再到低创业意愿的过程，涉及创业者的情绪、认知、动机等情感变化。团队层面的创业倦怠是个体创业倦怠（尤其是团队领导者创业倦怠）经过分享、循环和整合所形成的创业团队内一种一致的、消极的情感反应，包含共同的消极情绪、集体的负面创业评价和共同的低迷创业动机三个维度。组织层面的创业倦怠是创业企业面对巨大的环境变化时，不愿改变原有行为模式，包含情绪倦怠、认知倦怠和动机倦怠三个维度。

另外，鉴于企业的发展存在生命周期和阶段之分，处于不同阶段的企业可能面临不同的危机事件，因而创业者可能存在不同水平和焦点的创业倦怠。基于企业生命周期理论，本书将企业生命周期划分为创业期、发展期和衰亡期三个阶段。对于倦怠的水平差异，随着创业活动的不断深入，创业者倦怠总水平或情绪、认知、动机等方面倦怠的程度可能有所差异。就倦怠的焦点而言，依据郭际等（2006）对企业生命周期各阶段危机来源的划分，在创业期，企业面临的是领导危机、内部秩序危机和竞争危机，因而创业者容易产生领导倦怠、管理倦怠和竞争倦怠；在发展期，企业面临竞争与创新危机，创业者易产生竞争与创新倦怠；在衰亡期，企业面临控制危机，创业者易产生控制倦怠。

因此，本书构建了包括三个层面（个体、团队、组织）、三个阶段（创业期、发展期、衰亡期）以及三个要素（情绪、认知、动机）的创业倦怠概念模型，如图 4-1 所示。

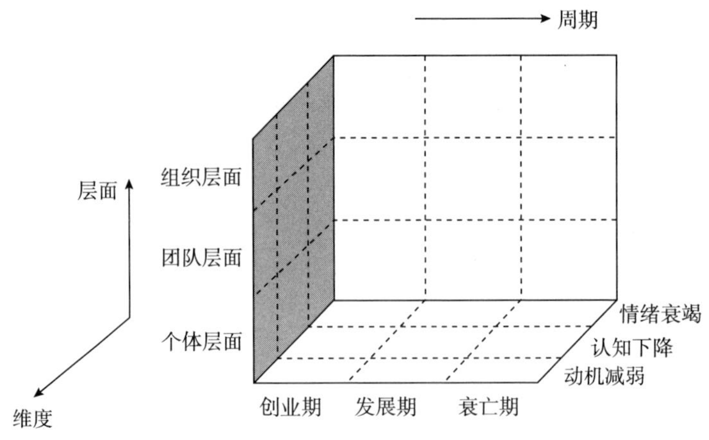

图 4-1　创业倦怠概念模型

三、创业倦怠与创业激情

创业倦怠与创业激情（Entrepreneurial Passion）同样作为创业情感，都聚焦于创业者在创业过程中的潜在表现，两者关系密切，但创业倦怠是创业激情的对立面，还是完全独立于创业激情的概念还未可知。因此，本书认为有必要对此展开讨论。

首先，就效价而言，Maslach（1982）指出创业倦怠是一种消极的情绪体验，而创业激情是一种对创业活动积极的情感（Cardon et al.，2009），或积极情感（和谐激情）与消极情感（强迫激情）的混合（Vallerand et al.，2003）。强迫激情（Obsessive Passion）是指个体对创业活动的控制性内化（创业者被创业活动所控制，迫于某种压力而去创业，比如说某个员工，突然被解雇了，这个时候他以前萌生的创业想法可能就会达到高潮，推动他被动地去创业），这种内化会产生一种内在压力，迫使他从事自己喜欢的活动，是一种消极的情感体验；和谐激情（Harmonious Passion）是指一种自主的内在化（创业者能够自主地控制创业活动），它引导个人选择参与他们喜欢的活动，是一种积极的情感体验（Vallerand et al.，2003）。就维度而言，Cardon 等（2009，2013，2017）认为创业激情包括积极情绪和身份认同两个维度，涉及了情绪和认知要素，而创业倦怠除情绪和认知要素外，还涉及动机要素，诠释更为全面。换而言之，两者在维度上并不相对，而且创业者没有产生创业倦怠并不意味着个体具有高水平的创业激情，反之亦然。因此，本书认为创业倦怠与创业激情是两个相互独立的概念，而非同一概念对立的两端。

有学者对创业激情与创业倦怠两者之间的关系展开了实证研究。De Mol 等

(2018) 关注了两种创业激情（和谐激情和强迫激情）与创业倦怠之间的关系，和谐激情与创业倦怠呈负相关，而强迫激情与创业倦怠呈正相关。这是因为和谐激情的创业者专注度高，拥有足够投入创业活动的认知资源来履行职责，并且和谐激情作为积极的情绪资源使创业者积极应对挑战，从而避免创业倦怠。强迫激情的创业者由于被其他角色和职责分散注意力而需要在创业活动上耗费更多的认知努力，甚至有时角色之间会产生相互冲突的需求，这会导致更大的压力和更高的风险。换而言之，创业激情（和谐激情）在自主创业情况下与创业倦怠是此消彼长的关系，而在被动创业情况下，创业倦怠就会随创业激情的增加而增加，如图 4-2 所示。

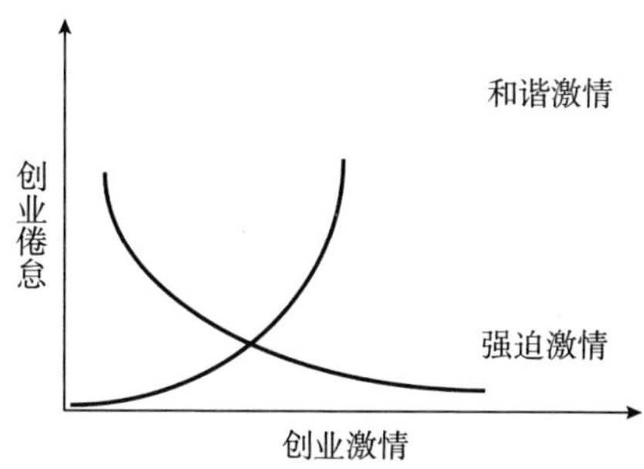

图 4-2　创业倦怠与创业激情的关系

第二节　创业倦怠的测度

创业倦怠与职业倦怠存在本质上的区别。然而，现有创业倦怠的量表研究大多沿用已有的经典职业倦怠量表，专门针对创业者的倦怠量表屈指可数（Wei and Hai，2007）。

一、经典职业倦怠量表的应用

1. MBI 量表的应用

第一个对创业倦怠进行测量的是 Gryskiewicz 和 Buttner（1992），虽然他们的主要目的是测试 Maslach Burnout Inventory—Human Services Survey（简称 MBI）修订版（Golembiewski et al.，1986）量表的稳健性。随后，学者们开始了大量针对创业倦怠的测量研究。Maslach 和 Jackson（1981）的 MBI 三维量表应用最为广泛

(Boles et al., 2000; Jamal, 2007; Lavrencic et al., 2014; Wei et al., 2015; De Mol et al., 2018)。该量表包含三个分量表，分别为情绪衰竭、去个性化和无成就感。值得注意的是，为了更加拟合企业家样本数据，且表现出与原始MBI相似的子量表之间的相关性，Boles等（2000）将Likert 7分制MBI量表的22个题项删减为19个，删减题项分别为：题项2（情绪衰竭分量表）“我在工作日结束时感到筋疲力尽”、题项12（成就感分量表）“我感到精力非常充沛”、题项16（去个性化分量表）“与人合作直接给我带来很大压力”。但目前并没有研究证明19个题项的量表能够更好地代表工作场所的倦怠。Wei等（2015）将MBI量表删减为16个题项：情绪衰竭分量表6个题项，去个性化分量表4个题项，成就感分量表6个题项。计分方式采用Likert 5分制对16个题项进行评分（“1”代表强烈不同意，“5”代表强烈同意）。该量表在企业家群体中被证明具有很好的信效度水平。另外，De Mol等（2018）针对企业家群体将MBI量表中的题项减少为17个，由于关注的是企业家倦怠发生的频率，遵循Maslach和Jackson（1981）设计的计分方式，采用Likert 6分制量表：“1”代表从来没有，“6”代表总是。实证研究表明该量表具有非常好的信效度水平。

2. BMS量表的应用

除MBI之外，应用最多的是仅有一个维度的BM量表简化版——Burnout Measure Short Version（简称BMS）（Malach and Pines, 2005），如Lechat和Torres（2016）、Fernet等（2016）、Fatoki（2019）等都通过BMS测量中小企业主的创业倦怠。与MBI相比，BMS的题项更加一般化，适用于任何群体（Halbesleben and Buckley, 2004）。该量表包含10个题项，包括疲倦、对人失望、绝望、陷入绝境、无助、沮丧、身体虚弱、毫无价值/失败感、失眠、感觉“受够了”。这些题项用来评估企业家的身体、情感和精神的疲惫程度。其中，Fatoki（2019）研究证明以小企业主为样本的BMS量表具有很好的信效度水平，这与之前其他群体使用该量表的倦怠研究相似，最终计算得出小企业主处于高倦怠水平（Malach and Pines, 2005; Lourel et al., 2008），这与Fernet等（2016）及Wei等（2015）的研究结果（企业家往往面临高度倦怠）一致。

3. MBI-GS、OLBI量表的应用

另有一些学者使用适用于所有职业的Maslach Burnout Inventory-General Survey（简称MBI-GS）（Maslach et al., 1996）或者适用范围广泛的Oldenburg Burnout Inventory（简称OLBI）（Demerouti et al., 2001）来测量创业倦怠。例如，Perry等（2008）、Shepherd等（2010）、Hatak等（2016）采用MBI-GS测量企业家的倦怠水平。辛杰和吴创（2015）采用李超平和时勘（2003）开发的适用于中国情境下的MBI-GS修订问卷测量了中国企业家的倦怠。Ben Tahar和

Torres（2013）使用 OLBI（Demerouti 等，2001）发现小企业主在情绪衰竭方面的得分高于其他维度。该量表包括情绪衰竭和工作疏离两个分量表，共 6 个题项。Tahar（2017）则采用 OLBI（Demerouti 等，2010），题项由 6 个增加为 8 个。这些量表被证实具有很好的信效度水平。

二、针对创业者倦怠的量表

以上学者们对创业倦怠的测量，或者照搬职业倦怠量表，或者对倦怠量表的题项稍作调整，然而这些经典的倦怠量表并不适用于创业者。一方面，由于创业活动的高度不确定性与风险，创业者的倦怠水平或倦怠发生率与一般职业工作者并不相同（Rahim，1995；Tetrick et al.，2000；Jamal，2007；Voltmer et al.，2011）；另一方面，这些量表并没有挖掘出创业者群体是否具备与其他群体不一致的特征。

基于此，韦雪艳（2008）认为创业倦怠缺少认知成分，针对民营企业家提出包括情绪衰竭、去个性化、创业认同感、创业成就感的创业倦怠四维模型，每个维度对应一个分量表。该模型在三维模型的基础上新增了创业认同感维度，包括创业职业认同、创业角色认同和创业收益认同等方面。其中，情绪衰竭 6 个题项，去个性化 4 个题项，创业成就感 6 个题项，创业认同感 6 个题项，共 22 个题项。采用 Likert 5 分等级量表，“1”代表完全不符合，“5”代表完全符合。实证研究表明该量表具有良好信度与效度水平。

综上所述，目前创业倦怠研究所应用的测量工具多采用经典职业倦怠量表，如 MBI、BMS、MBI-GS、OLBI 等量表（见表 4-2）。这些量表虽然适用群体广泛，但是否适用于创业者这一特殊群体还有待进一步检验。相比之下，韦雪艳（2008）开发了专门针对创业者的倦怠量表，增加了认知因素，使创业倦怠的测量工具更加完整，但是创业倦怠是否有其他维度表征（如创业意愿）需要测量尚不明确。因此，创业倦怠的量表开发还有待探索。

表 4-2　创业倦怠的量表

量表	开发者	应用者	是否适用
Maslach Burnout Inventory (MBI)	Maslach 和 Jackson（1981）	Gryskiewicz 和 Buttner（1992） Jamal（2007） Boles 等（2000） Lavrencic 等（2014） Wei 等（2015） De Mol 等（2018）	不适用

续表

量表	开发者	应用者	是否适用
Burnout Measure Short Version (BMS)	Malach 和 Pines (2005)	Lechat 和 Torres (2016) Fernet 等 (2016) Fatoki (2019)	不适用
Maslach Burnout Inventory-General Survey (MBI-GS)	Maslach 等 (1996)	Perry 等 (2008) Shepherd 等 (2010) Hatak 等 (2016) 辛杰和吴创 (2015)	不适用
Oldenburg Burnout Inventory (OLBI)	Demerouti 等 (2001)	Ben Tahar 和 Torres (2013) Tahar (2017)	不适用
创业倦怠四维模型	韦雪艳 (2008)	韦雪艳 (2008)	较适用

三、创业倦怠量表改编及验证

1. 量表改编思路设计

韦雪艳（2008）指出，企业家倦怠模型是一个多维度构思，包括情绪衰竭、去个性化、创业成就感和创业认同感四因素。本书基于对创业者访谈记录编码分析发现，当负面情感事件发生时，创业者意愿明显降低，如产生“没有办法全身心地去投入，工作状态会很差劲”“越干越累”，甚至“没有必要再选择创业”的意愿，表现出明显的倦怠。为此，动机要素应纳入创业倦怠结构之中，创业者的创业意愿能反映出他们的倦怠水平。本书结合已有研究对创业倦怠量表进行适当改编。结合被访者表述，在原有量表基础上加入创业意愿维度，并从行动意愿、退出意愿和再创业意愿三个方面对该维度进行测量。

2. 初始题项编制

初始题项形成主要通过两种途径：一是对已有文献进行梳理。有关企业家群体职业倦怠实证研究比较成熟，因此本书重点参考韦雪艳（2008）所开发的民营企业家职业倦怠测量量表，该量表划分为情绪衰竭、去个性化、创业成就感、创业认同感四个维度，探索性因子分析和验证性因子分析证明该量表具有较好的信效度水平。基于本书研究对象主要为创业者，出于对应用情境考虑，笔者对题项表述进行适应性改编。二是对开放式访谈资料归纳总结。首先，研究小组成员通过对访谈记录编码、总结，得到 32 条表意明确的描述性语句。其次，进行词义、语义校对和修订，将表意相似的语句进行归纳，与研究无关语句进行删减，考虑到创业者创业意愿也是衡量创业倦怠程度的指标，笔者通过阅读有关文献，结合访谈资料，使用 3 个条目用于衡量创业者创业意愿强度。然后，研究团队进行充

分讨论，对题项进行逐一核对以确保表意明确。检查测量题项与构念间是否相关、测量题项是否存在重复。最后，将题项与参照量表比对、结合，形成共包含19个条目的创业倦怠初始测量量表。

3. 调查问卷发放与回收

本书研究对象为创业者群体，因此问卷主要针对曾经拥有过创业经历或正在进行创业活动的创业者发放。预测试问卷发放与回收工作时间为2021年10月至12月。创业者群体不易大规模寻找，为提升问卷填写质量，笔者对问卷填写目标人群进行了严格的筛选。问卷发放通过两种渠道：一种是邀请身边符合要求的创业者进行填写，并通过社会网络关系进行滚雪球式调查；另一种则是借助专业数据调查平台，委托发放问卷。

预调研对象的基本信息分为创业者个人基本信息和企业基本信息两部分。个人基本信息包括问卷填写者性别、学历水平等，企业基本信息包括企业成立年限、员工人数、所属行业属性、企业发展阶段等。为保证问卷填写真实有效，初始量表设置了测谎题目，如“我曾经有过退出创业的想法”和“我坚持创业的决心毫不动摇”。若两个题目前后填写矛盾，则判定该问卷为无效问卷。预调研共计发放问卷212份，去除前后填写矛盾、所选题项相似和存在空缺填写的无效问卷52份，剩余有效问卷160份，有效率为75.5%。将获取的问卷分成两部分，样本一为160份全部有效问卷，用于探索式因子分析；样本二为随机抽取130份，用于验证性因子分析。

创业者个人信息方面，男性填写者为122人，占总样本的76.25%，女性填写者为38人，占总样本的23.75%。男性创业者数量明显高于女性创业者，这与创业活动现实情况相符，增加了问卷信度水平；在教育背景方面，拥有本科及以上学历者共计121人，占总样本人数的75.625%，说明填写者素质水平较高，阅读和理解问卷水平能力较强，更能准确给出问卷测量答案，增加了问卷的效度水平。

创业企业信息方面，成立1~5年企业居多，共计130家（81.25%）；创业初期企业居多，共计89家（55.63%）；两人及以上合伙经营数量最多，共125家（78.13%）；拥有员工人数为10~50人企业最多，共计74家（46.25%）；企业所属行业以批发、零售业（23.58%），租赁和商业服务业（23.58%），信息传输、软件和信息技术服务业（17.89%），制造业（15.45%）为主。

4. 创业倦怠改编量表检验

（1）探索性因子分析。本书采用SPSS 24.0数据分析软件对问卷的内在信度进行检测，内在信度也称为内部一致性。一般情况下选用Cronbach’s α信度系数法检测。α系数值介于0~1。若α≥0.9，则认为量表的内在可靠性很高；若

0.8≤α<0.9，则认为内在的可靠性应该能接受；倘若 0.7≤α<0.8，则认为量表的设计实际上是有问题的；如果 α<0.7，则认为量表的设计存在较大问题，应考虑重新设计。

将量表中的所有变量全部纳入分析的范围内，共包含 19 个题项，对问卷的信度进行分析，结果显示本量表 Cronbach’s 信度系数为 0.900，各题项 α 系数均高于 0.7。在进行其他题项删除操作后，α 系数均下降，说明量表通过了信度检验，具有较高的可靠性水平，可进行进一步效度分析（见表 4-3）。

表 4-3　问卷信度分析

	删除项后的标度平均值	删除项后的标度方差	修正后的项与总计相关性	平方多重相关性	删除项后的 Cronbach’s α
A1	64.96	135.631	0.427	0.747	0.898
A2	64.89	135.949	0.449	0.731	0.897
A3	64.94	136.920	0.364	0.758	0.899
A4	64.88	135.275	0.454	0.855	0.897
A5	64.80	135.605	0.433	0.779	0.897
A6	65.44	124.857	0.767	0.876	0.888
A7	65.54	126.150	0.737	0.739	0.889
A8	65.59	125.486	0.795	0.857	0.887
A9	65.36	126.614	0.693	0.834	0.890
A10	65.14	121.842	0.808	0.929	0.886
A11	65.33	123.589	0.814	0.821	0.886
A12	65.21	122.397	0.804	0.911	0.886
A13	65.60	123.256	0.750	0.759	0.888
A14	65.83	126.653	0.647	0.625	0.891
A15	65.45	122.858	0.682	0.609	0.890
A16	65.78	125.696	0.667	0.631	0.890
A17	65.35	130.585	0.525	0.823	0.895
A18	67.03	154.759	-0.433	0.838	0.896
A19	66.94	150.768	-0.289	0.663	0.898
问卷总体 Cronbach’s α				0.900	

注：N=160。

资料来源：笔者根据 SPSS 分析软件结果整理。

为保证问卷的有效性，笔者对问卷的效度进行了分析和检验，计算出原始数据进行 KMO 和 Bartlett 球形检验。一般认为，因子分析应满足以下标准：①KMO 的值在 0.6 以上；②Bartlett 球形检验显著性水平低于 0.01。问卷效度分析结果如表 4-4 所示，Bartlett 球形检验近似卡方值为 1463.352，显著性水平 Sig. 小于 0.001，表明问卷设计具有较好的效度水平，变量间存在共同因素，符合进行因子分析要求。

表 4-4 KMO 和 Bartlett 球形检验

KMO 取样适切性量数		0.868
Bartlett 球形检验	近似卡方	1463.352
	自由度	171
	显著性	0.0000

资料来源：笔者根据 SPSS 软件分析结果整理。

因子分析过程使用主成分分析方法，根据研究目的选择正交极大旋转法。固定抽取五个因素，累计方差贡献率为 83.089%，大部分题项的因素负荷介于 0.617~0.903，有 1 个题项的因素负荷低于 0.5，即创业认同感维度下的“有些时候不能以饱满的热情投入到创业活动中”问项（0.459）。删除该题项后重新选取正交极大旋转法进行分析（见表 4-5）。各个条目相应因素上的负荷在 0.678~0.902，累计方差贡献率为 84.518%，说明因素结构较为理想。因此进行探索性因子分析后，创业倦怠改编量表呈现五因子结构，分别命名为：情绪衰竭（5 题项）、去个性化（4 题项）、创业成就感（3 题项）、创业认同感（3 题项）、创业意愿（3 题项）。得到的 18 个题项的新量表 Cronbach’s α 系数为 0.890，表明该量表具有良好的稳定性。

表 4-5 探索性因子分析结果

	旋转后的成分矩阵[a]				
	成分				
	1	2	3	4	5
A4	0.930				
A5	0.903				
A3	0.879				
A1	0.856				

续表

	旋转后的成分矩阵[a]				
	成分				
	1	2	3	4	5
A2	0. 850				
A7		0. 905			
A6		0. 811			
A8		0. 726			
A9		0. 708			
A10			0. 824		
A12			0. 881		
A11			0. 749		
A13				0. 913	
A15				0. 880	
A16				0. 779	
A18					0. 773
A19					0. 673
A17					0. 617

注：提取方法为主成分分析法。旋转方法为凯撒正态化最大方差法。a. 旋转在 5 次迭代后已收敛。

资料来源：笔者根据 SPSS 软件分析结果整理。

（2）验证性因子分析。本书通过验证性因子分析检验改编的创业倦怠量表是否能得到其他样本数据有效支持。研究运用 AMOS 24. 0 统计软件，从 160 个总体样本中随机选择 130 个样本进行分析。依据探索性因子分析所得五维度绘制验证性因子分析模型图，使用极大似然估计法进行指标计算。结果表明，各题项标准化因子载荷数均在水平线 0. 5 以上。指标修正显示，情绪衰竭维度 EE1 题项删除后，模型拟合指标数值均上升。研究团队成员进一步讨论发现，该题项语义与 EE5 相似，应予以剔除。剩余变量重新进行验证性因子分析，结果如图 4-3 所示。

模型拟合优度判别指标包括：题目信度指标（SMC）、组合信度指标（CR）、收敛效度指标（AVE）和绝对拟合指数，各指标识别标准如表 4-6 所示。创业倦怠改编量表 SMC 值均处于可接受范围内，CR 值为 0. 971，高于理想值 0. 8 标准，AVE 值为 0. 774，超过 0. 5 临界值水平。绝对拟合指数均符合统计标准（$\chi^2/df=1.724<2$，GFI = 0. 881 > 0. 8，AGIF = 0. 810 > 0. 8，CFI = 0. 970 > 0. 9，RMR = 0. 0628 < 0. 08）（见表 4-7）。

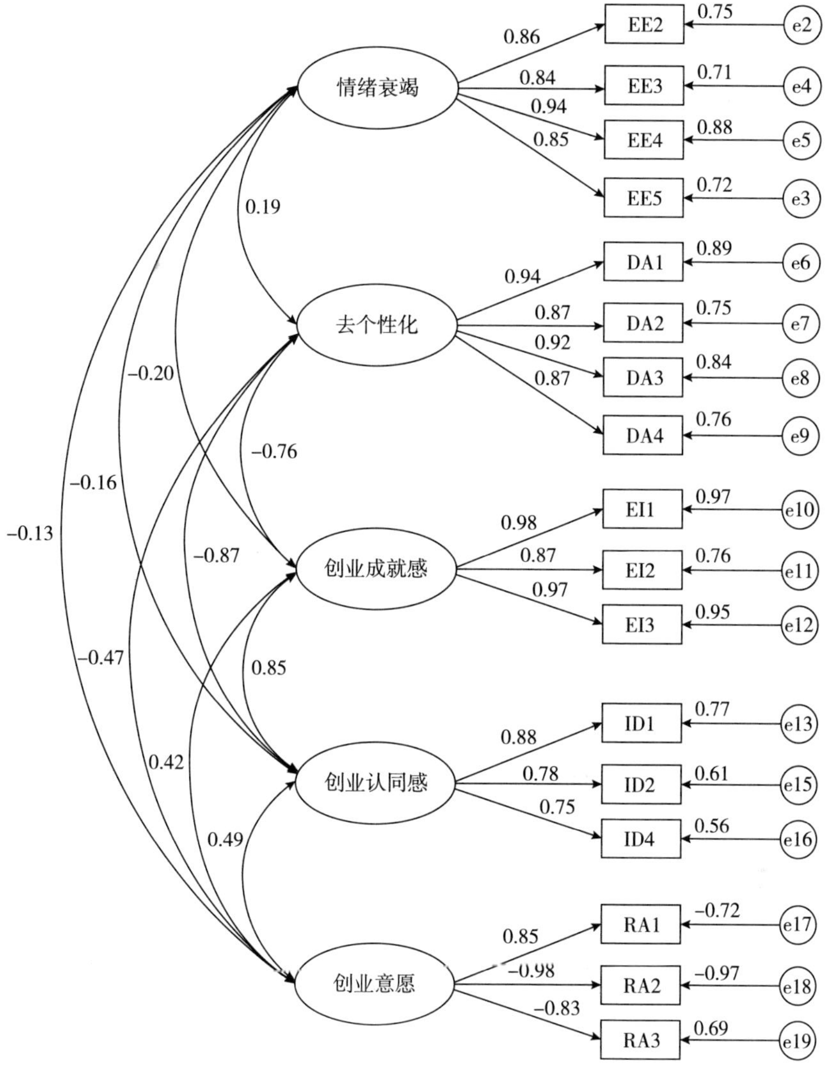

图 4-3　创业倦怠一阶五因子模型

资料来源：笔者根据 AMOS 软件分析结果整理。

表 4-6　创业倦怠改编量表模型拟合优度检验

		参数显著性估计值				因素负荷量	题目信度	组成信度	收敛效度
		Unstd.	S. E.	T-value	P	Std	SMC	CR	AVE
EE	EE2	1. 000				0. 893	0. 797	0. 933	0. 776
	EE3	1. 012	0. 075	13. 559	***	0. 840	0. 706		
	EE4	1. 090	0. 073	14. 992	***	0. 908	0. 824		
	EE5	1. 066	0. 088	12. 169	***	0. 882	0. 778		

续表

		参数显著性估计值				因素负荷量	题目信度	组成信度	收敛效度
		Unstd.	S. E.	T-value	P	Std	SMC	CR	AVE
DA	DA1	1. 000				0. 921	0. 848	0. 935	0. 783
	DA2	0. 879	0. 059	14. 778	***	0. 852	0. 726		
	DA3	0. 947	0. 048	19. 566	***	0. 939	0. 882		
	DA4	0. 874	0. 048	18. 101	***	0. 823	0. 677		
EI	EI1	1. 000				0. 986	0. 972	0. 961	0. 892
	EI2	0. 817	0. 040	20. 599	***	0. 873	0. 762		
	EI3	0. 969	0. 028	34. 821	***	0. 970	0. 941		
ID	ID1	1. 000				0. 849	0. 721	0. 856	0. 665
	ID3	0. 909	0. 089	10. 213	***	0. 759	0. 576		
	ID4	0. 905	0. 089	10. 191	***	-0. 836	0. 699		
PA	PA1	1. 000				0. 844	0. 712	0. 899	0. 749
	PA2	-1. 057	0. 071	-14. 936	***	-0. 982	0. 964		
	PA3	-0. 864	0. 069	-12. 445	***	0. 756	0. 572		
量表整体								0. 971	0. 774

资料来源：笔者根据 AMOS 分析软件结果整理。

表 4-7　验证性因子分析模型评价指标

指标	χ^2	df	χ^2/df	GFI	AGIF	CFI	RMR	SMC	CR	AVE
理想值			<2	>0. 9	>0. 9	>0. 9	<0. 08	>0. 67	>0. 8	
临界值			<5	>0. 8	>0. 8	>0. 8		>0. 33	>0. 6	>0. 5
数值	165. 509	96	1. 724	0. 881	0. 810	0. 970	0. 0628	0. 738	0. 971	0. 774

资料来源：笔者根据 AMOS 软件分析结果整理。

为了验证五维度的结构模型是否为测量创业者创业倦怠程度最佳模型，笔者通过对量表构成的五个因子进行组合，比较包含不同个数因子模型的拟合指标，进而确定最佳测量模型，各因子模型测量指标统计结果如表 4-8 所示。

表 4-8　模型拟合区分效度检验

	χ^2	df	χ^2/df	GFI	AGIF	CFI	RMSEA
虚无模型	2447. 004	136	17. 993	0. 203	0. 103	0. 000	0. 363
单因子模型	1173. 376	119	9. 860	0. 483	0. 336	0. 544	0. 262

续表

	χ^2	df	χ^2/df	GFI	AGIF	CFI	RMSEA
双因子模型	985.494	118	8.352	0.526	0.386	0.625	0.239
三因子模型	751.884	116	6.482	0.580	0.446	0.725	0.206
四因子模型	426.553	113	3.775	0.731	0.636	0.864	0.147
五因子模型	165.509	96	1.724	0.881	0.810	0.970	0.075

注：N=160。

资料来源：笔者根据 AMOS 软件分析结果整理。

由表 4-8 可知，其他模型与五因子模型相比，各拟合指标均变差。鉴于此，本书认为由情绪衰竭（EE）、去个性化（DA）、创业成就感（EI）、创业认同感（ID）和创业意愿（PA）五个维度所构成的创业倦怠测量模型是较为理想的。

5. 正式测量量表形成

笔者严格按照量表改编程序进行规范操作，首先通过文献阅读整理出已有相关研究使用成熟量表，其次通过现场开放性访谈获取信息，并运用案例、编码等定性分析方法寻找新的衡量维度，与已有成熟量表相结合形成初始改编量表，对预调研回收数据进行探索性因子分析和验证性因子分析等定量分析方法剔除不合理问项，剩余问项进行反复比较和检验，最终获得改编后具备较好信度和效度水平的创业倦怠正式测量量表。

第三节　创业倦怠的形成机制

通过对国内外文献进行深入分析，本书发现已有创业倦怠的形成机制研究集中在个体视角和情境视角，其中个体视角包括创业者个体特质和创业者认知对创业倦怠的影响，情境视角包括创业压力源、社会支持以及工作需求—工作资源对创业倦怠的影响。

一、个体视角的创业倦怠形成机制

1. 创业者特质对创业倦怠的影响

基于 Costa 和 McCrae（1992）的大五人格维度模型（Big Five Model），Perry 等（2008）构建了创业倦怠预测模型，描述了神经质（Neuroticism）、严谨性（Conscientiousness）和组织约束（Organizational Constraints）三个因素之间的互动

关系如何预测企业家的创业倦怠。在缺乏严谨性特质的情况下，具有神经质特质的企业家不太能有效应对组织约束（压倒性的需求与解决需求的资源不足），从而产生更多的创业倦怠。具体来说，神经质对创业倦怠具有直接的正向影响，严谨性与组织约束对创业倦怠具有直接的负向影响。同时，严谨性与组织约束作为调节变量，缓和了神经质与创业倦怠之间的正向关系。

还有一些学者关注了那些能明显影响创业活动的人格特质，包括 A 型人格（type A）、生活方式（lifestyle）等。如 Shepherd 等（2009）指出具有 A 型人格的企业家（个体、家族、公司或非营利组织）在事业上雄心勃勃、争强好胜，其创业倦怠的倾向往往更高；Shepherd 等（2009）、Lavrencic 等（2014）都认为企业家的生活方式与创业倦怠有关，健康的生活方式能减少创业倦怠。但是，这些研究还缺乏具体的形成机制研究（见图 4-4）。

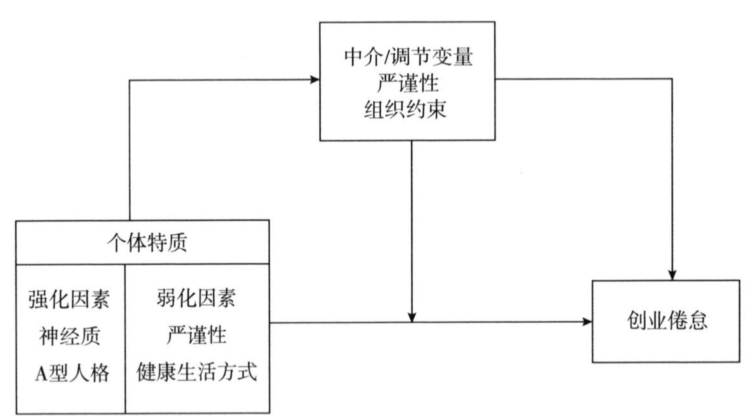

图 4-4　基于个体特质的创业倦怠形成机制

2. 创业者认知对创业倦怠的影响

（1）社会责任感消解创业倦怠。辛杰和吴创（2015）在情商和领导风格理论的基础上，从社会责任视角提出创业倦怠消解模型。该模型明确指出企业家社会责任感能消解创业倦怠，且变革型/交易型领导风格或情商在两者之间起调节作用。其中，企业家社会责任感涉及企业家对优势利益相关者——员工、顾客、股东的责任感（CSR1），对制约利益相关者——政府、供应商、经销商的责任感（CSR2）以及对公共利益相关者——环境、社区、慈善的责任感（CSR3）三个维度，创业倦怠亦包括三个维度：情绪衰竭、人格解体与无效能感，各维度之间的相关关系各不相同。具体来说，研究发现 CSR1 显著负向影响情绪衰竭、去个

性化、无效能感，CSR2 与去个性化呈显著负相关，CSR3 与去个性化、情绪衰竭、无效能感的负相关关系不显著。另外，变革型领导在 CSR1 对创业倦怠的三个维度以及 CSR2 对去个性化的消解中起调节作用，而交易型领导仅在 CSR2 对去个性化的消解中起强化作用，情商调节了 CSR1 对情绪衰竭、无效能感以及 CSR2 对去个性化的消解影响。因此，辛杰和吴创（2015）认为要消解创业倦怠，应主要依赖于 CSR1 的履行，培养和加强变革型领导风格，提升情商水平。

（2）职业匹配观影响创业倦怠。De Mol 等（2018）基于职业匹配观（需求、价值观、期望与当前职业的匹配）的定义，结合 Vallerand 等（2003）的创业激情二维模型，从认知与特质角度提出了创业倦怠模型，探索了职业匹配观、命运信念、创业激情与创业倦怠之间的关系，并通过了实证检验。De Mol 等（2018）认为职业匹配观与创业倦怠之间的关系绝不仅仅是简单的直接关系，还存在复杂的间接关系。一方面，职业匹配观在命运信念的调节作用下增强和谐激情，进而减少创业倦怠。另一方面，职业匹配观在命运信念的调节作用下提高强迫激情，进而增强创业倦怠。研究结果表明，命运信念只调节作用于职业匹配观与强迫激情间的关系。高水平的职业匹配观通常会导致和谐激情，但也可能会引起强迫激情，尤其是具有强烈命运信念的个人。

（3）对负面情感事件的认知引发创业倦怠。基于情感事件理论（Affective Events Theory），Lechat 和 Torres（2016）认为企业家在创业过程中经历的负面情感事件通过四个阶段：①刺激感知；②事件评估；③情绪体验；④情绪反应，使创业者产生创业倦怠，并且负面情感事件的强度与创业倦怠呈正相关。例如，创业失败是一种创伤事件（Shepherd，2003），失败感使他们感觉自己的生活丧失了意义，进而形成创业倦怠（Pines，2002）。

另外，Hatak 等（2016）实证研究表明企业家对短期或中期经济发展悲观预期与创业倦怠呈显著正相关；Celik（2017）指出时间观念影响了企业家创业倦怠，即更偏好即时奖励而不是未来奖励会导致更高程度的倦怠风险。以上因素皆是对创业者自身倦怠的影响。在对团队成员创业倦怠的影响上，Steffens 等（2017）已经证明企业家身份认同与团队成员的创业倦怠存在显著负相关关系。基于个体认知的创业倦怠形成机制如图 4-5 所示。

二、情境视角的创业倦怠形成机制

1. 创业压力源对创业倦怠的影响

基于 McLean（1974）的角色压力五维模型，Rahim（1995）选取了其中四种角色压力：角色冲突、角色模糊、角色超载和角色不适作为创业压力源，结合心理控制源和社会支持，探索这些因素与创业倦怠之间的关系。该模型依据 Rotter

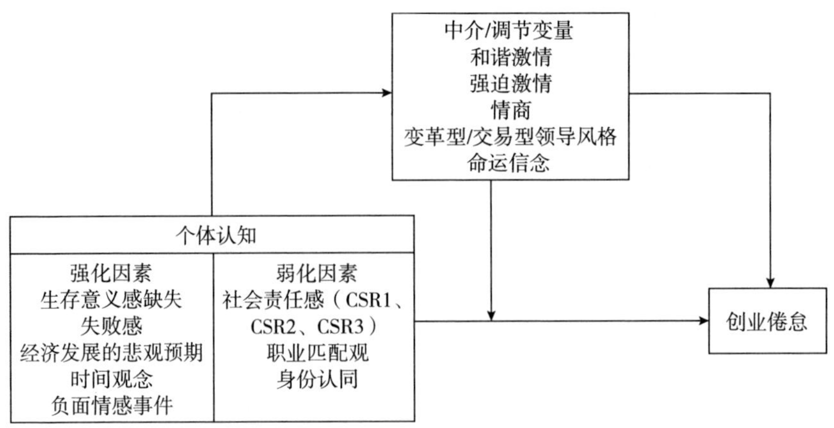

图 4-5 基于个体认知的创业倦怠形成机制

（1966）的研究成果将心理控制源分为内部心理控制源和外部心理控制源。该模型指出，内部心理控制源与社会支持两个因素不仅可以作为调节变量调节创业压力与创业倦怠之间的正相关关系，而且还可以作为因变量影响创业压力源与创业倦怠。同时，心理控制源和社会支持两者均与创业压力、创业倦怠之间存在显著负相关关系。另外，Shepherd 等（2009）同样构建了企业家角色压力与创业倦怠间关系的概念模型，并进一步证明了角色压力的三个维度对创业倦怠的正向影响。该模型将企业家分为四类：个体、家族、公司以及非营利企业家，指出角色压力的三个维度（角色冲突、角色模糊、角色超载）都与创业倦怠呈正相关，且不同类型的企业家由于面临不同类型和程度的压力所经历的创业倦怠水平也不同。随后，Shepherd 等（2010）采用实证研究证实了角色压力的三个维度与创业倦怠之间确实存在显著正相关关系。

另有一些学者关注了创业压力源的更多维度。Khairuddin 等（2016）针对马来西亚企业家构建了创业倦怠模型，研究工作关系、工作—生活平衡、角色超载、工作保障、管理、资源和沟通以及薪酬和福利等创业压力源对创业倦怠的影响，结果表明高层次的创业压力源将导致企业家的高度倦怠。Fernet 等（2016）将人力资源管理、销售、财务、用品和行政问题与管理相关的五种压力纳入创业压力源，从心理角度构建了创业倦怠预测模型。该模型将性别、年龄、经验年限和企业规模作为控制变量，排除这些因素对创业倦怠的影响。研究发现，与中小企业管理相关的压力源不仅可以直接预测创业倦怠，还可以通过孤独感来预测创业倦怠，而这种间接关系是由创业导向调节的。当创业导向处在低水平时，孤独感的中介效应强且显著，而在创业导向处在高水平时，孤独感的中介效应弱且不显著。

还有一些学者研究了创业压力源各维度对创业倦怠各维度的影响。韦雪艳等（2009）基于创业压力源八因素结构模型和创业倦怠四因素结构模型，研究民营企业家创业压力源对其创业倦怠的作用机制。其中，创业压力源包括创业卷入、竞争强度、资源需求、工作与家庭冲突、角色管理、知识储备、管理责任和声誉风险八个因素，创业倦怠的四个维度分别为情绪衰竭、去个性化、创业成就感以及创业认同感。实证结果确认了创业压力源中的五个因素，即创业卷入、资源需求、竞争强度、知识储备和管理责任，对创业倦怠的四个维度具有不同的显著预测作用。在此基础之上，何伏林和韦雪艳（2010）采用创业压力源五因素结构模型探究其与大学生创业倦怠的关系。与韦雪艳等（2009）不同的是，该模型中创业倦怠仅包含三个维度：情绪衰竭、去个性化和创业成就感。结果发现创业压力源各维度与创业倦怠各维度之间的相关关系各不相同，且心理控制源（内部和外部）在创业压力源与创业倦怠之间起调节作用。具体来说，外部心理控制源会增强创业卷入与去个性化的负相关关系；内部心理控制源会增强竞争强度与去个性化的负相关关系。另外，Wei 等（2015）的企业家创业倦怠模型中，将工作量、竞争性比较、知识需求、管理责任和资源需求纳入创业压力源，创业倦怠的三个维度分别为情绪衰竭、去个性化和低成就感，并对两个构念各维度之间的关系展开研究。结果发现工作量、竞争比较和管理责任与情绪衰竭和人格解体呈显著正相关，工作量与成就感呈显著负相关，管理责任与成就感呈正相关，知识需求与情绪衰竭、人格解体和成就感呈显著负相关，资源需求与倦怠的三个维度都没有显著的相关性。Fatoki（2019）基于 Wei 等（2015）提出的创业压力源五因素模型以及创业倦怠一维（生理、心理和情感衰竭）模型，实证研究得出小企业所有者的创业压力源与创业倦怠呈显著正相关。对比以上学者的研究可以发现，创业压力源各维度与创业倦怠各维度之间关系的研究结果略有差异，可能是不同样本之间的差异所造成的。

2. 社会支持对创业倦怠的影响

Tahar（2017）实证研究证明企业家社会支持与创业倦怠的工作疏离维度呈负相关，而与情绪衰竭维度关系不显著。此外，基于 House（1981）对社会支持概念的定义，韦雪艳等（2012）将企业家社会支持划分为工具性支持、情感性支持、反馈性支持和信息性支持，构建了企业家社会支持与创业倦怠关系模型。其中，工具性支持包括提供服务、工作帮助、金钱支付账单等；情感性支持涉及关心、同情、信任和爱；反馈性支持是企业家感知到他人对自己的创业评价；信息性支持是提供给企业家关于如何面对复杂创业环境的支持性信息以及如何应对创业问题有价值的信息。研究发现企业家社会支持各维度对创业倦怠的不同子维度具有不同的预测作用。具体来说，情感支持对情绪衰竭具有显著负向预测作用；

工具性支持对创业成就感具有显著负向预测作用。四种社会支持对去个性化和创业认同感没有显著预测作用。韦雪艳等（2012）由此认为企业家感知到来自他人的支持并不能缓解情感上的冷漠和对创业的认同感。

3. 工作需求—工作资源对创业倦怠的影响

基于资源保护理论（简称 COR）（Hobfall，1989）和工作需求—工作资源理论（简称 JD-R）（Demerouti et al.，2001），Hatak 等（2016）实证研究表明企业家工作需求与创业倦怠呈显著正相关，Shepherd 等（2009）认为企业家与家人、朋友、同事、其他创业同行的互动以及心理健康资源的数量等工作资源与创业倦怠的发生率成反比。在此基础上，Tahar（2017）进一步研究了工作需求、工作资源与创业倦怠的关系。其中，工作需求包括心理需求、情感需求和角色压力三个维度，工作资源包括决策自主权、社会支持和工作满意度三个维度，创业倦怠由情绪衰竭、工作疏离两个维度组成。实证研究表明企业家工作需求与情绪衰竭存在正相关关系，而企业家工作资源与工作疏离存在负相关关系，但该研究指出决策自主权、社会支持和工作满意度并不一定是企业家的工作资源，这一结果说明了企业家群体的独特性以及需要对创业资源进行识别，工作需求—工作资源模型是否适用于创业情境还需进一步研究证实。

基于情境因素的创业倦怠形成机制如图 4-6 所示。

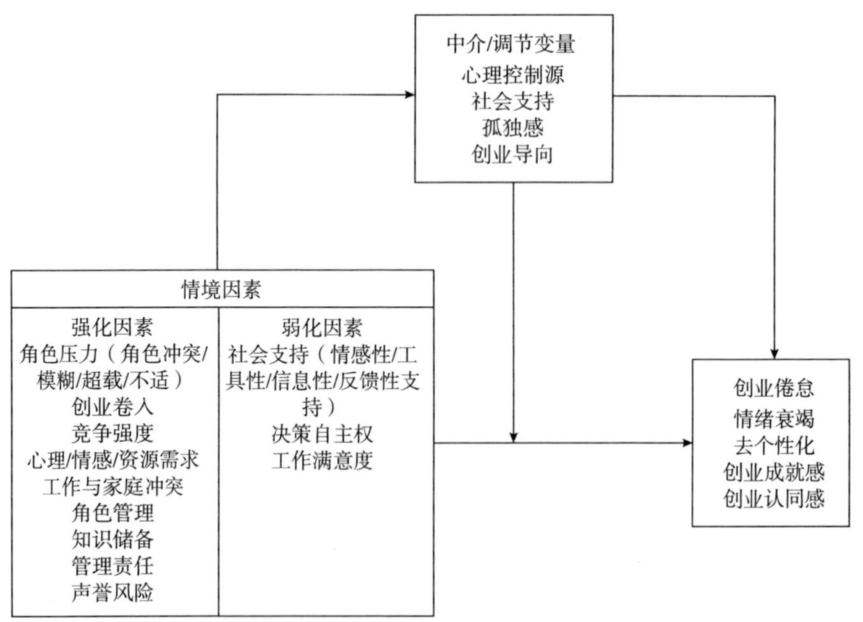

图 4-6　基于情境因素的创业倦怠形成机制

综上所述，现有研究从特质、认知、情境视角或两两视角结合研究了创业倦怠的形成机制。但这些研究并未涉及特质、认知、情境三个视角的匹配而揭示创业倦怠的形成机制，即创业者特质、认知和情境因素之间是如何相互作用从而影响创业倦怠以及他们与创业倦怠之间的直接或间接关系还有待研究。另外，创业倦怠的形成机制中还存在一些相互矛盾的研究结论，如 Wei 等（2015）对中国大陆企业家的实证研究结果表明知识需求与创业倦怠的三个维度都呈显著负相关，而 Fatoki（2019）针对南非移民企业家的研究则表明知识需求与创业倦怠呈正相关。这可能是由于样本的不同而造成的，还需进一步研究证明。

第四节　创业倦怠的影响机制

已有创业倦怠影响效应的研究集中在创业倦怠与创业认知的关系、创业倦怠与创业行为的关系、创业倦怠与创业绩效的关系三个方面。

一、创业倦怠与创业认知关系研究

现有文献主要围绕创业倦怠对创业者的组织满意度和组织承诺、连续创业意向的影响进行研究。Shepherd 等（2009）认为企业家（个体、家族、公司、非营利组织）的创业倦怠与组织满意度、组织承诺呈负相关，并且三者之间存在递进关系，即倦怠的创业者会对组织失去信心，影响其对组织的满意度，进而影响创业主动性等组织承诺，但该理论并没有得到证实。随后，Shepherd 等（2010）的实证研究证明了创业倦怠与组织承诺和组织满意度之间的确存在显著负相关关系，但对于三者之间的复杂关系依然未得到解决。另外，失败的企业家可能会由于失去事业而对创业产生负面情感（Shepherd，2003），创业倦怠作为一种负面情感，会对创业者的后续创业意向产生消极影响。一方面，心理弹性较差的创业者从负面情感中恢复的能力较弱（Block and Kremen，1996），从而不易产生连续创业的意愿；另一方面，创业者处在负面情感中时，控制错觉——个体高估自己对事件的控制程度以及成功的概率（Simon et al.，2000）弱化，连续创业意向随之减弱。

二、创业倦怠与创业行为关系研究

关于创业倦怠与创业行为的研究主要集中在两个方面：一是创业倦怠对创业者自身创业行为的影响；二是创业倦怠对其他利益相关者（员工）行为的影响。

有关前者的研究，Khairuddin 等（2016）对马来西亚企业家的研究表示高水平的创业倦怠将导致企业家有很高的创业退出倾向，Wincent 等（2008）实证研究得出同样的结论。对此，有学者持不同观点，Fatoki（2019）针对非洲移民企业家小企业主进行的实证研究表明，创业倦怠与创业退出倾向之间并没有显著的相关关系。就创业倦怠对其他利益相关者行为的影响，涉及创业倦怠的转移。通过创业者的肢体语言和表情等，情绪可以被他人感知（Chen et al.，2009），进而对其行为产生影响。Steffens 等（2017）已经证明企业家创业倦怠与员工的离职倾向存在显著的正相关关系，但创业倦怠对投资者等其他利益相关者行为的影响缺乏研究。

三、创业倦怠与创业绩效关系研究

创业绩效是衡量创业结果的重要指标，其影响因素有很多，情绪对创业绩效的影响在学术界越来越受到重视（谢雅萍、陈小燕，2014）。目前的研究表明创业倦怠的结果主要表现在组织层面上，即新企业的创立、企业绩效的降低等方面。Hatak 等（2016）发现创业企业家的倦怠威胁他们新企业的运营和财务，从而导致企业家创业失败；Shepherd 等（2009）认为企业家（个体、家族、公司或非营利组织）的创业倦怠通过降低创新能力、主动性、接受风险的能力以及动机、努力等相关变量，进而影响企业绩效，即创业倦怠与组织绩效呈负相关。随后，Shepherd 等（2010）以及 Fatoki（2019）对企业家的实证研究证明了创业倦怠与组织绩效之间确实存在这种显著负相关关系。

由以上内容可以看出，当前创业倦怠的影响效应研究集中在创业认知、创业行为和创业绩效上。其中，创业认知方面关注了创业倦怠对创业者个体认知的影响，创业行为方面关注了创业倦怠对自身行为以及员工行为的影响，创业绩效方面则关注了新企业的创立以及企业绩效的降低。虽然这些研究取得了大量研究成果，但仍然存在值得研究的议题。一方面，这些研究多集中在创业倦怠对创业者自身的影响，缺乏创业倦怠对追随者、投资者影响的研究；另一方面，上述研究几乎都是创业倦怠的直接效应，其作用机制还需深入挖掘。

第五节　创业倦怠的抑制与调节机制

上述研究基本明晰了创业倦怠的形成机制与影响效应，那么如何克服创业倦怠，保持创业激情是学术界应予以关注的另一大问题。对此，有学者已经展开研

究并得出了相关研究结论。现有研究主要从自我调节和被动调节两个方面加以引导以帮助创业者克服创业倦怠。

一、自主调节方式

1. 改变时间观念

Fernet 等（2016）实证研究表明对未来报酬偏好较高的创业者比偏好即时报酬的创业者有更低水平的创业倦怠。因此，现时的低报酬会被认为是正常的，而不是出乎意料的，这可以防止不满情绪的发展，更重要的是创业者必须为长时间的低回报做好准备。换而言之，企业家有意识地、积极地改变自己的时间观，以提高对环境中不断变化的、暂时的情况的适应能力（平衡时间观），这样可以防止努力—报酬不平衡（ERI）的发展和创业倦怠。

2. 获得生存意义感

Pines（2002）通过案例研究证实了生存意义感对创业倦怠的消解作用，其中包括三个步骤：①确定创业者选择创业的有意识和无意识的原因以及创业如何被期望提供生存意义感；②找出创业者未能从创业中获得生存意义感的原因以及这种失败感与创业倦怠的关系；③确定能使创业者从创业中获得生存意义需要发生的改变。这种存在主义的心理动力学概念框架有助于明确创业者的问题，并使其在倦怠感和失败感之间产生联系。找出生活中所有这些拼图之间的联系，有助于创业者在生活中做出改变，从而摆脱创业倦怠。

3. 目标导向

目标导向在创业情境下是指创业者依据个体目标、组织目标或社会目标对环境变化程度的理解（Shepherd et al.，2009）。作为一种激励性导向（Wyer and Srull，1989），目标导向对创业者的情感与行为产生影响，激励其实现挑战性的创业任务，并且在遭遇失败和挫折时可以表现出高水平的坚持与承诺（郝喜玲等，2015）。Fatoki（2019）认为克服创业倦怠必须为商业和个人成就创造目标，且目标必须是可衡量的、可实现的、具体的、注重成果的和基于时间的。

二、被动调节方式

1. 创业指导

Omrane 等（2018）从实践出发，认为对创业者进行管理培训（压力管理培训和时间管理培训）等创业指导方式能够有效克服创业倦怠。创业指导为企业家提供导师制的创业支持和心理依托，压力管理培训使企业家能够了解什么是压力，它的影响、表现以及错误的处理方式，并发现原则和方法，使之能够与其抗争，如定期运动、尽量放松、改善健康等都是压力管理策略。时间管理培训可以使企业家保持工作与生活的平衡，避免长时间工作产生创业倦怠。Fatoki（2019）也认为创业者的时间管理技能至关重要，需要积极主动参加规划和时间管理方面的培训。此外，创建基于团队合作和良好内部关系的企业文化也有助于减少创业倦怠（Omrane et al.，2018），这样创业者可以改进工作授权，释放部分压力（Fatoki，2019）。

2. 资源获取

Shepherd 等（2009）认为对于获得心理健康资源有限或没有获得心理健康资源的企业家来说，创业倦怠的发生率将高于获得心理健康资源的企业家。此外，企业家（个人、家庭、公司或非营利组织）与家庭、朋友、同事以及同行企业家的积极互动能有效缓解创业倦怠。因为积极互动能为企业家带来社会支持资源，尤其是与同事的积极互动使企业家更加了解组织内情况，与同行企业家的积极互动能提供组织外部足够的积极反馈。

综上所述，克服创业倦怠的现有方式相对有限，主要通过自我调节和被动调节缓解创业倦怠。其中，自我调节方式包括改变时间观念、获得生存意义感以及目标导向，被动调节方式包括创业指导和资源获取。可以看出，创业倦怠的克服方法其实也可以是创业倦怠的前因。

第六节　本章小结

（1）个体创业倦怠与创业企业成长。当前研究表明，个体创业倦怠对创业认知、创业行为和创业绩效都有一定的负面效应，会阻碍创业企业成长。个体创业倦怠会减弱创业者组织满意度、组织承诺（Shepherd et al.，2009）以及连续创业意向，从而对创业型企业的生存和成长产生负面影响。另外，企业家创业倦怠增强其自身创业退出意向（Wincent et al.，2008；Khairuddin et al.，2016）并通过情绪传染等方式影响员工的离职倾向，这也会阻碍创业企业的生存和成长；同时创业倦怠会对创业学习产生负面影响，阻碍企业家进行创新，从而限制企业成长。还有学者探讨了创业倦怠与创业成功之间的关系，Hatak 等（2016）发现创业企业家的倦怠威胁他们新企业的运营和财务，从而导致企业家创业失败。

（2）团队创业倦怠与创业企业成长。个体创业倦怠通过情绪传染可能导致团队创业倦怠，在团队内形成一致的、消极的情感反应，它比个体创业倦怠对企业成长的破坏性更大。从个体视角来看，团队创业倦怠会促使个体强化以团队创业倦怠为表征的团队情绪，如此循环往复，不利于企业的发展。从团队视角来

看，团队创业倦怠作为团队层面心理输入因素，可能会对团队成员之间的交流与互动、合作与冲突、信息与知识分享等过程产生负面影响，从而影响企业成长的进程。而且，团队创业倦怠会限制团队创造力想法与创造性成果的产生，阻碍企业创新发展。除此之外，团队创业倦怠可能会直接或间接影响团队创业绩效，影响企业生存与发展。

（3）组织创业倦怠与创业企业成长。借鉴组织惰性理论，创业倦怠对组织变革与发展产生不利影响，是一种在产品、方法、策略上的停滞，会抵制策略重大变革（Tushman and Romanelli，1985；Hinings and Greenwood，1988），逆转组织进化（Miller and Friesen，1980），是无数处于成熟期的企业不愿进行根本性技术变革而走向衰败的根本原因（Garud and Rappa，1994）。此外，组织创业倦怠会阻碍组织学习与创新，限制组织发展。

总之，现有研究表明，个体、团队、组织创业倦怠对创业企业成长具有一定的消极作用，会阻碍创业企业的生存和成长。

第五章　企业家创业倦怠与科技型初创企业成长

第一节　研究假设与研究设计

一、研究假设

1. 创业倦怠与新创企业绩效

已有创业研究认为，影响创业企业绩效的因素来自于多个方面。企业外部环境方面，外部市场为企业提供了广阔平台，能够快速获取生产资源和企业发展机会。企业内部方面，工作氛围、团队协作能力、融资水平等也影响着企业绩效产出。但企业绩效水平最终取决于创业者决策能力和战略选择，因此创业者在整个创业活动中扮演着核心角色。

创业倦怠作为一种消极的、负面的心理情绪，对创业企业绩效产生重要影响。对于个体而言，创业倦怠影响创业者的创业态度。创业倦怠与创业满意度、创业承诺呈负相关，并且三者之间存在递进关系，即倦怠的创业者会对组织失去信心，影响其对创业的满意度，进而影响创业主动性等创业承诺。倦怠的创业者连续创业意愿较低，在经历过创业失败后“一蹶不振”，难以从过往的经历中恢复，甚至对创业产生厌恶。即使是拥有成功经历的创业者，亲身经历创业过程的重重困难后也会表现出“安于现状”的创业倦怠情绪。此外，创业倦怠与投资者的投资行为也存在联系，因为投资者能通过创业者的情绪和已采取的行动感知到企业活力，从而决定是否投资于该企业。营利企业家的创业倦怠使投资者丧失信心，缩减投资份额，非营利企业家的创业倦怠则会使捐助者对其产生声誉怀疑。

创业倦怠甚至直接导致创业失败。创业倦怠使创业者的创新性、主动性、创业动机、创业努力、风险承受能力等下降，对企业绩效产生负面影响。同时，创业倦怠会损害企业核心业务，丧失竞争优势，失去市场份额，增加创业失败的概率。Hatak 等（2016）发现创业企业家的倦怠威胁新企业的运营和财务成功，从而导致企业家创业失败。

基于此，本书提出如下假设：

假设一：创业倦怠对新创企业绩效有显著的负向影响。

2. 创业倦怠与创业坚持行为

创业倦怠影响创业者的创业行为。有研究表明，创业倦怠程度与创业者退出呈正相关，Shane 和 Venkataraman（2000）认为创业倦怠是与发现、创造、评估和利用有吸引力的经济机会相关的倦怠感受，由创业压力导致的情绪衰竭、与人疏离、创业成就感下降与创业认同感缺乏，因困扰最终选择创业退出，结束创业追求。Fatoki（2019）研究表明，创业倦怠与创业退出之间的关系并不显著。对于利益相关者而言，创业倦怠会对员工、家庭成员、投资者、捐助者等利益相关者产生影响。创业倦怠会对员工的情绪、工作态度等产生影响，创业者的情绪能通过表情和肢体语言等被员工感知，从而影响员工离职，最终导致企业绩效的下降和内部创业活动的终结。

因此，坚持成为创业成功的关键因素。创业坚持通常反映了针对特定行动过程的多次尝试和面对逆境、挑战或困难的反复努力的过程。创业心理学将创业活动划分为三个阶段：启动前或机会识别阶段，创业者在此阶段识别可行的商业机会；启动或发展和执行阶段，创业者在此阶段为创业筹集必要的资源；启动后阶段，创业者在此阶段管理新企业，使其成长和生存。这表明创业是一项长期活动。创业者情绪作为前置驱动因素，在每一个阶段都发挥着作用。如果发现创业机会，创业者需要经历企业融资、购买资产、选址、招聘人员、推广公司和产品等一系列活动，需要花费大量的资源才能使新业务开展。在整个过程中还会遇到一系列阻碍，进而造成了个体自我怀疑和认知约束，在感知、处理和选择所需的信息方面产生困难，从而做出不利于实现企业目标的决策。拥有倦怠情绪的创业者更容易对创业活动持有负面看法并做出消极评价，长期状态下将会导致对个体感知和行为控制否定并进行重新判断，面对挑战选择主动回避，思考能力和执行能力大幅下降，丧失创业激情和对目标的追求。

已有研究对创业积极情绪与创业行为方式之间的关系进行探究。创业情绪被认为是促使创业者坚持行为产生的前因，特别是在创业初期，是左右创业者努力工作程度与坚持的动力和能量来源。周键（2022）基于“情绪—行为”的逻辑框架分析了创业激情对创业拼凑行为的作用机制模型，研究表明，积极情绪通过情感和认知两条路径影响创业企业员工和利益相关者，引发对组织产生的共鸣，获得其情感承诺，从而使企业实现社会网络关系和社会资本最大化目标，创业者也可以从事更具灵活性和多样性的资源拼凑行为。然而，关注消极创业情绪对创业行为的影响作用同样重要，特别是在“大众创业，万众创新”的今天，揭示研究倦怠情绪对创业坚持行为影响过程具有重要的现实意义。

基于此，本书提出如下假设：

假设二：创业倦怠对创业坚持行为有显著的负向影响。

3. 创业坚持行为与新创企业绩效

创业坚持是创业者拥有的特质属性，不管失败、障碍或威胁是臆想还是客观存在，个体都能始终如一地保持努力的创业行动。本书将创业坚持行为定义为：创业者在面对环境变化（逆境、阻碍、困难等）或除创业外的机会选择（更好的就业选择）时，仍然毫不动摇地选择创业并不断努力实现创业目标的行为。创业坚持行为有助于创业者克服创业过程中遇到的障碍，增强预期财务和非财务效益的信心，推动企业向前发展。

创业坚持与企业绩效的关系是极为复杂的，因为创业退出并不意味着经营失败，当创业者实现自己的目标后有可能选择高位退出。目前研究多将企业绩效作为创业坚持行为的前因变量，创业者根据绩效水平判断是否继续当前创业活动。Gimeno 等（1997）指出，企业生存是由两个主要维度决定的：企业的经济绩效和企业的绩效门槛。绩效阈值是创业者选择继续坚持的绩效心理底线，由其他职业机会的经济绩效、当前企业与其他机会的回报之差、转换成本共同决定。当经济绩效高于绩效阈值时，创业者选择坚持。一旦低于此水平，企业组织中占据主导位置的成员将采取行动，以应对绩效过低的状况，如解散组织，选择创业退出。由于不同企业的绩效阈值存在异质性，他们的研究很好地解释了同等经济绩效下不同创业主体存在坚持差异的原因。此外，创业者选择是否要继续创业，其依据包括经济业绩、非经济收益，以及不同职业之间的转换成本等。因而除去理智的经济考虑，创业者的坚持行为还受制于非经济类因素，如情感收益与情感成本、家庭和谐等因素的影响。

但很多学者指出，创业坚持行为可能对企业绩效产生促进作用。在创业初期，由于资金、人员、时间等资源受限，企业发展呈现出不稳定状态。企业存活取决于创业者是否能在逆境条件下坚持创业行为。进入成长阶段后，企业发展过程面临新的挑战，创业者需要不断对环境、竞争对手等进行分析，识别并把握市场机会，维持企业生存和发展，长期的坚持行为有助于创业者熟悉行业准则，洞察市场规律，有效减少不必要的浪费和损失。Ahsan 等（2021）证明创业坚持行为与企业绩效间存在正相关关系，相比于需求驱动型创业者，机会驱动型创业者在不利的条件下更倾向于表现出创业坚持行为，通过机会识别、开发、利用等实

现绩效的转变与提升。本书认为，创业坚持行为有助于新创企业绩效的提高。

基于此，本书提出如下假设：

假设三：创业坚持行为对新创企业绩效有显著的正向影响。

4. 创业坚持行为的中介作用

情感事件理论认为，创业过程中发生的积极事件和消极事件会成为情感反应的诱导因素，刺激创业者产生情感驱动行为和判断驱动行为。其中，情感驱动行为是情绪对行为的直接影响，而判断驱动行为则是一种间接影响方式，情绪体验首先影响态度，再进一步由态度驱动行为。创业活动本身极度的不确定性和个人风险导致了创业过程的情绪化。在这一感性的过程中，创业者情绪的好坏影响创业机会的识别、创造、评估、制定和利用。同时创业过程异常艰辛，并表现出鲜明的阶段特征，这些特征使创业者容易产生较大的情绪波动。在创业过程中，某些事件的发生会引起创业者产生情绪的变化。情绪有积极和消极之分，处于积极情绪状态下的个体比处于消极或中性情绪状态下的个体更加倾向于采用欣赏的眼光来看待周围的刺激，进而提升个体对外部环境变化的警觉性，有助于创业者长期创业行为的保持。相反，处于消极情绪状态下的创业者更加易于陷入沮丧和抑郁之中，从而缩小视野，消极避世，对许多信息视而不见，甚至加剧人际关系冲突，造成创业团队内耗，丧失机遇，最终导致创业者放弃创业。由此可见，创业者情绪与创业行为息息相关。

同时，创业者行为又会直接影响企业绩效。坚持被认为是创业者宝贵的精神品质，是坚定实现目标、保持不竭动力的能量源泉。创业者与职业工作者相比，表现出更加顽强的毅力，即使遭遇逆境也能坚持不懈、不轻言放弃的创业者所创办的企业生存概率更高。创业不是一蹴而就，需要个体长期的努力奋斗，最终才能获取成功。在创业坚持的过程中，创业者社会网络关系、资源整合能力不断提升，进而促进企业绩效水平的提高。

本书认为，创业坚持行为在创业倦怠和新创企业绩效中发挥一定的中介作用。目前已有研究将创业坚持视为结果变量，但创业研究领域“Emotional-Behavioral-Performance”经典研究逻辑表明，创业行为是链接创业情绪与创业绩效的桥梁。当遭受消极事件影响产生创业倦怠情绪后，会使创业者做出判断是否继续坚持当前创业活动，所做决定直接影响创办企业绩效结果。

基于此，本书提出如下假设：

假设四：创业坚持行为在创业倦怠与新创企业绩效间发挥中介作用。

5. 创业韧性的调节作用

创业韧性主要是指创业者面对不确定环境产生的威胁、困难、阻碍时，通过自我调节适应变化，以积极心态、乐观情绪应对挑战，并实现自我超越和自我成长的能力。在艰难的环境下创业韧性能够帮助创业者抵御倦怠情绪的干扰，促进积极心理因素产生，提升个体风险预防意识和承担能力，这是创业者在不利环境中仍然保持创业坚持的重要原因。

倦怠产生后创业者倾向表现出消极的行为方式，感觉自己的生活丧失意义，对事物产生经常性的负面评价并对未来状况表示担忧，甚至产生自我怀疑，结束创业行为。但是拥有高水平韧性的创业者能够坚持对创业目标的专注，即便遭受倦怠情绪笼罩也能保持创业追求，并通过自我激励、问题转化等方式重拾自信心，迅速恢复创业动力，及时摆脱创业倦怠困扰，在自我调整后继续坚持创业活动。由此可见，创业倦怠可能会降低个体持续创业动力，但高韧性水平的创业者能够快速逃离这种消极情绪，通过顽强的毅力实现反弹，促使创业坚持行为的产生。

基于此，本书提出如下假设：

假设五：创业韧性缓和了创业倦怠与创业坚持行为间的关系，即创业韧性水平越强，创业倦怠对创业坚持行为负向影响越弱，反之越强。

基于上述理论假设，本书的理论模型是一个有调节作用的中介模型。在创业韧性水平较高时，增强了创业坚持行为在创业倦怠与新创企业绩效间的中介作用；在创业韧性水平较低时，减弱了创业坚持行为在创业倦怠与新创企业绩效间的中介作用。为此提出如下假设：

假设六：创业韧性调节了创业坚持行为在创业倦怠与新创企业绩效间的中介作用。创业韧性水平越高，越能抑制创业倦怠的负向影响，从而促使创业坚持行为在创业倦怠与新创企业绩效间的中介作用增强；反之则削弱此种作用。

二、研究设计

1. 研究模型构建

本章基于文献梳理与理论回顾，分析了创业倦怠对创业坚持行为的影响，同时分析了创业坚持行为对新创企业绩效的影响。笔者通过前文已有文献梳理发现，相对于创业倦怠形成机制的研究，关于创业倦怠影响企业创业绩效相对较少。已有研究多集中在个体、组织方面，创业倦怠如何造成团队冲突、团队凝聚力下降，进而影响企业绩效等问题值得深入研究。另外，先前研究关注的都是创业倦怠对创业绩效的直接影响，而创业坚持行为作为创业倦怠对创业绩效影响的中介作用机制是重要的研究内容。为此，本书尝试采用“情绪—行为—绩效”的逻辑顺序，将创业坚持行为作为中介变量。同时，为寻找缓解创业倦怠的有效途径，本书引入创业韧性，探究创业者积极情绪恢复方式。依据前文关于创业倦怠、创业坚持行为、新创企业绩效和创业韧性间关系理论的分析，构建的理论模型如图 5-1 所示。

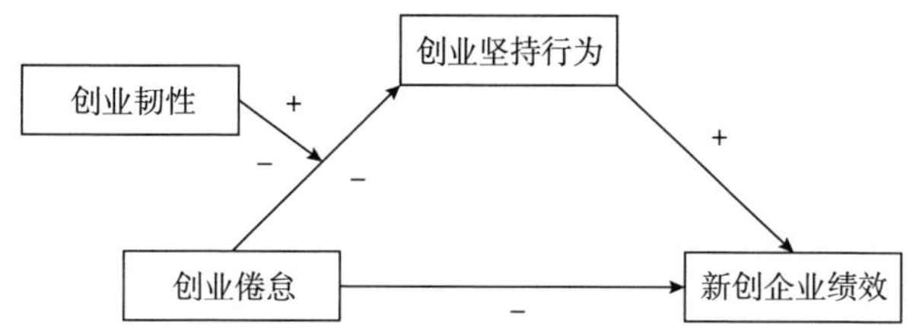

图 5-1 创业倦怠与新创企业绩效关系模型

资料来源：笔者根据研究假设整理。

2. 问卷设计

合理的问卷设计是获得准确的、有效的研究数据的重要前提。本书主要研究对象为个体创业者，使用问卷调查方法能获得创业者主观感受和真实想法，有助于了解和把握填写者心理活动，并为本书揭示创业倦怠对创业绩效的影响机制提供真实、可靠的分析数据。本书问卷设计主要经过以下两个阶段：

阶段一：量表选择。前期通过文献搜集和针对创业者进行现场访谈等方式积累了大量的文字和文献资料，并对改编后的创业倦怠量表进行探索性因子分析和验证性因子分析，结果显示改编后的量表具有良好的信度和效度水平，该部分将继续使用此量表进行进一步实证分析和验证。创业坚持行为、新创企业绩效和创业韧性等变量的测量选取文献中多次使用较为成熟的量表。

阶段二：量表调整。在选择合适的测量量表后，研究团队进行小规模讨论，对问卷测量题项措辞进行调整，以便适应研究情境和获得准确的数据信息。经过上述操作后形成调研问卷。

问卷整体分为三个部分。第一部分为引导语，介绍研究目的及问卷使用方法；第二部分为基本信息情况，包括创业者个人信息和企业基本信息统计；第三部分为变量测量，使用 Likert 5 级量表对描述问题符合程度进行打分。

3. 变量测量

（1）创业倦怠。本书使用前文在韦雪艳（2008）企业家职业倦怠量表基础上改编的量表对创业倦怠变量进行测量，该量表共包括情绪衰竭、去个性化、创业成就感、创业认同感和创业意愿五个维度，共计 17 个题项（见表 5-1）。填写者使用 Likert 5 级打分法评价（1＝非常不符合；2＝不符合；3＝不确定；4＝比较符合；5＝非常符合）。

表 5-1 创业倦怠测量题项

变量	维度	题项	
创业倦怠（EB）	情绪衰竭	EB1	我感觉创业太辛苦了
		EB2	我时常因为创业的事情感到焦虑
		EB3	创业过程中我的情绪变得低落
		EB4	整天创业让我神经紧绷、心力交瘁
	去个性化	EB5	我不愿向他人表达自己的情绪
		EB6	频繁地与客户打交道使我的热情降低
		EB7	我因为创业和他人发生过争吵
		EB8	我与合作伙伴产生过矛盾冲突
	创业成就感	EB9	我始终为实现我的创业目标努力
		EB10	创业过程中，我很有成就感
		EB11	我在创业的过程中，做了许多事都是有意义的
	创业认同感	EB12	创业过程中我收获了很多
		EB13	我认为自己是一个合格的创业者
		EB14	我的创业动力没有因困难而衰减
	创业意愿	EB15	我从未有过退出创业的想法
		EB16	遭受创业失败我依然选择继续创业
		EB17	如果让我再选择一次，我仍然会选择进行创业

资料来源：笔者根据文献整理。

（2）创业坚持行为。对于创业坚持行为变量的测量，本书选择使用 Cardon 和 Kirk（2015）、赵慧敏（2019）所使用的量表对创业坚持行为进行测量。该量表是在 Baum 和 Locke（2004）所使用的 5 题项量表上改进得到的，经后续学者验证该量表具有较好的信度和效度水平。量表共包括 6 个题项（见表 5-2），填写者使用 Likert 5 级打分法评价（1=非常不符合；2=不符合；3=不确定；4=比较符合；5=非常符合）。

表 5-2 创业坚持行为测量题项

变量	题项		来源
创业坚持行为（EPB）	EPB1	即使别人反对我也会坚持创业	Cardon 和 Kirk（2015）；赵慧敏（2019）
	EPB2	当其他人退出创业时，我会反复思考是否继续坚持创业	
	EPB3	无论面对多大挑战，我都会坚持创业	
	EPB4	我在创业过程中经常不得不放下手中的工作去履行其他职责	
	EPB5	我对生活的满意度大部分来自于创业活动	
	EPB6	相对于我认识的人，我在创业中付出的努力更多	

资料来源：笔者根据文献整理。

（3）新创企业绩效。对于新创企业绩效，学者们通常使用指标测量法和量表测量法。在量表测量法中，依据企业成长性维度和盈利能力维度衡量绩效水平应用最为广泛，为此本书将借鉴 Chandler 和 Hanks（1993）等开发的量表，依据新创企业财务绩效和成长绩效对新创企业绩效展开测量。该量表共包含 8 个题项（见表 5-3），填写者使用 Likert 5 级打分法评价（1＝非常不符合；2＝不符合；3＝不确定；4＝比较符合；5＝非常符合）。

表 5-3 新创企业绩效测量题项

变量	维度	题项	
新创企业绩效（NEP）	财务绩效	NEP1	本公司市场占有率高于同行业其他企业
		NEP 2	本公司利润高于同行业其他企业
		NEP 3	本公司投资收益率高于同行业其他企业
	成长绩效	NEP 4	本公司员工数量高于同行业其他企业
		NEP 5	本公司销售额增长速度高于同行业其他企业
		NEP 6	本公司收益增长速度高于同行业其他企业
		NEP 7	本公司市场份额增速高于同行业其他企业
		NEP 8	本公司新产品或新服务增速高于同行业其他企业

资料来源：笔者根据文献整理。

（4）创业韧性。笔者通过对文献的回顾和梳理发现，目前创业韧性测量主要应用 CD-RISC 量表及其修订版本。其中，CD-RISC-10 量表具有题目数量适中、测量全面的特点，便于被访者作答并保证较好的信度和效度水平，其 Cronbach's α 数值为 0.85。为此，本书将借鉴 Fatoki（2019）、张秀娥和李梦莹（2020）所使用的量表对创业者韧性展开测量。该量表共包含 10 个题项（见表 5-4），填写者使用 Likert 5 级打分法评价（1＝非常不符合；2＝不符合；3＝不确定；4＝比较符合；5＝非常符合）。

表 5-4 创业韧性测量题项

变量	题项		来源
创业韧性（ER）	ER1	我能克服困难实现创业目标	Fatoki（2019） 张秀娥和李梦莹（2020）
	ER2	我不会因为创业失败而气馁	
	ER3	我认为自己是一个很坚强的人	
	ER4	我能在压力下保持专注	
	ER5	我能够在遭遇困难之后尽快恢复良好状态	
	ER6	我能应付我创业过程中遇到的任何困难	
	ER7	我能够适应创业环境的快速变化	

续表

变量	题项		来源
创业韧性（ER）	ER8	应付压力能够使我变得更加坚强	Fatoli（2019） 张秀娥和李梦莹（2020）
	ER9	我试着看到事情好的一面	
	ER10	我能承受创业中不愉快的情绪	

资料来源：笔者根据文献整理。

（5）控制变量。考虑到创业情境的复杂性，为提升研究结果准确程度，除上述研究变量外，本书对创业者个体和创业企业相关变量进行控制。从创业者个体角度，笔者选择创业者性别、受教育程度、创业经验等作为控制变量；从创业企业角度，笔者选择发展阶段、员工人数、成立年限、所属行业等作为控制变量。其中，发展阶段分为创业期、成长期、扩张期和成熟期四个时期，员工人数划分为 10 人及以下、10~50 人、50~100 人和 100 人及以上不同规模，成立年限划分为 1 年及以下、1~3 年、3~5 年和 5 年及以上不同时间阶段，所属行业类型包括：农、林、牧、渔业，制造业，采矿业，批发和零售业，建筑业，电力、热力、燃气及水生产和供应业等 11 个种类。

第二节　数据收集与初步分析

一、问卷发放与回收

本书主要从创业者性别、文化程度、家庭雇佣、创业经历、企业发展阶段、企业成立年限等角度对创业者个体及所创办企业基本信息进行了描述性统计分析。在正式调研过程中共发放问卷 250 份，去除前后填写矛盾、所选题项相似和存在空缺填写的无效问卷 32 份，剩余有效问卷 218 份，有效率为 87.2%。正式问卷发放情况统计信息如表 5-5 所示。

表 5-5　被调研人员基本信息描述性统计

主体特征类别	主体特征描述	人数	百分比（%）	有效百分比（%）	累计百分比（%）
性别	男	142	65.1	65.1	65.1
	女	76	34.8	34.8	100.0

续表

主体特征类别	主体特征描述	人数	百分比（%）	有效百分比（%）	累计百分比（%）
文化程度	高中及以下	44	20.2	20.2	20.2
	专科	36	16.5	16.5	36.8
	大学本科	122	56.0	56.0	92.7
	硕士研究生及以上	16	7.3	7.3	100.0
家庭雇佣	是	93	42.7	42.7	42.7
	否	125	57.3	57.3	100
创业经历	是	135	61.9	61.9	61.9
	否	83	38.1	38.1	100
创业失败经历	是	127	58.3	58.3	58.3
	否	91	41.7	41.7	100
企业发展阶段	创业期	43	19.7	19.7	19.7
	成长期	111	50.9	50.9	70.6
	扩张期	46	21.1	21.1	91.7
	成熟期	18	8.3	8.3	100
企业成立年限	1 年及以下	108	49.5	49.4	49.4
	1~3 年	79	36.2	36.2	85.6
	3~5 年	25	11.5	11.5	97.1
	5 年及以上	6	2.8	2.8	100
企业员工人数	10 人及以下	91	41.7	41.7	41.7
	10~50 人	97	44.5	44.5	86.3
	50~100 人	28	12.8	12.8	99
	100 人及以上	2	0.9	0.9	100
所在企业所属行业	农、林、牧、渔业	1	0.5	0.5	0.5
	制造业	22	10	10	10.5
	采矿业	10	4.6	4.6	15.1
	批发和零售业	79	36.4	36.4	51.5
	建筑业	11	5	5	56.5
	电力、热力、燃气及水生产和供应业	22	10	10	66.5
	交通运输、仓储和邮政业	0	0	0	66.5
	信息传输、软件和信息技术服务业	16	7.3	7.3	73.8
	住宿和餐饮业	46	21.1	21.1	94.9
	金融业	10	4.6	4.6	99.5
	租赁和商务服务业	1	0.5	0.5	100

资料来源：笔者根据 SPSS 软件分析结果整理。

创业者个人信息方面，男性填写者为 142 人，占总样本的 65.1%，女性填写者为 76 人，占总样本的 34.8%。这与现实中男性创业比例高于女性现象一致，增加了问卷信度水平。在教育背景方面，拥有本科及以上学历者共计 138 人，占总样本人数的 63.3%，随着教育普及，创业者整体素质和水平不断提升，问卷阅读和理解能力加强，有利于对问卷测量内容的掌握和填写，增加了问卷的效度水平。在企业中家庭雇佣成员统计中，共有 93 位创业者在自己的企业中存在家庭成员，占总体样本数量的 42.7%，剩余 125 位创业者并未雇佣家庭成员，占总体样本数量的 57.3%。同时，135 位被调查者表示自己拥有创业经历，占总样本数量的 61.9%，83 位创业者为首次创业，占总样本数量的 38.1%。

创业企业信息方面，成立 1~5 年企业居多，共计 212 家（97.2%）；位于成长期的企业居多，共计 111 家（50.9%）；拥有员工人数为 10~50 人的企业最多，共计 97 家（44.5%），企业所属行业以批发和零售业（36.4%）、住宿和餐饮行业（21.1%）和制造业（10%）为主。

二、共同方法偏差检验

共同方法偏差问题存在于心理学、行为学等多学科研究领域，特别是使用问卷调查法的研究中。共同方法偏差产生的原因是来自于多个方面的，如数据来自相同的数据来源、测量环境、测量语境、填写者以及题项自身特征等，这种人为因素所引起的系统误差将导致预测变量与校标变量产生共变反应，并导致研究结果受到误导偏离事实。目前，主要通过程序控制和统计控制两种方法对共同方法偏差进行控制。

程序控制是一种针对共同方法偏差产生原因而进行的事先控制行为，包括对问卷发放前的题项设计、样本选择、数据来源等方面进行控制。本书主要通过以下步骤进行：首先，在问卷设计阶段，本书严格遵循量表设计要求，对改编后的创业倦怠量表进行探索性因子分析和验证性因子分析检验，其他相关变量测量选择已有文献中使用的成熟量表；其次，研究团队成员对在预发放和正式发放问卷前问卷使用话语进行反复推敲和修正，确保措辞简洁、易懂，避免诱导性、暗示性问题影响填写者思考作答；最后，在问卷发放渠道方面，本书选择使用自行发放和委托专业机构发放等不同方式，降低被调查者相似填写环境的可能性，同时具有涉及人数多，覆盖范围广的优点，确保数据来源的多样性。

统计控制则是使用统计分析进行检验和控制的方法。本书主要使用 Harman 单因素检验进行测试。共计收集到 218 份有效问卷，除控制变量测量数据外，其余数据按特征值大于 1 的标准进行探索性因子分析，结果显示总体题项 KMO 值为 0.942，第一公因子方差贡献率为 28.055%，低于 Harman 检验 40%的标准。

因此可以认为，本书中存在的共同方法偏差问题并不严重。

三、信度与效度分析

具备良好的信度和效度水平是量表科学使用的前提，本书运用 SPSS26 和 AMOS 数据分析软件对各个量表的信度和效度进行检验。

1. 创业倦怠量表信效度检验

在进行因子分析前，需要使用数据分析软件进行 KMO 检验和 Bartlett 球形检验，一般情况下要求 KMO 系数值>0.5，同时要求 Bartlett 球形检验显著水平统计值 $p<0.05$，满足上述要求时，问卷才具备结构效度。创业倦怠量表数据分析结果如表 5-6 所示，该量表 KMO 值为 0.883，Bartlett 球形检验水平显著（Sig. = 0.000，$p<0.001$），表明该量表适合进行因子分析。

表 5-6 KMO 和 Bartlett 球形检验

KMO 取样适切性量数		0.883
Bartlett 球形检验	近似卡方	4536.323
	自由度	136
	显著性	0.000

资料来源：笔者根据 SPSS 软件分析结果整理。

因子分析主要是用主成分分析法，即通过降维思想，将多个指标经计算后转化为少数几个代表性指标。探索性因子分析结果如表 5-7 所示，创业倦怠量表总体 Cronbach's α 系数值为 0.943，在删除题项后 α 值不再提升，说明当前 17 个题项量表 α 值达到最优水平。各校正项总计相关性题项系数 CITC 值均高于 0.4，因此全部题项保留使用，同时证明创业倦怠量表可靠性较高。采用最大方差法提取 5 个固定因子，各因子包含题项与先前改编量表结果一致，累计方差贡献率达到 87.805%，超过 50%的标准水平，因子载荷数量基本大于 0.6 水平，表明该量表效度较好（见表 5-8）。

表 5-7 创业倦怠量表信度检验

题项	CITC 系数	删除项后的 α 值	α 值
EB1	0.433	0.942	0.943
EB2	0.484	0.943	
EB3	0.438	0.942	

续表

题项	CITC 系数	删除项后的α值	α值
EB4	0.404	0.942	0.943
EB5	0.799	0.935	
EB6	0.785	0.935	
EB7	0.831	0.934	
EB8	0.726	0.936	
EB9	0.824	0.934	
EB10	0.832	0.934	
EB11	0.819	0.934	
EB12	0.753	0.936	
EB13	0.640	0.938	
EB14	0.741	0.936	
EB15	0.710	0.937	
EB16	0.606	0.939	
EB17	0.596	0.939	

注：N=218。

资料来源：笔者根据 SPSS 软件分析结果整理。

表 5-8　创业倦怠总方差解释

成分	初始特征值			提取载荷平方和			旋转载荷平方和		
	总计	方差百分比（%）	累计方差贡献率（%）	总计	方差百分比（%）	累计方差贡献率（%）	总计	方差百分比（%）	累计方差贡献率（%）
1	8.871	52.183	52.183	8.871	52.183	52.183	3.522	20.715	20.715
2	2.916	17.153	69.336	2.916	17.153	69.336	3.478	20.460	41.175
3	1.752	10.307	79.643	1.752	10.307	79.643	3.175	18.679	59.854
4	0.851	5.005	84.648	0.851	5.005	84.648	2.653	15.607	75.461
5	0.537	3.157	87.805	0.537	3.157	87.805	2.098	12.344	87.805
6	0.427	2.515	90.320						
7	0.298	1.754	92.073						
8	0.253	1.487	93.560						
9	0.241	1.418	94.978						
10	0.218	1.281	96.258						

续表

成分	初始特征值			提取载荷平方和			旋转载荷平方和		
	总计	方差百分比（%）	累计方差贡献率（%）	总计	方差百分比（%）	累计方差贡献率（%）	总计	方差百分比（%）	累计方差贡献率（%）
11	0. 168	0. 987	97. 245						
12	0. 146	0. 858	98. 103						
13	0. 104	0. 614	98. 717						
14	0. 086	0. 505	99. 222						
15	0. 075	0. 440	99. 663						
16	0. 036	0. 214	99. 877						
17	0. 021	0. 123	100. 000						

注：使用主成分分析法提取。

资料来源：笔者根据 SPSS 软件分析结果整理。

总方差解释是指变量特征根与特征值比值，常用来解释因子对变量的贡献率。在进行分析时，应注意总方差表的累计百分比值，即多个公因子累计解释的方差比例，当数值位于 80%~85%时，可以认为因子解释力度处于理想状态，当数值位于 70%~80%时，可以认为因子解释力度处于良好状态，当数值位于 50%~70%时，可以认为因子解释力度处于可接受状态。创业倦怠总方差解释结果如表 5-8 所示。本书使用主成分分析法固定抽取五个因子，累计方差贡献率为 87. 805%，因此表明五因子具有很好的解释力度。旋转后的成分矩阵如表 5-9 所示。

表 5-9　旋转后的成分矩阵

	成分				
	1	2	3	4	5
DA4	0. 901				
DA1	0. 824				
DA2	0. 752				
DA3	0. 726				
EE4		0. 930			
EE3		0. 905			
EE5		0. 901			
EE2		0. 885			

续表

	成分				
	1	2	3	4	5
PA2			0.950		
PA3			0.947		
PA1			0.872		
EI1				0.817	
EI3				0.808	
EI2				0.712	
ID2					0.767
ID1					0.624
ID4					0.588

注：提取方法为主成分分析法。旋转方法为凯撒正态化最大方差法。旋转在5次迭代后已收敛。

资料来源：笔者根据SPSS软件分析结果整理。

2. 创业坚持行为量表信效度检验

创业坚持行为量表数据分析结果如表5-10所示，该量表KMO值为0.899，Bartlett球形检验水平显著（Sig. =0.000，p<0.001），表明该量表适合进行因子分析。

表5-10 创业坚持行为量表信度和效度分析结果

变量	KMO	Bartlett球形检验			题项代码	CITC	删除项后α值	α值
		近似卡方	df	Sig.				
创业坚持行为	0.899	683.574	15	0.000	EPB1	0.692	0.878	0.892
					EPB2	0.754	0.868	
					EPB3	0.739	0.869	
					EPB4	0.673	0.879	
					EPB5	0.741	0.870	
					EPB6	0.709	0.874	

注：N=218。

资料来源：笔者根据SPSS软件分析结果整理。

因子分析主要使用主成分分析法。探索性因子分析结果显示，创业坚持行为量表α值为0.892，删除题项后α值不再提升，各个题项CITC值均高于0.3水平，因此全部题项保留使用，同时也表明创业坚持行为量表可靠性较高。采用最大方差法得到旋转成分矩阵，累计解释方差为65.832%，超过50%标准水平，各因子载荷数量均高于0.6，表明该量表效度较好（见表5-11）。

表5-11　创业坚持行为效度检验结果

题项代码	因子载荷	解释率
EPB1	0.879	65.832%
EPB2	0.631	
EPB3	0.821	
EPB4	0.897	
EPB5	0.767	
EPB6	0.861	

资料来源：笔者根据SPSS软件分析结果整理。

3. 新创企业绩效量表信效度检验

新创企业绩效量表数据分析结果如表5-12所示，该量表KMO值为0.932，Bartlett球形检验水平显著（Sig. =0.000，$p<0.001$），表明该量表适合进行因子分析。

表5-12　新创企业绩效量表信度和效度分析结果

变量	KMO	Bartlett球形检验			题项代码	CITC	删除项后α值	α值
		近似卡方	df	Sig.				
新创企业绩效	0.932	1387.806	28	0.000	NEP1	0.719	0.937	0.940
					NEP2	0.830	0.929	
					NEP3	0.823	0.931	
					NEP4	0.770	0.934	
					NEP5	0.806	0.931	
					NEP6	0.861	0.927	
					NEP7	0.749	0.935	
					NEP8	0.765	0.934	

注：N=218。

资料来源：笔者根据SPSS软件分析结果整理。

因子分析主要使用主成分分析法。探索性因子分析结果显示，新创企业绩效量表α值为0.940，删除题项后其值不再提升，各个题项CITC值均高于0.3水平，因此全部题项保留使用，同时也表明新创企业绩效量表可靠性较高。采用最大方差法得到旋转成分矩阵，累计解释方差为77.528%，超过50%标准水平，各因子载荷数量均高于0.6，表明该量表效度较好（见表5-13）。

表5-13 新创企业绩效效度检验结果

题项代码	因子载荷	解释率
NEP1	0.782	77.528%
NEP 2	0.875	
NEP 3	0.870	
NEP 4	0.829	
NEP 5	0.856	
NEP 6	0.900	
NEP 7	0.806	
NEP 8	0.823	

资料来源：笔者根据SPSS软件分析结果整理。

4. 创业韧性量表信效度检验

创业韧性量表数据分析结果如表5-14所示，该量表KMO值为0.964，Bartlett球形检验水平显著（Sig. =0.000，$p<0.001$），表明该量表适合进行因子分析。

表5-14 创业韧性量表信度和效度分析结果

变量	KMO	Bartlett球形检验			题项代码	CITC	删除项后α值	α值
		近似卡方	df	Sig.				
创业韧性	0.964	2418.998	45	0.000	ER1	0.889	0.948	0.956
					ER2	0.791	0.952	
					ER3	0.806	0.952	
					ER4	0.821	0.951	
					ER5	0.729	0.955	
					ER6	0.843	0.950	
					ER7	0.829	0.951	
					ER8	0.762	0.953	
					ER9	0.786	0.953	
					ER10	0.856	0.950	

注：N=218。

资料来源：笔者根据SPSS软件分析结果整理。

因子分析主要使用主成分分析法。探索性因子分析结果显示，创业韧性量表 α 值为 0.956，删除题项后其值不再提升，各个题项 CITC 值均高于 0.3，因此全部题项保留使用，同时也表明创业韧性量表可靠性较高。采用最大方差法得到旋转成分矩阵，累计解释方差为 78.653%，超过 50%标准水平，各因子载荷数量均高于 0.6，表明该量表效度较好（见表 5-15）。

表 5-15 创业韧性效度检验结果

题项代码	因子载荷	解释率
ER1	0.913	78.653%
ER2	0.869	
ER3	0.874	
ER4	0.884	
ER5	0.846	
ER6	0.908	
ER7	0.900	
ER8	0.878	
ER9	0.885	
ER10	0.910	

资料来源：笔者根据 SPSS 软件分析结果整理。

第三节 相关性检验与回归分析

一、相关性检验

相关性分析对整体中具有联系的变量进行分析，是一种将变量间相关的密切程度使用统计指标展现的过程。根据相关性分析结果，可以对研究假设进行初步验证。本书主要使用 Pearson 积差相关系数检验法探究创业倦息、创业坚持行为、新创企业绩效和创业韧性之间的相关关系，并加入控制变量参与检验。相关性分析结果如表 5-16 所示。从表 5-16 中可知，在双尾检验 $p<0.01$ 的情况下，创业倦息与创业坚持行为、新创企业绩效及创业韧性均呈显著负相关，创业坚持行为与新创企业绩效、创业韧性呈显著正相关，创业韧性与新创企业绩效呈显著正相关。

表 5-16　各变量间相关性检验

	均值	标准差	性别	文化程度	家庭雇佣	创业经历	创业失败经历	企业发展阶段	企业成立年限	员工人数	企业所属行业	创业倦怠	创业坚持行为	新创企业绩效	创业韧性
性别	1.350	0.478	1.000												
文化程度	2.890	0.653	−0.118	1.000											
家庭雇佣	1.570	0.496	−0.206**	−0.097	1.000										
创业经历	1.380	0.487	−0.019	−0.033	−0.011	1.000									
创业失败经历	1.420	0.494	−0.112	−0.049	−0.003	0.888**	1.000								
企业发展阶段	1.670	0.785	0.046	0.005	−0.074	−0.012	−0.040	1.000							
公司创业年限	2.180	0.842	0.016	−0.167*	−0.059	−0.088	−0.092	0.485**	1.000						
员工人数	1.730	0.715	−0.019	0.096	−0.093	−0.020	0.008	0.531**	0.295**	1.000					
行业类型	5.650	2.567	0.007	−0.033	0.037	0.112	0.077	0.055	0.021	0.068	1.000				
创业倦怠	2.224	0.768	0.078	−0.035	−0.064	0.134*	0.086	−0.109	−0.057	−0.083	0.018	1.000			
创业坚持行为	3.782	0.956	−0.048	0.048	0.069	−0.171*	−0.132	0.087	0.070	0.094	−0.025	−0.842**	1.000		
新创企业绩效	3.656	1.036	−0.048	−0.018	0.024	−0.149*	−0.128	0.107	0.064	0.127	0.016	−0.776**	0.800**	1.000	
创业韧性	3.584	1.156	−0.077	0.037	0.011	−0.127	−0.089	0.036	0.023	0.082	0.015	−0.836**	0.807**	0.764**	1.000

注：** 在 0.01 级别（双尾），相关性显著。* 在 0.05 级别（双尾），相关性显著。N = 218。

资料来源：笔者根据 SPSS 软件分析结果整理。

二、回归分析

1. 创业倦怠与新创企业绩效

本部分将新创企业绩效作为因变量，创业倦怠作为自变量进行回归分析，以探究创业倦怠对新创企业绩效的影响效应。首先，由所有控制变量，包括性别、文化程度、家庭雇佣、企业发展阶段、企业成立年限、员工人数和企业所属行业，与新创企业绩效构建模型 1；其次，在此基础上加入创业倦怠变量构建模型 2。对两个模型进行回归分析，所得结果如表 5-17 所示。

表 5-17　创业倦怠与新创企业绩效回归分析结果

变量	新创企业绩效					
	模型 1	容差	VIF	模型 2	容差	VIF
控制变量						
性别	-0.114	0.891	1.123	-0.021	0.888	1.126
文化程度	-0.062	0.910	1.099	-0.098	0.909	1.100
家庭雇佣	0.041	0.929	1.077	-0.061	0.925	1.081
企业发展阶段	0.082	0.590	1.694	-0.029	0.586	1.706
企业成立年限	-0.017	0.721	1.386	-0.015	0.721	1.386
员工人数	0.143	0.691	1.447	0.118	0.691	1.448
企业所属行业	0.009	0.976	1.024	0.011	0.976	1.025
自变量						
创业倦怠				-1.042***	0.955	1.047
F	1.087			33.037***		
R^2	0.045			0.615		
ΔR^2	0.004			0.596		
DW 值	2.436			1.852		

注：* 表示显著性水平 $p<0.05$；** 表示显著性水平 $p<0.01$；*** 表示显著性水平 $p<0.001$。

资料来源：笔者根据 SPSS 软件计算结果整理。

首先，从回归分析结果可以看出，加入自变量创业倦怠后，模型解释力由 0.4%增加 59.6%，回归解释力显著提升。其次，在共线性检验方面，模型 2 变量容差值均高于 0.1，方差膨胀因子 VIF 值均低于 10，杜宾—瓦特森检验 DW 值为 1.852，接近标准水平值 2，说明变量间多重共线性问题并不严重。标准化残差分布与正态分布相似，说明该模型受异方差影响较低。最后，创业倦怠变量回归系数为-1.402，说明创业倦怠在 $p<0.001$ 的显著性水平下对新创企业绩效产生负向影响。

回归分析结果表明，研究假设一成立，即创业倦怠对新创企业绩效有显著的负向影响。

2. 创业倦怠与创业坚持行为

本部分将创业坚持行为作为因变量，创业倦怠作为自变量进行回归分析，以探究创业倦怠对创业坚持行为的影响效应。首先，由所有控制变量，包括性别、文化程度、家庭雇佣、企业发展阶段、企业成立年限、员工人数和企业所属行业，与创业坚持行为构建模型 1；其次，在此基础上加入创业倦怠变量构建模型 2。对两个模型进行回归分析，所得结果如表 5-18 所示。

表 5-18 创业倦怠与创业坚持行为回归分析结果

变量	创业坚持行为					
	模型 1	容差	VIF	模型 2	容差	VIF
控制变量						
性别	−0.046	0.891	1.123	0.046	0.888	1.126
文化程度	0.070	0.910	1.099	0.034	0.909	1.100
家庭雇佣	0.149	0.929	1.077	0.048	0.925	1.081
企业发展阶段	0.063	0.590	1.694	−0.047	0.586	1.706
企业成立年限	0.032	0.721	1.386	0.034	0.721	1.386
员工人数	0.075	0.691	1.447	0.050	0.691	1.448
企业所属行业	−0.005	0.976	1.024	−0.002	0.976	1.025
自变量						
创业倦怠				−1.039***	0.955	1.047
F	1.226			52.157***		
R^2	0.050			0.916		
ΔR^2	0.009			0.702		
DW 值	2.473			2.159		

注：* 表示显著性水平 $p<0.05$；** 表示显著性水平 $p<0.01$；*** 表示显著性水平 $p<0.001$。

资料来源：笔者根据 SPSS 软件计算结果整理。

首先，从回归分析结果可以看出，加入自变量创业倦怠后，模型解释力由 0.9%增加到 70.2%，回归解释力显著提升。其次，在共线性检验方面，模型 2 变量容差值均高于 0.1，方差膨胀因子 VIF 值均低于 10，杜宾—瓦特森检验 DW

值为 2.159，接近标准水平值 2，说明变量间多重共线性问题并不严重。标准化残差分布与正态分布相似，说明该模型受异方差影响较低。最后，创业倦怠变量回归系数为-1.039，说明创业倦怠在 $p<0.001$ 的显著性水平下对创业坚持行为产生负向影响。

回归分析结果表明，研究假设二成立，即创业倦怠对新创业坚持行为有显著的负向影响。

3. 创业坚持行为与新创企业绩效

本部分将新创企业绩效作为因变量，创业坚持行为作为自变量进行回归分析，以探究创业坚持行为对新创企业绩效的影响效应。首先，由所有控制变量，包括性别、文化程度、家庭雇佣、企业发展阶段、公司成立年限、员工人数和企业所属行业，与新创企业绩效构建模型 1；其次，在此基础上加入创业坚持行为变量构建模型 2。对两个模型进行回归分析，所得结果如表 5-19 所示。

表 5-19　创业坚持行为与新创企业绩效回归分析结果

变量	新创企业绩效					
	模型 1	容差	VIF	模型 2	容差	VIF
控制变量						
性别	-0.114	0.891	1.123	-0.074	0.890	1.123
文化程度	-0.062	0.910	1.099	-0.122	0.908	1.102
家庭雇佣	0.041	0.929	1.077	-0.088	0.923	1.083
企业发展阶段	0.082	0.590	1.694	0.027	0.589	1.697
企业成立年限	-0.017	0.721	1.386	-0.045	0.721	1.387
员工人数	0.143	0.691	1.447	0.078	0.689	1.450
企业所属行业	0.009	0.976	1.024	0.013	0.976	1.025
自变量						
创业坚持行为				0.866***	0.950	1.053
F	1.087			38.713***		
R^2	0.045			0.652		
ΔR^2	0.004			0.635		
DW 值	2.436			2.082		

注：* 表示显著性水平 $p<0.05$；** 表示显著性水平 $p<0.01$；*** 表示显著性水平 $p<0.001$。

资料来源：笔者根据 SPSS 软件计算结果整理。

首先，从回归分析结果可以看出，加入自变量创业坚持行为后，模型解释力由 0.4%增加 63.5%，回归解释力显著提升。其次，在共线性检验方面，模型 2 变量容差值均高于 0.1，方差膨胀因子 VIF 值均低于 10，杜宾—瓦特森检验 DW 值为 2.082，接近标准水平值 2，说明变量间多重共线性问题并不严重。标准化残差分布与正态分布相似，说明该模型受到异方差影响较低。最后，创业坚持行为变量回归系数为 0.866，说明创业坚持行为在 $p<0.001$ 的显著性水平下对新创企业绩效产生正向影响。

回归分析结果表明，研究假设三成立，即创业坚持行为对新创企业绩效有显著的正向影响。

第四节　中介效应检验与调节效应检验

一、中介效应检验

如果自变量 X 本身会对因变量 Y 产生影响，同时 X 还可以通过变量 M 对 Y 产生影响，则可以将变量 M 称为中介变量。中介效应检验有以下几种方法：传统检验变量中介作用主要用逐步回归的方法依次检验回归系数，并依据以下标准进行判定：仅存在自变量和因变量情况下，将两者回归系数记为 c；将自变量对中介变量影响的回归系数记为 a；将中介变量对因变量影响的回归系数记为 b；加入中介变量后，将自变量对因变量影响的回归系数记为 c′。如果加入中介变量后，自变量显著影响因变量，或对整体模型中任何一个变量而言，在控制该变量前面变量情况下，仍对后续变量产生显著影响，则表明中介变量发挥部分中介作用；如果在控制中介变量的情况下，自变量不再对因变量产生显著影响，则表明中介变量发挥完全中介作用。

同时，也可以使用计算中介变量两端路径上回归系数的乘积项 ab 的方式进行中介效应检验，若 ab 显著，则拒绝原假设，中介效应成立。但此种方法遭到学者们的质疑。Preacher 和 Hayes（2004）认为，乘积项 ab 可能不满足正态分布的分析标准。为此他们提出使用 Bootstrap 方法验证变量中介效应，当满足 95%的置信区间的上限（BootULCI）与下限（BootLLCI）之间不包含 0 值时证明中介作用成立。

本书使用 SPSS. 26 软件中的 Process 插件，选择 Bootstrap 方法对创业坚持行为的中介效应进行验证。首先，加入性别、文化程度、家庭雇佣、企业发展阶段、企业成立年限、员工人数和企业所属行业等作为控制变量；其次，加入自变量创业倦怠、中介变量创业坚持行为和因变量新创企业绩效；最后，选择 Model4

在95%的置信区间水平下对变量间显著性进行检验。

由表5-20可知：自变量创业倦怠与因变量新创企业绩效之间存在显著的负相关关系（B=-0.776，t=-17.730，p<0.001），加入创业坚持行为这一中介变量后，创业倦怠对新创企业绩效负向影响仍然显著，但得到缓解（B=-0.347，t=-4.764，p<0.001），同时，创业坚持行为对新创企业绩效具有显著的正向促进作用（B=0.510，t=7.022，p<0.001）。

表5-20　回归检验分析结果

变量	创业坚持行为		新创企业绩效（一）		新创企业绩效（二）	
	B	t	B	t	B	t
性别	0.028	0.739	0.004	0.083	-0.011	-0.266
文化程度	0.027	0.695	-0.054	-1.206	-0.068	-1.674
家庭雇佣	0.051	0.693	-0.026	-0.575	-0.039	-0.974
企业发展阶段	-0.049	-0.837	-0.019	-0.336	0.002	0.033
企业成立年限	0.042	0.843	-0.005	-0.093	-0.023	-0.511
员工人数	0.049	0.823	0.076	1.463	0.057	1.222
企业所属行业	-0.004	-0.297	0.025	0.583	0.031	0.791
自变量						
创业倦怠	-0.841	-22.411***	-0.776	-17.730***	-0.347	-4.764***
中介变量						
创业坚持行为					0.510	7.022***
F	40.793***		50.118***		64.865***	
R^2	0.610		0.684		0.713	

注：*表示显著性水平p<0.05；**表示显著性水平p<0.01；***表示显著性水平p<0.001。

资料来源：笔者根据SPSS软件计算结果整理。

此外，创业倦怠对新创企业绩效影响的直接效应、创业坚持行为的中介效应在Bootstrap 95%置信区间的中上限和下限数值均不包含0，表明创业倦怠不仅能对新创企业绩效产生直接影响，同时能通过创业坚持行为的中介作用影响新创企业绩效。直接效应（-0.467）和中介效应（-0.579）分别占总效应（-1.046）的44.67%、55.33%。总效应、直接效应及中介效应检验结果如表5-21所示。

表 5-21　总效应、直接效应及中介效应检验结果

	效应值	BootSE	BootCI 下限	BootCI 上限	效应占比（%）
创业坚持行为间接效应	-0.579	0.148	-0.894	-0.326	55.33
直接效应	-0.467	0.161	-0.749	-0.113	44.67
总效应	-1.046	0.084	-1.203	-0.874	

注：数据分析结果保留 3 位小数。

资料来源：笔者根据 SPSS 软件计算结果整理。

二、调节效应检验

如果自变量 X 与因变量 Y 之间的关系受到第三个变量 M 的影响，则称 M 为调节变量。本书严格按照调节效应验证逻辑，首先，在进行数据分析前，为降低模型间共线性问题，笔者对相关研究变量数据进行了标准化处理。其次，选择使用层次回归法检验创业韧性在创业倦怠与创业坚持行为间的调节作用。将创业倦怠作为自变量，创业坚持行为作为因变量，创业韧性作为调节变量，同时加入性别、文化程度、家庭雇佣、企业成立年限、员工人数和企业所属行业等控制变量，将各变量与交互项进行回归，分析结果如表 5-22 所示。由表 5-22 中模型三可知，加入调节变量后，创业倦怠与创业韧性的交互项显著影响创业坚持行为（$B=0.506$，$p<0.001$）。因此，创业韧性调节了创业倦怠负向影响创业坚持行为，假设五得到验证。

表 5-22　创业韧性调节效应回归检验结果

变量	模型一		模型二		模型三	
	B	t	B	t	B	t
性别	-0.028	-0.396	0.033	0.922	0.031	1.027
文化程度	0.044	0.639	0.021	0.598	0.03	0.993
家庭雇佣	0.079	1.125	0.043	1.177	0.034	1.118
企业成立年限	0.06	0.748	0.007	0.167	0.011	0.308
员工人数	0.067	0.825	0.021	0.502	0.005	0.149
企业所属行业	-0.034	-0.493	-0.023	-0.657	-0.023	-0.795
创业倦怠			-0.545***	-8.442	-0.232***	-3.622
创业韧性			0.351***	5.46	0.224***	4.018
交互项					0.506***	9.295

续表

变量	模型一		模型二		模型三	
	B	t	B	t	B	t
R^2	0.021		0.748		0.822	
调整后的 R^2	-0.007		0.738		0.814	
F	0.766		77.49***		106.622***	

注：＊表示显著性水平 p<0.05；＊＊表示显著性水平 p<0.01；＊＊＊表示显著性水平 p<0.001。
资料来源：笔者根据 SPSS 软件计算结果整理。

为了更加清晰、直观展示创业韧性在创业倦怠与创业坚持行为间的调节作用，通过简单斜率分析，本书绘制了高、低不同程度创业韧性条件下与创业倦怠和创业坚持行为的关系图（见图 5-2）。

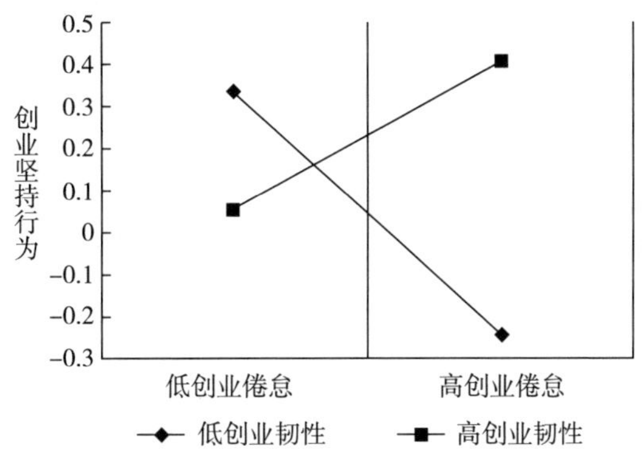

图 5-2　创业韧性在创业倦怠与创业坚持行为间调节效应分析

资料来源：笔者根据 SPSS 软件计算结果绘制。

参照 Hayes（2007）提供的方法，本书使用 SPSS26.0 中 Process 插件对被调节的中介模型进行了显著性检验，验证结果如表 5-23 所示。从 Process 输出的数据可知，有调节的中介模型效应值为 0.256，标准误为 0.7。在 95%置信区间上限为 0.140，下限为 0.412，区间内不包含 0 值。因此，模型调节的中介效应存在。处于低创业韧性时，条件间接效应显著，效应值为-0.826，标准误为 0.7。在 95%置信区间上限为-0.963，下限为-0.689，区间内不包含 0 值；处于高创业韧性时，条件间接效应同样显著，效应值为 0.249，标准误为 0.121。在 95%置信区间上限为 0.011，下限为 0.487，区间内不包含 0 值。综上所述，创业韧性调节了创业坚持行为对创业倦怠和新创企业绩效间所起的中介作用。创业韧性水平越高，越能抑制创业倦怠的负向影响，从而使创业坚持行为在创业倦怠与新创企业绩效间中介作用得到增强。假设六得到验证。

表 5-23　创业韧性调节创业坚持行为在创业倦怠与新创企业绩效间中介作用

调节变量	条件间接效应					有调节的中介效应			
创业倦怠	效应	标准误	T 值	95%置信区间		效应	标准误	95%置信区间	
				上限	下限			上限	下限
低创业韧性	-0.826	0.070	-11.873	-0.963	-0.689	0.256	0.070	0.140	0.412
高创业韧性	0.249	0.121	2.063	0.011	0.487				

资料来源：笔者根据 SPSS 软件计算结果整理。

第五节　研究假设验证

一、研究假设汇总

本书首先通过梳理创业倦怠、创业坚持行为、新创企业绩效和创业韧性等相关理论和文献，提出六项研究假设。其次使用 SPSS 26.0 及 AMOS 24.0 统计分析软件进行数据分析和处理，最终验证了创业倦怠、创业坚持行为、新创企业绩效和创业韧性等变量间的相互关系。最后，笔者对研究假设验证结果进行整理汇总，如表 5-24 所示。

表 5-24　研究假设验证结果汇总

假设	假设内容	验证结果
假设一	创业倦怠对新创企业绩效有显著的负向影响	通过
假设二	创业倦怠对创业坚持行为有显著的负向影响	通过
假设三	创业坚持行为对新创企业绩效有显著的正向影响	通过
假设四	创业坚持行为在创业倦怠与新创企业绩效间发挥中介作用	通过
假设五	创业韧性缓和了创业倦怠与创业坚持行为间的关系，即创业韧性水平越强，创业倦怠对创业坚持行为负向影响越弱，反之越强	通过
假设六	创业韧性调节了创业坚持行为在创业倦怠与新创企业绩效间的中介作用。创业韧性水平越高，越能抑制创业倦怠的负向影响，从而促进创业坚持行为在创业倦怠与新创企业绩效间的中介作用增强；反之则削弱此种作用	通过

资料来源：笔者根据结果整理。

二、研究假设结果讨论

1. 创业倦怠、创业坚持行为与新创企业绩效

（1）创业倦怠和新创企业绩效。由相关性检验和回归分析结果可知，创业倦怠与新创企业绩效存在负相关性（$r=-0.776$，$p<0.01$），且创业倦怠会对新创企业绩效产生显著的负向影响（$B=-1.042$，$p<0.001$）。因此假设一成立，即创业者创业倦怠能够抑制新创企业绩效提升。实证研究结果表明，拥有创业倦怠情感的创业者会逐渐丧失创业动力，对待创业活动的态度发生转变，创业信心和创业承诺下降，对企业绩效产生负面影响，甚至直接导致创业活动的失败。即使对那些发展较为成熟的企业而言，创业倦怠的破坏力也是惊人的。倦怠氛围会造成团队核心人员退出现象，使企业核心业务遭到损害，丧失市场竞争优势。因此，创业倦怠会造成新创企业绩效水平下降。

（2）创业倦怠和创业坚持行为。由相关性检验和回归分析结果可知，创业倦怠与创业坚持行为存在负相关性（$r=-0.842$，$p<0.01$），且创业倦怠会对创业坚持行为产生显著的负向影响（$B=-1.039$，$p<0.001$）。因此假设二成立，即创业者的创业倦怠会降低创业者坚持创业行为产生。实证研究结果表明，在面对是否继续创业的抉择时，被创业倦怠笼罩的个体更倾向选择创业退出，终止创业活动。创业倦怠者表现出情绪衰竭、与人疏远、自我否定等特点，主动逃避新出现的机会与挑战，对创业目标的追求与渴望消失殆尽。同时，他们会将创业过程中发生的负面事件无限放大，并成为终止创业行为的原因，最终迫于种种困扰选择创业退出。因此，创业倦怠会阻碍创业者持续的创业坚持行为产生。

（3）创业坚持行为和新创企业绩效。由相关性检验和回归分析结果可知，创业坚持行为与新创企业绩效存在正相关性（$r=0.800$，$p<0.01$），且创业坚持行为会对新创企业绩效产生显著的正向影响（$B=0.866$，$p<0.001$）。因此假设三成立，即创业者坚持行为能促进新创企业绩效提升。实证研究结果表明，拥有创业坚持行为的创业者创业成功的可能性更高。他们在长期的创业活动中，不断发掘新的市场机会，并合理利用已有资源实现企业绩效的转化和提升。即使在身处困境的情况下，也不轻言放弃，凭借顽强的毅力积极、主动寻求解决办法，始终为实现创业目标努力奋斗。为此，创业坚持行为能对新创企业绩效产生持续的、积极的促进作用。

2. 创业坚持行为的中介作用

本书应用 Bootstrap 方法对创业坚持行为的中介效应进行验证。数据分析结果显示，加入创业坚持行为这一中介变量后，自变量创业倦怠对新创企业绩效负向影响仍然显著（$B=-0.776$，$p<0.001$），但得到缓解（$B=-0.347$，$p<0.001$）。

同时，创业倦怠对新创企业绩效影响的直接效应、创业坚持行为的中介效应在Bootstrap 95%置信区间的中上限和下限数值均不包含0，表明创业倦怠不仅能对新创企业绩效产生直接影响，同时能通过创业坚持行为的中介作用影响新创企业绩效。因此假设四成立。实证研究结果表明，具有创业坚持行为的创业者始终保持对创业目标的高度追求，坚持不懈、不轻言放弃的性格提升了企业生存的概率，即便可能受到倦怠情绪的困扰，但也只是小幅度影响创业动力。消极情绪的影响只是暂时的，通过短暂的调整能快速恢复，他们继续保持创业活动，直至获得成功。因此，创业坚持行为在创业倦怠和新创企业绩效间发挥显著的中介作用。

3. 创业韧性的调节作用

由层次回归分析结果可知，创业倦怠变量和创业韧性特质变量的交乘项的回归系数显著（$B=0.506$，$p<0.001$），说明创业韧性变量的加入使创业倦怠对创业坚持行为的负向影响减弱。验证了创业韧性负向调节了创业倦怠与创业坚持行为关系的假设。因此，假设五成立。同时，Bootstrap 检验分析结果显示，有调节的中介模型显著（Effect = 0.256，SE = 0.07，95%CI [0.140，0.412]，区间不包含0值），说明创业韧性调节了创业坚持行为在创业倦怠和新创企业绩效间的中介作用，因此假设六成立。实证研究结果表明，创业韧性作为创业者独有的一种特质属性，能帮助创业者在困境中抵御创业倦怠消极情绪的干扰，乐观、自我效能感等有利于积极心理因素产生，自身风险预防意识和抵御水平得到提升，使创业者在保持良好情绪状态的同时，有能力保持有效的创业行为。同时，创业韧性水平越高，越能抑制创业倦怠的负向影响，这一行为能使企业发展注入活力和动力，进而促进创业企业在长期过程中绩效水平的提高。

第六节　本章小结

一、理论贡献

第一，本书通过对倦怠相关文献的阅读和整理，在创业倦怠与职业倦怠比较分析的基础上，基于情绪、认知、动机三要素定义创业倦怠的内涵，完善创业倦怠理论研究。目前，已有创业倦怠的研究多沿用传统职业倦怠的理论构建、研究方法，缺乏属于自身的研究体系和框架。随着“双创”浪潮的兴起，创业研究是一个独特领域并逐渐获得学者们的认可。为此，本书将创业倦怠与职业倦怠进行了概念区分，划分创业倦怠构成维度，凸显其独特性，对于推动创业倦怠研究具有重要理论意义。

第二，本书应用多种研究方法，包括访谈法、案例研究法、问卷调查法、因子分析法，对创业倦怠这一现实现象进行深入的理论分析。前期通过对多位创业者进行现场访谈获得与创业倦怠相关资料，在此基础上构建创业倦怠研究案例库，通过规范的编码程序提取构成维度，并编制创业倦怠量表和测量问卷，通过探索性因子分析和验证性因子分析方法对其信度和效度进行验证。另外，构建创业倦怠实证检验模型，尝试揭示创业倦怠影响和调节机制。

第三，本书从现实问题出发凝练理论，并通过理论研究提出缓解创业倦怠的路径和方法，形成“发现问题—理论提炼—解决问题”的闭环研究。创业倦怠是普遍存在的一种现象，但由于创业研究中“情感偏见”问题的存在，并未得到关注。与创业成功、创业激情等积极创业情感相比，处于“阴暗面”的创业倦怠消极情感更应引起重视。当前受新冠肺炎疫情影响，创业者承担着较大的创业风险和压力，更容易受到倦怠情绪的侵蚀。有效解决创业倦怠问题能为创业者注入源源不断的动力，提升创业成功的概率。为此，本书将倦怠理论延伸至创业领域，丰富了已有创业情绪研究框架，为创业研究提供了新的思路和方向，为后续创业倦怠相关研究奠定了理论基础。

二、实践启示

第一，从创业者角度考虑，本书对创业倦怠现象进行了全面剖析，从创业倦怠的内涵界定、维度划分、量表改编、实证检验等角度展开研究，并初步尝试对创业倦怠的克服机制展开讨论，以帮助创业者消解倦怠情绪。同时，本书归纳总结了创业者如何更好地化解创业倦怠感，提升自身创业激情，为创业者进一步有效开展创业活动提供支撑。

第二，从政府部门角度考虑，自“大众创新，万众创业”的双创口号提出以来，创业热潮不断涌现，政府等相关部门在其中发挥着重要的推动作用。本书重点关注创业倦怠这一负面情绪，研究成果将为创业相关部门提供对策建议，科学有效引导创业者创业，为相关部门制定创业政策提供借鉴。

第三，从现实角度考虑，创业倦怠情绪在创业活动中普遍存在。进行创业倦怠概念的内涵界定和维度测量有助于引起学者的重视程度并开展更深一步的相关研究。本书成果不但可以为其他学者提供研究思路参考和借鉴，还可以将研究成果中的部分内容与教学案例相结合，为创新创业课程提供教学材料支持。

第六章　企业家行为与科技型创业企业转型发展

随着技术的不断发展和进步，科技型中小企业在促进经济增长中的作用越来越重要。企业家作为企业的主体，其行为往往会对企业转型升级产生重要影响。本章针对企业家群体，探索企业家作为领导者在科技型中小企业转型发展中的重要作用。本章将在科技型中小企业转型升级的情境下，以转型态度、主观规范和知觉行为控制等影响企业家行为的因素为前因变量，引入转型意图作为中介变量，并考虑环境不确定性的调节作用，构建理论模型。运用因子分析的方法对提出的假设加以验证。本章将对企业家在科技型中小企业转型发展中的行为机理展开探讨，并揭示环境不确定性在这一过程中所发挥的重要作用。

第一节　前导性案例研究

一、公司背景简介

QWT 是一家专门生产新能源产品的高科技企业。该公司成立于 2005 年，目前已经形成科学研发、产销一体、优质服务的产品网络模式。QWT 以其优质的产品质量、完善的售后服务，在国内各项评比赛事中数次获奖。公司对于技术创新尤为重视，将科技创新作为企业发展的重要动力。目前为止，公司已申请新型专利 150 余项，结合企业实际特点可将其认定为成长迅速的科技型中小企业。

二、目标案例

本章将采用理论抽样对案例进行筛选。案例研究作为一种广泛应用的研究方法，本质上是对现有理论的延伸和发展，所以选择理论抽样方法有理有据

(Eisenhardt，2007)。企业家个体行为的灵活性和自主性在科技型中小企业中体现得尤为明显，与大型企业相比，科技型中小企业受到来自体制等客观因素影响程度相对较小。为此本书将 QWT 公司作为研究对象，并根据典型性原则和系统抽样原则选择研究案例。公司本身具有较强的发展动力，企业创始人及高层管理人员从公司成立之初便强调发展的重要性。随着市场竞争越发激烈，企业先后两次进行了转型，以便抓住发展机遇，不断完善企业制度、经营策略等。综上所述，QWT 公司经历符合本书内容，在实地调研后能够发掘出具有较高的研究价值的信息。因此，本书将选取 QWT 公司作为研究对象。案例信息见表 6-1。

表 6-1　企业家行为与企业转型关系的关键事件

关键事件	第一次转型（突破式转型）	第二次转型（渐进式转型）
时间	2008 年	2004 年
企业行为	放弃原有业务转向新的市场	使 QWT 生存下去
企业家心理	想使 QWT 进军世界 500 强	使 QWT 生存下去
概况	QWT 成立后的主营业务为电空调，但市场毛利小，公司主要收入来自为 LG 代工，没有自己的核心技术，无法达到想使 QWT 进入世界 500 强的战略目标，因此毅然放弃现有业务而生产太阳能空调	引进融资总监，解决融资问题，重视研发，成功研发了燃气热泵，且国内只 QWT 一家掌握了此项技术。在新引进人员的建议下，在保留原有业务的基础上主推燃气热泵
结果	转型失败	涅槃重生

三、研究方法

本书遵照案例研究的规范和步骤展开，之所以采取深度纵向案例研究方法是基于以下原因：①本书所探讨的科技型中小企业转型与企业家行为的关系是一个尚未予以关注的领域，而案例研究适用于某领域研究的早期阶段。②本书旨在探讨中小企业家行为如何影响企业转型，回答的问题属于“如何”的范畴，因此适合采用案例研究的方法。③通过对案例进行深入挖掘和分析，进而构建适宜的理论研究框架。

数据收集是案例研究的重要一环。为了获得有效数据，学者通常会综合使用多种方法。根据数据的来源可将数据分为一手数据和二手数据。一手数据的搜集方法为正式访谈和非正式访谈，二手数据的搜集方法较多，具体包括文献、纸质资料、上市公司年报等。另外，如何提升研究效度也是研究者必须考虑的问题。效度大小在一定程度上体现出研究的准确性。因此，本书将采用三角测量法（Miles and Huberman，1984）来提升研究的效度。

为保证访谈过程和访谈内容的客观性，本书选择使用非结构性和半结构性访谈的方法，笔者在访谈之前拟定访谈提纲，最大程度保证被访者表达出自己的看法。为避免被访者产生疲倦感，笔者将访谈时间控制在 1.5~2 小时。本书的访谈对象共分为五类，分别是企业领导者、高层管理者、产品销售商、基层员工及竞争对手。同时，本书对于信度和效度控制和检验将从构建效度、外在效度、内在效度、信度四个方面进行，如表 6-2 所示。

表 6-2 保证信度和效度的策略

检验	策略	使用阶段	具体做法
构建效度	三角测量法	数据收集	开放式访谈、非正式访谈、企业内部资料、企业网站、媒体访谈
	形成证据链	数据收集	原始资料—重点语句甄选—凝练相关范畴—理论与资料结合—提出理论模型
	报告核实	数据分析	将编码材料给 QWT 高层审核，保证理解准确性
外在效度	理论指导	研究设计	国内外文献分析使研究与文献深度对话
内在效度	模型解释	数据分析	对案例模型进行解释
	模型修正	数据分析	由不同学者对已有模型进行分析，并提出对立数据，进行修正
信度	案例研究大纲	研究设计	在案例研究展开之前由多位研究者进行设计讨论
	建立资料夹	数据收集	将收集到的各种资料进行整理，归类文档
	重复实施	数据分析	迭代往复进行分析，直到达到理论饱和
	多种数据类型呈现	数据收集	多渠道收集数据

四、数据分析

深度内容分析法是进行资料分析的重要方法之一。案例分析中一般需要事先设定理论偏好与假设，而该方法的突出特点是不需要在对案例数据和资料进行分析之前进行上述操作，为此，本书采用深度内容分析法。本书案例数据和资料的具体分析步骤如下：首先挑选合适人选组成分析小组，小组成员人数为 3 人。其次按照资料和数据来源不同进行初步整理和分类，这样可以在一定程度上保证数

据分析的信度，进而对数据来源不同的材料进行语句分析操作，这要求小组成员全员参与，合理分工协助。接下来的工作分为两个步骤进行：第一步为选取标签，标签的内容应包含企业家行为、企业转型等语句；第二步为编码，组内成员按照抽取语句的不同内容分类，将类属相同的语句进行一级编码分析，并将分析所得结果进行整理。本书通过对公司数据及访谈结果的分析发现，企业家行为在QWT的两次转型过程中至关重要。最后通过整理访谈记录，总结出与企业家行为态度、行为规范、知觉行为控制和转型意图等相关语句并生成编码，绘制成表格。整理结果如表6-3所示。通过上述操作完成一级编码后，要将组内各成员所得结论进行汇总比较，若生成的结论存在分歧，应重复上述过程，再次对数据资料中的相关语句进行抽取，直到组内成员对所得结论一致认可。最后将结论中编码作范畴化处理，分析各部分间的内在联系，并在此基础之上作进一步深入分析，旨在得到主范畴和核心范畴，并据此构建模型。

表6-3 访谈记录摘要

代表性语句	编码	
李总要将QWT发展成世界500强（高成就感）；喜欢从事有挑战性的工作	内生态度	行为态度
毅然放弃电空调业务，转向太阳能空调，追求更高的收益，东欧商学院攻读MBA学位（知识储备）	外生态度	
为了扭转大家的思路，当时详细研究了行业标杆企业转型的案例	示范性规范	行为规范
无论何种战略选择，何种转型方向，不顺应国家发展趋势，就将寸步难行，而太阳能等新能源就顺应国家的发展趋势	指令性规范	
李总对自己解决突发情况的能力很有信心，且相信只要自己努力做就会成功	自我效能感	知觉行为控制
拥有国际先进技术，拥有自主知识产权，国内只此一家掌握该项技术，至今QWT集团拥有专利150多项（技术支持）	控制力	
李总经常关注一些新的行业机会	转型意图	
我们企业所在的行业技术变化非常快	技术不确定性	环境不确定性
放弃电空调业务，转向太阳能空调，但是太阳能空调市场与预期产生差距（市场需求难以预测）	需求不确定性	
市场的竞争态势（参与者、供求活动）难以预测，有时也会成为转型的难点	竞争不确定性	

注：括号内文字是笔者根据原文意思进行注释。

五、案例发现

核心技术是企业长久发展的生命力。在科技型中小企业发展过程中，拥有核心技术代表着拥有较高的市场竞争能力，而决定这些企业未来发展过程中生死存亡的关键则是是否拥有掌握核心技术的企业家的行为。在高度竞争的市场环境下，科技型中小企业面临着进退两难的困境。转型过程充满未知因素，很可能走进死胡同，最后导致转型失败。而不进行变革就难以适应市场的快速发展，逐渐被市场所淘汰。这种来自于市场的外部未知压力随时可能给企业带来毁灭性的打击，使企业束手无策，只能被动接受（Thomas and Anders，2008）。然而有学者对此持有不同的看法，Burnes（2004）认为，虽然企业在转型过程中充满着不可预测的危险，但企业家和高层管理者团队可以对此制定相应的策略，依靠相适应的转型模式来改变这种被动的处境。从微观视角来看，企业家转型意识决定着企业家转型意图，并深刻地影响着后续企业转型行为，而转型过程中策略的选择往往受到企业转型意图的引导作用的影响（Bai，Duarte and Guo，2016）。据此，为进一步探究企业家行为在科技型中小企业转型过程中所起到的重要作用，本书通过对企业家行为在 QWT 公司转型过程中的影响分析，并结合相关数据资料的整理，依据 Bai 等（2016）的研究成果，本书得到了企业转型过程模型（见图 6-1）。

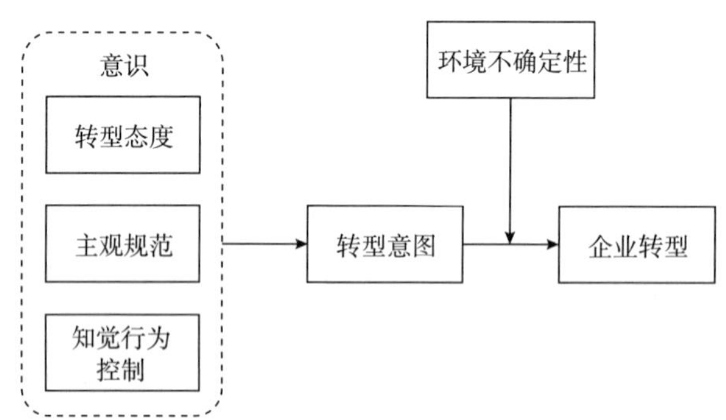

图 6-1 企业家行为与企业转型过程模型

根据上述模型，可以对企业转型过程中企业家行为所起到的重要作用有一个初步了解，并归纳出转型过程的一般性框架结构。本书通过对 QWT 公司相关资料整理及对上述模型分析发现：企业家转型态度、主观规范和知觉行为控制等隶属于企业家意识范畴，它们对于企业家转型意识有着明显的积极影响。同时企业家转型意图在整个企业转型过程中发挥着承上启下的支持性作用。企业转型研究应该充分考虑实际情境，相关概念的提出和变量的具体测量也应重视实际情境状况，但学者在较早的研究中往往忽视了这些内容（Yukl，2006）。事实上，具体的企业转型行为与企业转型的具体内容有着高度相关性，这是因为企业转型过程中拥有着不同的转型任务，受个体主观态度的影响，对于不同的企业家个体而言，他们对此有着不一样的见解和行为反应（Yukl，2006）。因此环境不确定性在企业转型过程中的重要性也应被研究者所考虑。

通过对 QWT 公司的案例研究发现，企业家行为在企业转型升级的过程中发挥着重要作用，积极的企业家行为会引导企业转型向着积极的方向发展，并对转型战略的成功实施具有重要意义。企业家行为不但影响着企业转型方向的选择，同时还影响着转型具体实施过程的效果的好坏，其重要性不言而喻。企业转型方向的选择受到外部环境的影响，需要企业家在不可预测的条件下做出理性判断，而企业转型具体实施过程则取决于企业家转型意图的强弱。

本书主要采用案例研究的方法，在对 QWT 公司相关数据分析、整理基础之上，构建企业家行为与企业转型过程模型。本章的书写目的主要表现在两个方面：一方面，由于所处情境不同，企业家个体行为表现出较为明显的差异性。虽然对已有成熟理论和文献的梳理可以为之后的实证模型建立和研究提供支持，但是企业转型的形式是多种多样的。同时，外部市场的不可预见性及企业内部的未知因素加剧了企业转型过程中的困难程度。这使得结合实际情境对研究问题展开探究变得尤为重要。另一方面，实际访谈资料中含有大量有价值信息，对这些信息的有效抽取将为后续研究中相关行为变量的准确测量提供更多的第一手观察数据。

第二节　理论模型构建

企业家在企业发展过程中的重要性不言而喻，对于科技型中小企业而言，企业家敏锐地观察市场变化，善于发现机遇，引领企业发展，在企业成长过程中扮演灵魂人物的角色。企业家行动计划会影响到企业发展方向，企业家采取的行为决策是一个具有明确意图的过程。本书依据 Ajzen 所提出的计划行为理论，对科技型中小企业家行为与企业转型的关系展开探讨。意图能够对个体的行为产生影响。在心理学研究中，意图被学者视为最好的预测计划行为的指标（张爱丽，2010）。企业家行为在企业转型过程中实质上是一种意图的过程，这与计划行为理论所阐述的内容相符合。企业转型不是简单的照抄照搬，而是需要结合实际，制定有效策略实施企业转型。

通过对企业转型影响因素的相关文献系统整理和分析可以看出，当前经济环境下科技型中小企业转型是必然趋势。企业家掌握着企业转型过程中的绝对领导权力，其意图和行为对企业转型成败产生直接影响。但通过对过去文献梳理发现，学者在研究中往往忽视了企业家行为这一影响科技型中小企业转型发展的关键变量，当前研究也缺乏对此概念的系统性整理。为此，本书在对企业家行为开展研究的过程中引入了计划行为理论，以此为后续假设的提出奠定理论基础。

一、转型态度、主观规范、知觉行为控制与转型行为的关系

由于不确定因素的存在，个体在执行某些行为时会遇到阻碍。那些具有较高感知行为控制的个体通常表现出更强的意志力，倾向于完成行为执行过程（Ajzen，1991）。学者将感知行为控制描述为一个未来积极的预测因子行为。比如在日常生活中存在的戒烟这一行为，每个想戒烟的人都知道，影响这种行为成功的因素很多。根据计划行为理论，当个体具有较高的感知行为控制时，其受到外界因素影响较小，更容易克服戒烟过程中产生的种种障碍（Antony，Manstead and Sander，1998）。企业家更加注重企业转型结果，并会在转型之前对其作出评估。而在转型过程之中，企业家会受到来自本身和外界多方的压力，比如企业家自身对企业转型的态度以及外界对企业转型的舆论。

（1）转型态度与转型行为的关系。学者将态度定义为一种个体对从事的某个特定行为偏好程度的评估（段文婷等，2008）。Phill 等（2002）根据来源方式的不同，将态度划分为内生态度和外生态度两种形式。本书认为，这两种态度形式同样存在于企业转型过程中。所以本书将科技型中小企业转型态度定义为一种企业家对于企业转型这一行为的偏好程度的评估，这种评估存在内生与外生之分。其中，内生态度是指源自企业家内心的自我满足感或强烈成就感下所产生的企业转型行为的偏好程度评估，相对而言，外生态度则来源于企业家个体之外的因素，具体指由于外在动机而产生的对于企业转型行为偏好程度的评估。

敢于冒险是企业家区别于其他职业的重要特质，企业家对于风险也表现出不同的偏好程度。那些具有较高风险偏好的企业家会更加关注企业或组织内部工作满意程度的追求（张敏和张一力，2016）。企业家这种高风险偏好的特性为企业适应快速变化的市场环境创造了条件。在这种情况下，企业家将以积极的内生态度和企业转型行为努力推动企业转型升级。

企业家外生态度的表现主要来自两个方面：产业环境的转变（马小援，2010）和国家政策的支撑（Gans and Stern，2003）。除此之外，外生态度还应考虑企业实施转型活动后对员工个体行为和企业整体形象所产生的影响。当企业转

型带来的利大于弊时，如企业转型使得企业人员整体素质和企业形象得到提升，企业竞争实力得到增强等，这些外部结果就会刺激并加强企业家对于企业转型行为的偏好程度。Fedor 等选取了 32 个不同性质的企业（国有企业和私营企业）作为研究对象，对其转型行为开展了实证研究。研究发现企业家对于企业转型行为的偏好程度往往产生于企业家对转型活动的判决，若企业转型能够为企业及其员工提供更多益处，那么企业家的转型意图将更加强烈。

综合以上论述，本书的假设如下：

H1a：企业家的内生态度对转型行为有正向作用。

H1b：企业家的外生态度对转型行为有正向作用。

（2）主观规范与企业转型行为的关系。Ajzen（1991）将主观规范定义为个体在外部不可预测的社会环境压力之下对行为决策作出的改变。我国学者段文婷等（2008）按性质不同将主观规范划分为两个规范维度，即指令性规范和示范性规范。本书采用该学者观点，指令性规范体现出上下属之间领导和被领导的关系，具体指企业内部下级对上级颁布指令的服从。示范性规范强调个体或团体的某些行为能够起到模范带头作用。这一对概念同样适合企业家群体，企业家指令性规范是指那些受企业家尊重的个体的某些评价而给企业家自身带来压力；企业家示范性规范是指市场中某些标杆企业或行业领军企业的领导者实施企业转型行为，推进企业转型升级并取得好的结果，在同行业相似企业间发挥出示范作用。

示范作用常出现在企业成功转型之后，且能够鼓励行业其他企业家实施企业转型行为。在成功氛围和集体意识带动之下，未转型的科技型中小企业家会被示范效应所感染熏陶（李柏洲、徐广玉和苏屹，2014），并积极推动企业进行转型。

综合以上论述，本书的假设如下：

H1c：示范性规范对转型行为有正向作用。

H1d：指令性规范对转型行为有正向作用。

（3）知觉行为控制与转型意图的关系。计划行为理论与理性行为理论的不同之处就在于前者不但同意个体行为的实施取决于个体意图的观点，并在此基础之上明确提出控制条件的不充分性为知觉行为控制直接影响个体行为创造必要条件。个体所表现出的对自身行为控制能力的大小程度被称为知觉行为控制。Ajzen（1991）所提出的计划行为理论认为，个体在实际生活中更加追求执行行为取得结果的完美程度，通过数据分析发现，知觉行为控制与自信程度之间存在着密切的正相关关系，那些表现出越高知觉行为控制能力的个体更加自信。学者在此研究基础上对知觉行为控制进行了更加深入的探究，并将其分解成自我效能感和控制力两个维度。

自我效能感是企业家个体对于自身的一种主观评价，并在企业转型过程中发挥着重要作用。自我效能感的强弱与企业家在企业转型活动中所表现出的处理事件的能力和坚持转型的信念密切相关。这种信念能够为企业家带来自信，信念越强，企业家越自信，其推进企业转型的执行力度越大。从企业家个体角度来看，当个人能够控制这些行为的过程和结果时，往往表现出更加明显的行为意图，并且能够快速将行为意图付诸实践（柏帅蛟，2016）。所以，对于企业家而言，在企业转型过程中表现出的控制力越强，其偏向企业转型的意愿越大。

综合以上论述，本书的假设如下：

H1e：企业家自我效能感对转型行为有正向作用。

H1f：企业家的控制力对转型行为有正向作用。

二、转型意图的中介作用

（1）转型态度与转型意图的关系。在特定的环境下，个体对于实施某些特定行为期望值大小和实施这些行动付出的努力程度可以用行为意图来加以衡量。企业家对于科技型中小企业转型的行为意图是指企业家对转型结果的期望和促进转型的努力程度。

企业家风险偏好程度、企业家个人学历和职业经历以及企业家期望成就等都是衡量科技型中小企业企业家内生态度的重要评价标准。个人特质在科技型中小企业的成长过程中起着决定作用（Barkham，1994），而属于风险偏好类型的企业家更容易感知到难以发现的市场机会（张敏和张一力，2016），有学者建立了基于风险厌恶的企业家风险假设系数模型（Kihlstrom and Laffont，1979），并通过该模型得到了风险假设的阈值，以此临界值为分界线对企业家和员工身份进行划分，那些得分较高的个体更加胜任企业家这一角色。科技型中小企业在转型过程中面临着巨大的潜在风险，企业家只有勇于面对这些风险，将个体态度从风险厌恶转变为风险喜好，才能从企业内部产生转型的内在动力。

企业转型不但会对企业内部产生影响，对企业外部的影响同样是巨大的。对企业内部的影响具体表现为员工素质和能力得到提升，企业形象得到改善。对企业外部的影响表现为引起相关市场规则及环境发生改变（马小援，2010）。Gans和Stern（2003）从宏观层面强调了政府等相关部门的政策支持对于企业转型的重要性，企业家对这些外部因素导致的转型偏好结果的评价就是企业家的外生态度。为了规避一些风险，一些企业家，特别是科技型中小企业企业家会选择将企业转型行为与政府政策联系起来（Humphrey and Schmitz，2000）。正是因为这种企业转型的外生性补偿，企业才对转型持有积极的外生态度，从而形成积极的转型意向。

据此，本书提出以下假设：

H2a：企业家的内生态度对企业转型意图有正向作用。

H2b：企业家的外生态度对企业转型意图有正向作用。

（2）主观规范与转型意图的关系。当个别企业转型成功之后，便会获得同行业其他企业关注。特别是对于科技型中小企业而言，它们会受到来自成功转型企业主观规范效应的影响（李柏洲、徐广玉和苏屹，2014），并且愿意积极学习转型成功企业的成功经验（Fisher，2004）。

为此，本书提出如下假设：

H2c：示范性规范对企业转型意图有正向作用。

H2d：指令性规范对企业转型意图有正向作用。

（3）知觉行为控制与转型意图的关系。自信是个体对自我行为的一种肯定评价，自我效能感则是对个体自信程度的具体评价标准，反映了个体对自身行为、能力的主观感受（杨晶照等，2011）。大多数企业忽视了企业转型行为的高风险性，导致企业转型失败（Pellettiere，2006）。而有些企业家对企业转型望而却步，缺乏自信心与进取心，企业发展停滞不前，难以适应市场竞争，最终被淘汰。通常，具有高自我效能感的企业家容易获得更大的成就感，决策实施更有力度，对企业转型持有肯定的态度。同时，他们兼具强大的抗风险能力（陈莹和周小虎，2017）。因此具有高自我效能感的企业家更加偏好企业转型活动。

信心和资源控制能力是企业家在企业转型过程中所必备的，尤其是科技型中小企业家。一方面，企业规模、员工素质等因素会对企业转型造成阻碍，另一方面，科技型中小企业还要应对诸如资金短缺、设备落后等问题。这些因素提升了企业转型失败的可能性。所以，对于科技型中小企业家来说，只有在拥有较强的资源掌握能力的情况下才会尝试进行企业转型，这样能够将不必要的损失降到最低。在避免了不必要的损失的前提下，才会产生转型意图（柏帅蛟，2016）。

据此，本书提出如下假设：

H2e：企业家自我效能感对企业转型意图有正向作用。

H2f：企业家的控制力对企业转型意图有正向作用。

（4）转型意图的中介作用。转型意图指的是在特定的语境环境中所表现出的对某一特定行为的期待，即转化行为的动机。企业家的行为意向往往能够直接决定企业转型行为，同时对转型行为产生积极影响（Ajzen，2002），为实现企业转型成功，企业家愿意付出更多的努力。

通过对上述意向与转型态度、主观规范、感知行为控制之间的关系的分析可以得出，企业家自身积极推进企业转型活动，对转型规范具有较强的感知能力，对企业未来发展充满信心和不可预见的风险越少，那么他们对于企业转型的内在愿望越强烈，越会实施企业转型这一行为。

据此，本书提出以下假设：

H3a：转型意图作为中介变量会强化转型内生态度与企业转型行为之间的正向关系。

H3b：转型意图作为中介变量会强化转型外生态度与企业转型行为之间的正向关系。

H3c：企业转型意图作为中介变量会强化转型示范性规范与转型行为之间的正向关系。

H3d：企业转型意图作为中介变量会强化转型指令性规范与转型行为之间的正向关系。

H3e：转型意图作为中介变量会强化自我效能感与转型行为之间的正向关系。

H3f：转型意图作为中介变量会强化控制力与转型行为之间的正向关系。

三、不确定性的调节作用

计划行为理论作为经典理论引起了学者的广泛关注。通过采用元分析的方法，Armitage 和 Conner（2001）研究认为计划行为理论能够阐释行为意图，并能及时有效地预测行为。然而，我国学者柴晶鑫（2017）研究认为该理论解释力有限，由于行为不同，其预测行为的有效性在 30%~60%。另外，通过元分析结果不难发现，行为意图和行为之间的关系不仅受到行为态度、主观规范和知觉行为控制的影响，同时还会受到其他因素变量的影响。比如企业市场结构能够决定企业行为，进而决定企业绩效，这也正是“结构—行为—绩效”范式所要表达的主要内容（Bain，1956）。企业转型过程中必须考虑环境的不确定因素，特别是在中国经济转型的背景之下，这里的不确定性具体包括技术、需求和竞争等方面内容（付炳海、谢富纪和韩卿等，2016）。当前市场呈现出技术升级速度快、需求变动数量模糊、不同行业竞争者盈利空间压缩等特点，为此，大部分企业正在搜寻潜在的发展机会，并抓住时机进行企业转型升级（贾良定等，2005）。

据此，本书提出如下假设：

H4a：技术不确定性正向调节企业家的转型意图向转型行为转化。

H4b：需求不确定性正向调节企业家的转型意图向转型行为转化。

H4c：竞争不确定性正向调节企业家的转型意图向转型行为转化。

四、模型构建

本章理论模型如图 6-2 所示。

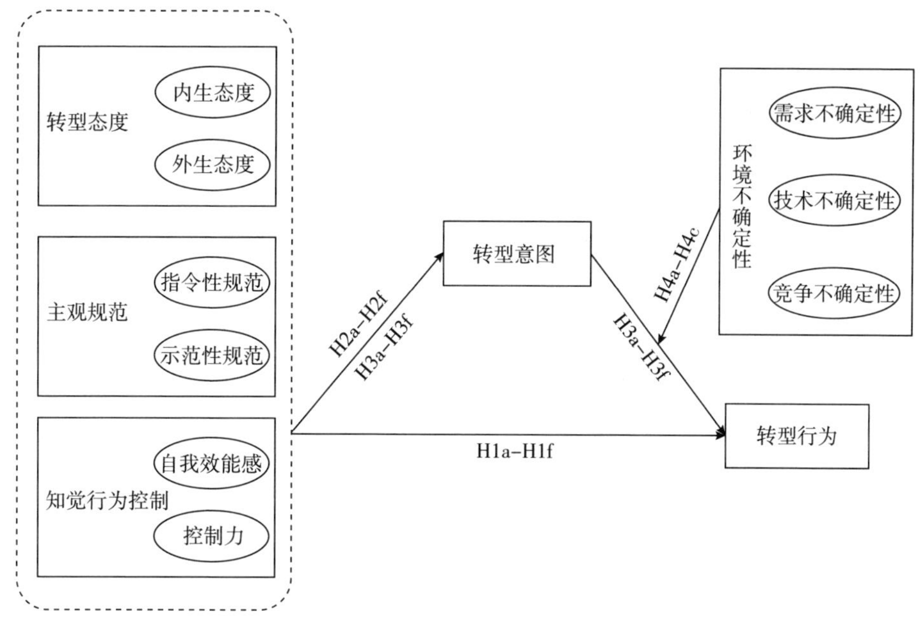

图 6-2　理论模型框架

第三节　企业家行为对科技型创业企业转型成长影响的实证研究

一、变量测量

（1）转型态度变量。本书将借鉴已有成熟量表（Phillip H. Phan，2002）对转型态度变量进行测量。企业家转型态度可分为内生态度和外生态度两个维度。根据该量表，本书得出了科技型中小企业家对于企业转型态度的测量题项，具体如表 6-4 所示。

（2）示范性规范变量。本书将采用 Ajzen（2002）开发的量表对示范性规范变量展开测量，具体测量题项如表 6-5 所示。

表 6-4　转型态度测量题项

变量名称	维度	测量题项	参考文献
转型态度	内生态度	想实施转型是为了证明自己的想法正确	Phillip H. Phan（2002）
		想实施转型是因为喜欢具有挑战性的活动	
		想实施转型是因为追求高成就感	
	外生态度	想要转型是为了追求较高的社会地位或声望	
		想要转型是为了追求更高的经济效益	
		想要转型是为了获得公众认可	

表 6-5　示范性规范测量题项

变量名称	维度	测量题项	参考文献
主观规范	示范性规范	行业标杆企业积极转型	Ajzen（2002）
		行业内有成功转型的典范	
		竞争对手企业在积极转型	
	指令性规范	企业高层认为企业该转型	
		重视的人认为企业应该转型	
		朋友、家人赞同企业进行转型	

（3）知觉行为控制变量。对于科技型中小企业家而言，其在企业转型过程中表现出的知觉行为控制包含自我效能感和控制力两方面内容。具体题项内容见表 6-6。

表 6-6　知觉行为控制测量题项

变量名称	维度	测量题项	参考文献
知觉行为控制	自我效能感	我相信只要我去做，转型就能成功	Carmeli 和 Schaubroeck（2007）
		我对自己解决突发情况的能力很有信心	
		我具有说服别人认同我的观点的能力	
	控制力	我认为企业具备转型所必需的资源（如资金支持、时间和信息等）	Taylor 和 Todd（1995）
		我认为企业转型会在我的控制下进行	
		我认为我具备转型所必需的知识和能力	

（4）转型意图变量。对于转型意图变量，本书引入已有成熟的意图量表

(Fishbein and Ajzen, 1975)，并根据实际情况对量表进行改编。转型意图测量题如表 6-7 所示。

表 6-7　转型意图测量题项

变量名称	测量题项	参考文献
转型意图	我愿意主动寻求新的行业机会	Fishbein 和 Ajzen (1975)
	我愿意针对某一问题思考不同的解决方案	
	我具有相当高的转型意图	

(5) 企业转型行为变量。转型行为是企业转型活动的决定性变量，科技型中小企业家企业转型行为测量题项如表 6-8 所示。

表 6-8　转型行为测量题项

变量名称	测量题项	参考文献
转型行为	我会抓住机会开发新的产品或改变经营方式	张敏、张一力 (2016)
	我会通过企业的转型改善工作绩效	
	我会对企业转型提出适当的计划和进度安排	

(6) 环境不确定性变量。企业转型过程中存在着不可预见的因素，这为企业转型造成了阻碍。本书从技术、需求和竞争三个方面对不确定性展开论证。本书在对已有量表的测试和修正的基础之上，得到企业转型过程中环境不确定性的观察变量和测量题项，如表 6-9 所示。

表 6-9　不确定性的观察变量与测量题项

观察变量	测量题项	参考文献
技术不确定性	企业所在的产业技术变化非常快	Chesbrough 和 Schwartz (2007); Atuahene-Gima、Li Haiyang 和 De Luca (2006)
	技术的变化为产业发展提供了巨大的机会	
需求不确定性	客户的需求非常难以预测	
	市场信息难以获得	
竞争不确定性	与产业相关的深度技术知识资源难以获得	
	市场的竞争态势（参与者、供求活动）难以预测	

二、研究方法

有关企业家行为与科技型中小企业转型关系研究的具体实证分析过程如下：

（1）通过对发放问卷所得到的数据进行分析和整理，将调查对象的基本信息和问卷收发数目进行描述性统计分析。

（2）问卷信度与效度分析。信度与效度的测量是数据分析的重要内容，其中信度主要回答测量结果的一致性、稳定性和可靠性问题，效度主要回答测量结果的有效性和正确性问题。本书采用验证性因子分析的方法，对模型拟合优度进行检验。

（3）观测变量间的相关性分析。

（4）运用结构方程模型对研究假设和中介效应进行检验。

（5）运用层次回归分析法检验环境不确定性的调节效应。

三、数据分析

借助统计分析软件可以快速、准确地对数据进行分析和处理。本书选择使用SPSS23.0及AMOS22.0等软件对回收的问卷进行处理和汇总。在对问卷数据进行处理之后，对假设检验结果进行总结。

本章的研究对象为科技型中小企业家。企业家群体本身的特有属性对本次研究的数据收集过程造成了一定的困难。为此，多渠道形式对调查问卷进行发放，在一定程度上提升了问卷覆盖范围的广度。本次调查问卷首先在天津财经大学MBA、EMBA班进行发放和回收。其次在天津市科委的帮助和支持下，以电子邮件的形式对天津市科技型中小企业家进行问卷的发放与回收。最后运用问卷星等在线软件随机有偿对科技型中小企业家发放问卷。本次共发放问卷980份，实际回收435份，回收率为44.39%。通过问卷筛选，剔除无效问卷48份，最终回收有效问卷387份，有效回收率为39.49%（见表6-10）。被调查者基本信息情况如表6-11所示。

表6-10　问卷回收情况统计　　单位：份

发放途径	发放数量	回收数量	有效数量	有效回收率（%）
纸质问卷	276	122	102	36.96
电子邮件	216	88	78	36.11
问卷星	488	225	207	42.42
合计	980	435	387	39.49

表 6-11 被调查者基本信息描述分析

变量	分类	人数	百分比（%）
性别	男	254	65.6
	女	133	34.4
最高学历	高中	14	3.6
	大专	21	5.4
	本科	215	55.6
	硕士	105	27.1
	博士	32	8.3
任职年限	1~5 年	26	6.7
	5~10 年	136	35.1
	10~15 年	191	49.4
	15 年以上	34	8.8
年龄	35 岁以下	21	5.4
	35~45 岁	137	35.4
	45~55 岁	153	39.5
	55 岁以上	76	19.6
是不是企业家	是	387	100.0
企业规模	50 人以下	139	35.9
	50~150 人	119	30.7
	150~300 人	72	18.6
	300~500 人	35	9.0
	500 人以上	22	5.7
所在的企业是否经认定为高新技术企业	是	293	75.7
	否	94	24.3
企业的主要技术来源	自主研发	87	22.5
	与其他企业合作研发	100	25.8
	与科研机构合作研发	113	29.2
	从其他企业购买	55	14.2
	其他	32	8.3

后续研究分析将会受到数据正态分布大小的影响。数据正态分布的衡量标准是其偏度绝对值取值范围为 0~3，峰度绝对值的取值范围为 0~10。如表 6-12 所

示，通过分析和计算问卷收集数据可以发现，各问项平均值得分大于或等于 3. 50 以及小于或等于 3. 94，标准偏差小于或等于 1. 326 以及大于等于 1. 026，偏度大于或等于 1. 002 以及小于或等于 0. 349，峰度大于等于 0. 776 以及小于或等于 0. 560。通过与正态分布判断标准对比可知，偏度得分值和峰度得分值均处于标准范围内，说明 33 个问卷题项符合正态分布标准。

表 6-12 各题项描述分析

	样本量	最小值（M）	最大值（X）	平均值（E）	标准偏差	偏度	峰度
IA1	387	1	5	3. 63	1. 326	-0. 654	-0. 776
IA2	387	1	5	3. 69	1. 279	-0. 669	-0. 607
IA3	387	1	5	3. 70	1. 246	-0. 630	-0. 681
OA1	387	1	5	3. 72	1. 120	-0. 917	0. 367
OA2	387	1	5	3. 70	1. 100	-0. 922	0. 478
OA3	387	1	5	3. 72	1. 201	-0. 764	-0. 153
IN1	387	1	5	3. 66	1. 203	-0. 947	0. 137
IN2	387	1	5	3. 67	1. 248	-0. 894	-0. 046
IN3	387	1	5	3. 68	1. 180	-0. 909	0. 179
EN1	387	1	5	3. 69	1. 233	-0. 616	-0. 444
EN2	387	1	5	3. 75	1. 241	-0. 700	-0. 431
EN3	387	1	5	3. 67	1. 256	-0. 756	-0. 323
SE1	387	1	5	3. 80	1. 086	-0. 601	-0. 417
SE2	387	1	5	3. 76	1. 229	-0. 662	-0. 644
SE3	387	1	5	3. 64	1. 182	-0. 562	-0. 609
CF1	387	1	5	3. 74	1. 265	-0. 745	-0. 488
CF2	387	1	5	3. 50	1. 146	-0. 349	-0. 694
CF3	387	1	5	3. 65	1. 135	-0. 667	-0. 311
TI1	387	1	5	3. 80	1. 202	-0. 781	-0. 299
TI2	387	1	5	3. 58	1. 150	-0. 468	-0. 522
TI3	387	1	5	3. 80	1. 186	-0. 826	-0. 179
TB1	387	1	5	3. 65	1. 193	-0. 777	-0. 255
TB2	387	1	5	3. 68	1. 235	-0. 750	-0. 496
TB3	387	1	5	3. 67	1. 216	-0. 659	-0. 614
TU1	387	1	5	3. 84	1. 246	-0. 910	-0. 224

续表

	样本量	最小值（M）	最大值（X）	平均值（E）	标准偏差	偏度	峰度
TU2	387	1	5	3. 89	1. 156	−0. 832	−0. 165
TU3	387	1	5	3. 94	1. 114	−0. 911	0. 020
TU4	387	1	5	3. 91	1. 156	−0. 814	−0. 326
RU1	387	1	5	3. 81	1. 031	−0. 889	0. 548
RU2	387	1	5	3. 91	1. 026	−0. 928	0. 560
CU1	387	1	5	3. 71	1. 182	−1. 002	0. 281
CU2	387	1	5	3. 67	1. 270	−0. 856	−0. 214
CU3	387	1	5	3. 69	1. 195	−0. 905	0. 094

四、信效度分析

（1）信度分析。本书共包含 11 个因素 33 个题项。如表 6−13 所示，本书对 11 个因素进行了信度测量并将数据分析结果进行汇总。另外，本书还分别计算了 33 个题项的总体相关性和剔除该题项后的克朗巴哈系数值。内在信度也称为内部一致性，一般情况下选用 Cronbach's α 系数值加以衡量。具有良好信度变量的 Cronbach's α 系数值应大于 0. 7（Devellis，1991）。

从表 6−13 可知，11 个因素的克朗巴哈系数值均高于 0. 7 的标准，校正的题项总体相关性所得值满足大于 0. 5 的要求，删除某一题项后克朗巴哈系数值并未得到提升。上述结果表明，问卷各因素均具有良好的信度，问卷具有较高的可靠性。

表 6−13　信度分析

Factor	Item	Corrected Item−Total Correlation	Cronbach's α if Item Deleted	Cronbach's α
内生态度	IA1	0. 725	0. 819	0. 861
	IA2	0. 783	0. 762	
	IA3	0. 707	0. 834	
外生态度	OA1	0. 759	0. 782	0. 860
	OA2	0. 737	0. 804	
	OA3	0. 715	0. 827	

续表

Factor	Item	Corrected Item-Total Correlation	Cronbach's α if Item Deleted	Cronbach's α
指令性规范	IN1	0.764	0.753	0.852
	IN2	0.699	0.816	
	IN3	0.706	0.808	
示范性规范	EN1	0.712	0.796	0.850
	EN2	0.697	0.810	
	EN3	0.746	0.763	
自我效能感	SE1	0.773	0.803	0.871
	SE2	0.737	0.834	
	SE3	0.753	0.817	
控制力	CF1	0.761	0.852	0.884
	CF2	0.770	0.839	
	CF3	0.798	0.816	
转型意图	TI1	0.730	0.850	0.875
	TI2	0.785	0.801	
	TI3	0.763	0.820	
转型行为	TB1	0.770	0.828	0.880
	TB2	0.758	0.838	
	TB3	0.775	0.823	
技术不确定性	TU1	0.757	0.840	0.880
	TU2	0.769	0.835	
	TU3	0.700	0.861	
	TU4	0.738	0.847	
需求不确定性	RU1	0.702		0.825
	RU2	0.702		
竞争不确定性	CU1	0.791	0.771	0.866
	CU2	0.709	0.848	
	CU3	0.739	0.817	

（2）效度分析。问卷具有方便快捷、成本低等特点，但作为一种数据收集的方式，收集数据的有效性有时难以保证。为此，本书将对发放问卷的内容效度和结构效度进行检验。内容效度检验强调题目与测量变量之间的相关性，结构效

度是为了检验测量的相同概念的问题是否落入同一因子内。研究中参照已有成熟量表对问卷题项进行设计，问题的表达形式也进行了反复认真修改，所以问卷的整体内容效度符合要求。为此本书将结构效度作为检验重点，并采用验证性因子分析的方法进行检验。

五、验证性因子分析

（1）转型态度验证性因子分析。按照来源不同分别从内生态度和外生态度两个维度对转型态度变量进行验证性因子分析。该部分共包括 6 个题项，其中内生态度 3 个测量题项，外生态度 3 个测量题项。对各个题项具体数据进行分析以得到内生态度和外生态度的拟合优度，具体内容如图 6-3 所示。

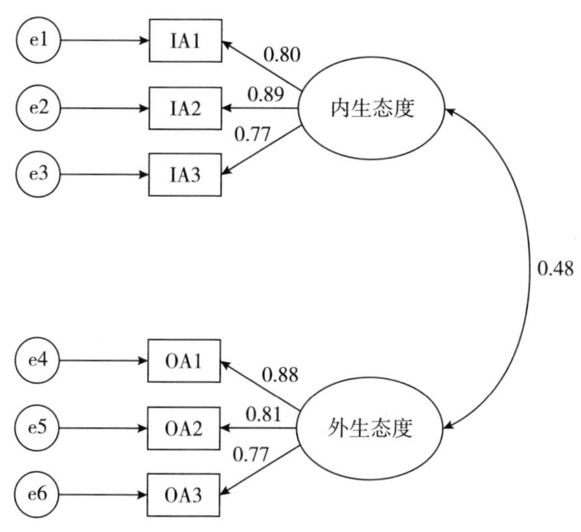

图 6-3　验证性因子分析

由上述验证性因子分析结果可知，在对各题项进行标准化处理后，所得因子负荷系数值大于 0.7，因此表明估计符合规范，并不存在违规行为。

实证研究中各项数值都有明确的标准。其中 CMIN/DF 的取值标准范围是 0~3，GFI、AGFI、NFI、TLI、IFI、CFI 等的取值范围标准要求是大于 0.9，RMSEA 取值标准范围是 0~0.08。如表 6-14 所示，将模拟结果与各项数值标准进行对比，各因子拟合数值均在标准范围之内，所以可以认定此模型具有不错的适配度。

表 6-14 验证性因子模型拟合度

拟合指标	CMIN/DF	RMSEA	GFI	AGFI	NFI	IFI	TLI	CFI
判断标准	<3	<0.08	>0.9	>0.9	>0.9	>0.9	>0.9	>0.9
模型结果	1.953	0.050	0.987	0.965	0.987	0.994	0.988	0.993
结论	合格	合格	合格	合格	合格	合格	合格	合格

（2）主观行为规范验证性因子分析。按照形式不同分别从指令性规范和示范性规范两个维度对主观行为规范进行验证性因子分析。该部分共包含 6 个题项，其中指令性规范 3 个测量题项、示范性规范 3 个测量题项。对各题项具体数据进行分析以得到指令性规范和示范性规范的拟合优度，具体内容如图 6-4 所示。

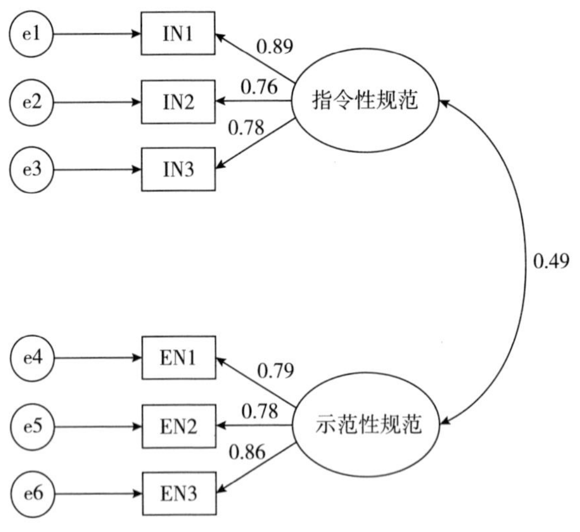

图 6-4 验证性因子分析

由上述验证性因子分析结果可知，在对各题项进行标准化处理后，所得因子负荷系数值都大于 0.7。由此表明估计符合规范要求。

实证研究中各项数值都有明确的标准。其中 CMIN/DF 的取值标准范围是 0~3，GFI、AGFI、NFI、TLI、IFI、CFI 等的取值范围标准要求是大于 0.9，RMSEA 取值标准范围是 0~0.08。如表 6-15 所示，将模拟结果与各项数值标准进行对比，各因子拟合数值均在标准范围之内，所以可以认定此模型具有不错的适配度。

表 6-15　验证性因子模型拟合度

拟合指标	CMIN/DF	RMSEA	GFI	AGFI	NFI	IFI	TLI	CFI
判断标准	<3	<0.08	>0.9	>0.9	>0.9	>0.9	>0.9	>0.9
模型结果	1.592	0.039	0.989	0.972	0.988	0.996	0.992	0.996
结论	合格	合格	合格	合格	合格	合格	合格	合格

（3）知觉行为控制验证性因子分析。按照内容不同分别从自我效能感和控制力两个维度对知觉行为控制变量进行验证性因子分析。该部分共包含 6 个题项，其中自我效能感 3 个测量题项、控制力 3 个测量题项，对各题项数据进行分析可以得到自我效能感和控制力的拟合优度，具体结果如图 6-5 所示。

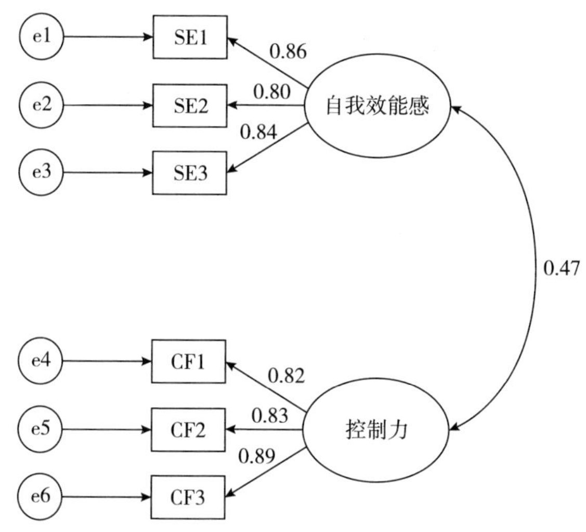

图 6-5　验证性因子分析

由上述验证性因子分析结果可知，在对各题项进行标准化处理后，所得因子负荷系数值都大于 0.7。由此表明估计符合规范要求。

实证研究中各项数值都有明确的标准。其中 CMIN/DF 的取值标准范围是 0~3，GFI、AGFI、NFI、TLI、IFI、CFI 等的取值范围标准要求是大于 0.9，RMSEA 取值标准范围是 0 到 0.08。如表 6-16 所示，将模拟结果与各项数值标准进行对比，各因子拟合数值均在标准范围之内，所以可以认定此模型具有不错的适配度。

表 6-16 验证性因子模型拟合度

拟合指标	CMIN/DF	RMSEA	GFI	AGFI	NFI	IFI	TLI	CFI
判断标准	<3	<0.08	>0.9	>0.9	>0.9	>0.9	>0.9	>0.9
模型结果	1.436	0.034	0.990	0.974	0.991	0.997	0.995	0.997
结论	合格	合格	合格	合格	合格	合格	合格	合格

（4）转型意图验证性因子分析。仅需要一个维度变量就可对转型意图进行表示，为此，本书从单一维度进行验证性因子分析，并且无须进行拟合度检验。该部分共包含共 3 个测量题项，验证性因子分析结果如图 6-6 所示。

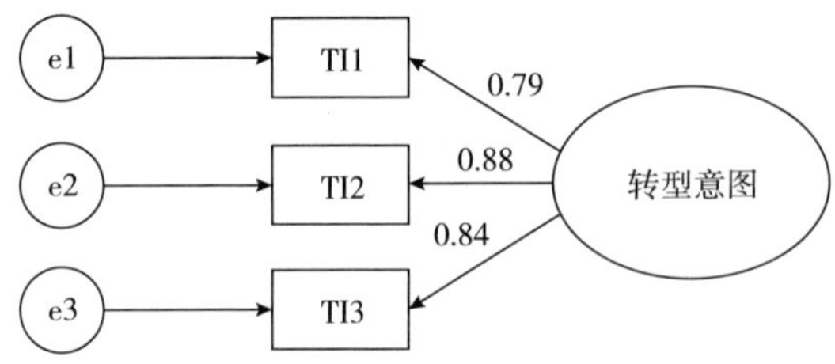

图 6-6 验证性因子分析

由验证性因子分析结果可知，在对各题项进行标准化处理后，所得因子负荷系数值都大于 0.7。由此表明估计符合规范要求。

（5）转型行为验证性因子分析。仅需一个维度变量就可对转型行为进行表示，为此，本书从单一维度进行验证性因子分析，并且无须进行拟合度检验。该部分共包含共 3 个测量题项，验证性因子分析结果如图 6-7 所示。

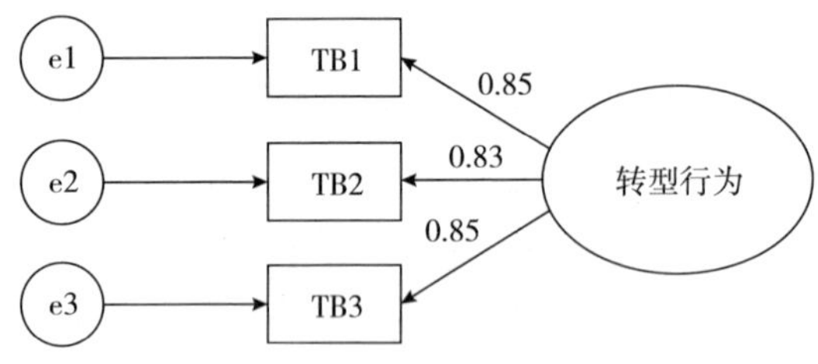

图 6-7 验证性因子分析

由上述验证性因子分析结果可知，在对各题项进行标准化处理后，所得因子

负荷系数值都大于 0.7。由此表明估计符合规范要求。

（6）环境不确定性验证性因子分析。按照内容不同分别从技术、需求和竞争 3 个维度对环境不确定性变量进行验证性因子分析。该部分共包含 9 个题项，其中技术不确定性 4 个测量题项、需求不确定性 2 个测量题项、竞争不确定性 3 个测量题项，对各题项数据进行分析可以得到这 3 个变量的拟合优度。由图 6-8 验证性因子分析结果可知，在对各题项进行标准化处理后，所得因子负荷系数值都大于 0.7。由此表明估计符合规范要求。

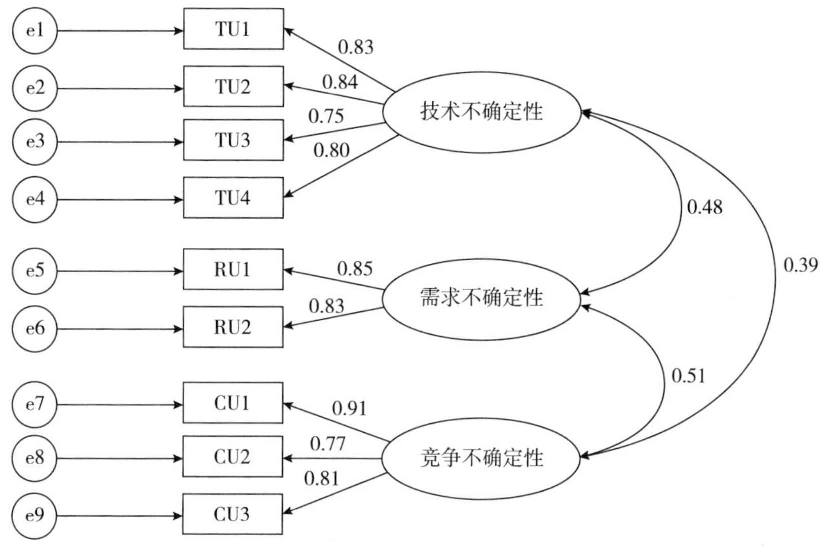

图 6-8 验证性因子分析

实证研究中各项数值都有明确的标准。其中 CMIN/DF 的取值标准范围是 0~3，GFI、AGFI、NFI、TLI、IFI、CFI 等的取值范围标准要求是大于 0.9，RMSEA 取值标准范围是 0~0.08。如表 6-17 所示，将模拟结果与各项数值标准进行对比，各因子拟合数值均在标准范围之内，所以可以认定此模型具有不错的适配度。

表 6-17 验证性因子模型拟合度

拟合指标	CMIN/DF	RMSEA	GFI	AGFI	NFI	IFI	TLI	CFI
判断标准	<3	<0.08	>0.9	>0.9	>0.9	>0.9	>0.9	>0.9
模型结果	1.053	0.012	0.986	0.973	0.986	0.999	0.999	0.999
结论	合格	合格	合格	合格	合格	合格	合格	合格

六、结构方程模型分析

在模型适配度满足标准的前提下，可以对数据进行结构方程模型分析。通过对相关变量进行因子分析可知，各个因素变量维度的适配度均符合结构方程的标准要求。所以接下来将会对模型中的其他相关变量（自变量、中介变量和因变量）进行适配度检验（见图 6-9）。

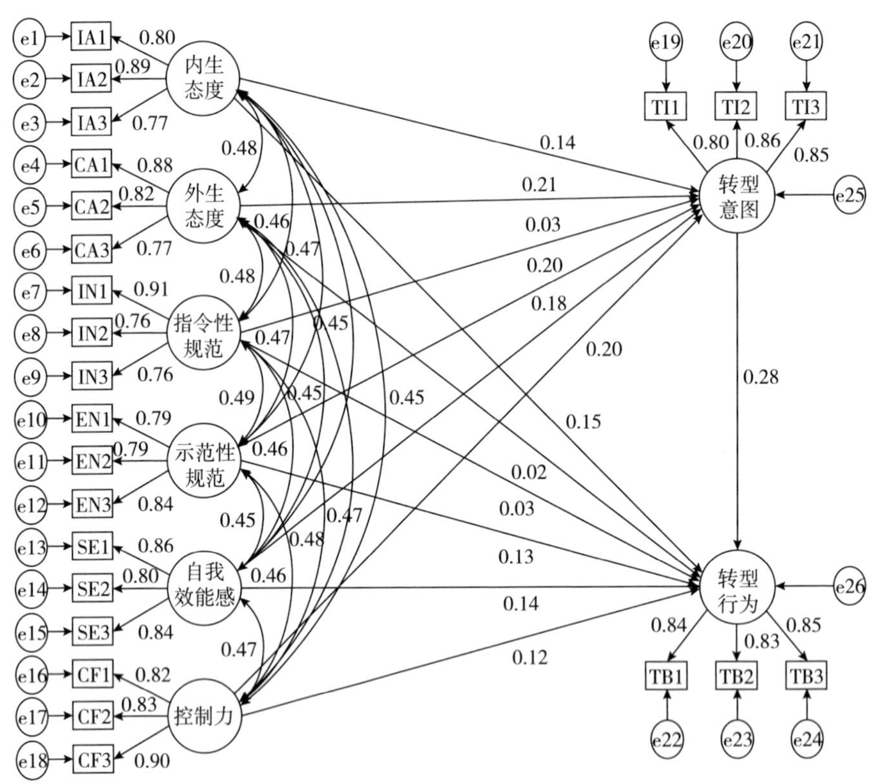

图 6-9　结构方程

实证研究中各项数值都有明确的标准。其中 CMIN/DF 的取值标准范围是 0~3，GFI、AGFI、NFI、TLI、IFI、CFI 等的取值范围标准要求是大于 0.9，RMSEA 取值标准范围是 0~0.08。如表 6-18 所示，将模拟结果与各项数值标准进行对比，各因子拟合数值均在标准范围之内，所以可以认定此模型具有不错的适配度。

表 6-18　结构方程模型拟合指标

拟合指标	CMIN/DF	RMSEA	GFI	AGFI	NFI	IFI	TLI	CFI
判断标准	<3	<0. 08	>0. 9	>0. 9	>0. 9	>0. 9	>0. 9	>0. 9
模型结果	1. 325	0. 029	0. 940	0. 920	0. 949	0. 987	0. 984	0. 987
结论	合格	合格	合格	合格	合格	合格	合格	合格

由表 6-19 结构方程模型路径系数可知，在与转型意图的关系研究中，内生态度变量标准化估计值为 0. 137（β=0. 137），p 值为 0. 019（p<0. 05），可得内生态度显著正向影响转型意图的结论，假设成立；外生态度变量标准化估计值为 0. 209（β=0. 209），p 值小于 0. 01，可得外生态度显著正向影响转型意图的结论，假设成立；指令性规范标准化估计值为 0. 030（β=0. 030），p 值为 0. 612（p>0. 05），可得指令性规范对转型意图不具有显著影响结论，假设不成立；示范性规范变量标准化估计值为 0. 196（β=0. 196），p 值为 0. 001（p<0. 05），可得示范性规范显著正向影响转型意图的结论，假设成立；自我效能感变量标准化估计值为 0. 183（β=0. 183），p 值为 0. 002（p<0. 05），可得自我效能感显著正向影响转型意图的结论，假设成立；控制力变量标准化估计值为 0. 200（β=0. 200），p 值小于 0. 01，可得控制力变量显著正向影响转型意图的结论，假设成立。

表 6-19　结构方程模型路径系数

路径关系	标准化估计值	非标准化估计值	标准误 S. E.	C. R.（t-value）	p	假设
转型意图←内生态度	0. 137	0. 124	0. 053	2. 355	0. 019	成立
转型意图←外生态度	0. 209	0. 206	0. 059	3. 479	***	成立
转型意图←指令性规范	0. 030	0. 026	0. 052	0. 507	0. 612	不成立
转型意图←示范性规范	0. 196	0. 193	0. 060	3. 234	0. 001	成立
转型意图←自我效能感	0. 183	0. 189	0. 060	3. 154	0. 002	成立
转型意图←控制力	0. 200	0. 186	0. 054	3. 428	***	成立
转型行为←内生态度	0. 147	0. 139	0. 058	2. 382	0. 017	成立
转型行为←外生态度	0. 018	0. 019	0. 066	0. 289	0. 773	不成立
转型行为←指令性规范	0. 027	0. 025	0. 057	0. 441	0. 659	不成立
转型行为←示范性规范	0. 128	0. 132	0. 066	1. 984	0. 047	成立
转型行为←自我效能感	0. 140	0. 151	0. 067	2. 270	0. 023	成立
转型行为←控制力	0. 123	0. 119	0. 060	1. 977	0. 048	成立
转型行为←转型意图	0. 282	0. 294	0. 076	3. 886	***	成立

注：*** 表示在 0. 01 水平上显著。

在与转型行为的关系研究中，内生态度变量标准化估计值为 0.147（β=0.147），p 值为 0.017（p<0.05），可得内生态度显著正向影响转型行为的结论，假设成立；外生态度变量标准化估计值为 0.018（β=0.018），p 值为 0.773（p>0.05），可得外生态度对转型行为不具有显著影响关系的结论，假设不成立；指令性规范变量标准化估计值为 0.027（β=0.027），p 值为 0.659（p>0.05），可得指令性规范对转型行为不具有显著影响关系的结论，假设不成立；示范性规范变量标准化估计值为 0.128（β=0.128），p 值为 0.047（p<0.05），可得示范性规范显著正向影响转型行为的结论，假设成立；自我效能感变量标准化估计值为 0.140（β=0.140），p 值为 0.023（p<0.05），可得自我效能感变量显著正向影响转型行为的结论，假设成立；控制力变量标准化估计值为 0.123（β=0.123），p 值为 0.048（p<0.05），可得控制力变量显著正向影响转型行为的结论，假设成立；转型意图标准化估计值为 0.282（β=0.282），p 值小于 0.01，可得转型意图显著正向影响转型行为的结论，假设成立。

七、相关分析

变量与变量之间的相互变化程度常用相关分析来研究。相关系数的取值范围为-1~1（可取临界端点值），其所取数值绝对值越大，则表明变量之间的相互关联程度越高。下面将对本书中涉及的 11 个因素变量彼此之间的相互关系展开探究，如表 6-20 所示。其中，IA 表示内生态度、OA 表示外生态度、IN 表示指令性规范、EN 表示示范性规范、SE 表示自我效能感、CF 表示控制力、TI 表示转型意图、TB 表示转型行为、TU 表示技术不确定性、RU 表示需求不确定性、CU 表示竞争不确定性。

表 6-20 相关分析

	IA	OA	IN	EN	SE	CF	TI	TB	TU	RU	CU
IA	1										
OA	0.398**	1									
IN	0.392**	0.391**	1								
EN	0.406**	0.402**	0.405**	1							
SE	0.399**	0.390**	0.387**	0.391**	1						
CF	0.382**	0.409**	0.404**	0.401**	0.397**	1					
TI	0.455**	0.480**	0.409**	0.479**	0.467**	0.485**	1				
TB	0.424**	0.383**	0.367**	0.431**	0.425**	0.434**	0.521**	1			
TU	0.192**	0.108*	0.123*	0.085	0.133**	0.062	0.098	0.202**	1		

续表

	IA	OA	IN	EN	SE	CF	TI	TB	TU	RU	CU
RU	0.145**	0.183**	0.136**	0.122*	0.146**	0.110*	0.152**	0.210**	0.407**	1	
CU	0.095	0.102*	0.160**	0.094	0.198**	0.098	0.052	0.168**	0.341**	0.432**	1

注：* 表示 $p<0.05$，** 表示 $p<0.01$。

通过表 6-20 可以发现，每对变量之间的相关系数都介于 0~1，说明任意两变量都存在正相关关系的假设得到初步验证。

八、中介效应与调节效应检验

（1）有关变量中介效应检验。由于具有不需要进行分布假设过程的特点，Bootstrapping 方法有效地避免了系数乘积检验的操作，降低了违背分布假设事件的发生。同时，该方法受变量数据标准误影响较小，所以减少了因标准误不同导致不一致的问题发生的概率。该方法具有较高的统计效力，这是其他中介检验方法所不具备的。因此，本书采用 Bootstrapping 法来验证变量的中介效应。

本书所使用的统计软件为 AMOS23.0。在应用 Bootstrapping 法进行中介效应检验时，若最终结果中 Bootstrap 置信区间值不包括 0，证明中介效应存在。本书在对相关数据运行 2000 次后，得到结果如表 6-21 所示。

表 6-21　中介效应检验

	标准化效应值	Bias-Corrected95%CI		Percentile95%CI	
		Lower	Upper	Lower	Upper
外生态度—转型意图—转型行为	0.039	0.000	0.114	-0.001	0.109
内生态度—转型意图—转型行为	0.059	0.008	0.151	0.001	0.134
指令性规范—转型意图—转型行为	0.008	-0.028	0.075	-0.038	0.062
示范性规范—转型意图—转型行为	0.055	0.010	0.134	0.003	0.122
自我效能感—转型意图—转型行为	0.051	0.011	0.123	0.004	0.112
控制力—转型意图—转型行为	0.056	0.010	0.128	0.008	0.120

由表 6-21 中介效应检验结果可知，转型意图在外生态度与转型行为之间的标准化效应值为 0.039，即转型意图的间接效应值为 0.039。置信区间内包含 0 值，说明转型意图的间接效应并不存在。因此，转型意图并未在外生态度与转型行为之间起到中介作用。

转型意图在内生态度与转型行为之间的标准化效应值为 0.059，即转型意图的间接效应值为 0.059。置信区间内并不包含 0 值，说明转型意图的间接效应存在。因此，转型意图在内生态度与转型行为之间起到中介作用。

转型意图在指令性规范与转型行为之间的标准化效应值为 0.008，即转型意图的间接效应值为 0.008。置信区间内包含 0 值，说明转型意图的间接效应并不存在。因此，转型意图并未在指令性规范与转型行为之间起到中介作用。

转型意图在示范性规范与转型行为之间的标准化效应值为 0.055，即转型意图的间接效应值为 0.055。置信区间内并不包含 0 值，说明转型意图的间接效应存在。因此，转型意图在示范性规范与转型行为之间起到中介作用。

转型意图在自我效能感与转型行为之间的标准化效应值为 0.051，即转型意图的间接效应值为 0.051。置信区间内并不包含 0 值，说明转型意图的间接效应存在。因此，转型意图在自我效能感与转型行为之间起到中介作用。

转型意图在控制力与转型行为之间的标准化效应值为 0.056，即转型意图的间接效应值为 0.056。置信区间内并不包含 0 值，说明转型意图的间接效应存在。因此，转型意图在控制力与转型行为之间起到中介作用。

（2）有关变量调节效应检验。层次回归分析法是检验变量调节效应的常用方法，本书运用该方法对环境不确定性在转型意图与转型行为之间是否起到调节作用进行验证。其中将转型意图设置为自变量 X，将转型行为设置为因变量 Y，将环境不确定性设置为调节变量 M。并且对变量 Y 和变量 X 提出如下假设关系：

$$Y=aX+bM+e$$

$$Y=aX+bM+cXM+e$$

上式表示 Y 对 X 的直线回归。其中，M 为固定值，通过对 XM 进行回归系数分析检验后，若所得结果中 c 呈显著状态，则证明存在调节效应。

调节效应的具体检验过程为：

第一步，将性别这一控制变量代入回归方程之中，计算出 p 值。

第二步，分别将性别变量和转型意图变量代入回归方程中，对所得 p 值进行检验，即对转型意图变量对转型行为变量的影响进行检验。

第三步，在性别变量和转型意图变量的基础之上，同时将环境不确定性的各个维度变量交叉项代入回归方程中，计算 p 值，并根据 p 值大小判断显著水平。以此说明转型意图到转型行为过程中，环境不确定性的各个维度变量是否发挥调节效应。

多重共线性会使数据分析结果产生偏差。为了使层次回归分析结果更为准确，应首先对各变量进行多重共线性检验。通过变量之间的相关性分析可知（见表 6-20），两变量之间的相关系数值均小于 0.7，为此可以初步判定，变量间并不存在多重共线性的问题。为说明是否存在多重共线性的问题，本书选择使用计

算 VIF 值和容忍度值的方法进行更深一步的探究。

不存在多重共线性的判断标准是容忍度值大于 0.1 和方差膨胀因子值小于 10。如表 6-22 所示，通过计算可知，转型意图、技术不确定性、需求不确定性和竞争不确定性等变量的容忍度值和方差膨胀因子值均符合要求，因此不存在多重共线性的问题。

表 6-22 多重共线性检验

Model	Unstandardized Coefficients		Standardized Coefficients	t	Sig.	Collinearity Statistics	
	B	Std. Error	Beta			T	VIF
(Constant)	0.757	0.270		2.803	0.005		
转型意图 V	0.515	0.045	0.498	11.524	0.000	0.975	1.026
技术不确定性 V	0.111	0.052	0.102	2.133	0.034	0.799	1.251
需求不确定性 V	0.065	0.057	0.057	1.138	0.256	0.726	1.377
竞争不确定性 V	0.084	0.049	0.083	1.726	0.085	0.780	1.282

注：Dependent Variable：转型行为 V。

另外，对各变量进行调节效应检验。技术不确定性、需求不确定性和竞争不确定性等变量的调节效应检验结果见表 6-23、表 6-24 和表 6-25。

表 6-23 技术不确定调节效应检验

Model	R	R Square	Adjusted R Square	Std. Error of the Estimate	Change Statistics				
					R Square Change	F Change	df1	df2	Sig. F Change
1	0.521[a]	0.271	0.269	0.93250	0.271	143.109	1	385	0.000
2	0.542[b]	0.294	0.290	0.91884	0.023	12.535	1	384	0.000
3	0.554[c]	0.307	0.302	0.91135	0.013	7.335	1	383	0.007

注：a. Predictors：(Constant)，转型意图 V；

b. Predictors：(Constant)，转型意图 V，技术不确定 V；

c. Predictors：(Constant)，转型意图 V，技术不确定 V，交互项。

由表 6-23 可知，为检验技术不确定性调节作用共构建 3 个模型。其中模型 3 计算所得 p 值小于 0.05，因此达到显著性水平，说明技术不确定性存在显著的调节效应。

表 6-24　需求不确定调节效应检验

Model	R	R Square	Adjusted R Square	Std. Error of the Estimate	Change Statistics				
					R Square Change	F Change	df1	df2	Sig. F Change
1	0.521[a]	0.271	0.269	0.93250	0.271	143.109	1	385	0.000
2	0.537[b]	0.288	0.285	0.92244	0.018	9.446	1	384	0.002
3	0.556[c]	0.309	0.304	0.91014	0.021	11.450	1	383	0.001

注：a. Predictors：(Constant)，转型意图 V；

b. Predictors：(Constant)，转型意图 V，需求不确定 V；

c. Predictors：(Constant)，转型意图 V，需求不确定 V，交互项。

由表 6-24 可知，为检验需求不确定性调节作用共构建 3 个模型。其中模型 3 计算所得 p 值小于 0.05，因此达到显著性水平，说明需求不确定存在显著的调节效应。

表 6-25　竞争不确定调节效应检验

Model	R	R Square	Adjusted R Square	Std. Error of the Estimate	Change Statistics				
					R Square Change	F Change	df1	df2	Sig. F Change
1	0.521[a]	0.271	0.269	0.93250	0.271	143.109	1	385	0.000
2	0.539[b]	0.291	0.287	0.92078	0.020	10.863	1	384	0.001
3	0.542[c]	0.293	0.288	0.92050	0.002	1.236	1	383	0.267

注：a. Predictors：(Constant)，转型意图 V；

b. Predictors：(Constant)，转型意图 V，竞争不确定 V；

c. Predictors：(Constant)，转型意图 V，竞争不确定 V，交互项。

由表 6-25 可知，为检验竞争不确定性调节作用共构建 3 个模型。其中模型 3 计算所得 p 值大于 0.05，并未达到显著性水平，说明竞争不确定并不存在调节效应。

九、假设检验结果

对结构方程路径系数的结果进行整理，得到假设检验结果的汇总表（见表 6-26）。

表 6-26　假设检验结果汇总表

编号	假设内容	检验结果
H1a	企业家的内生态度对转型行为有正向作用	支持
H1b	企业家的外生态度对转型行为有正向作用	不支持
H1c	示范性规范对转型行为有正向作用	支持
H1d	指令性规范对转型行为有正向作用	不支持
H1e	企业家自我效能感对转型行为有正向作用	支持
H1f	企业家的控制力对转型行为有正向作用	支持
H2a	企业家的内生态度对企业转型意图有正向作用	支持
H2b	企业家的外生态度对企业转型意图有正向作用	支持
H2c	示范性规范对企业转型意图有正向作用	支持
H2d	指令性规范对企业转型意图有正向作用	不支持
H2e	企业家自我效能感对转型意图有正向作用	支持
H2f	企业家的控制力对转型意图有正向作用	支持
H3a	转型意图作为中介变量会强化转型内生态度与企业转型行为之间的正向关系	不支持
H3b	转型意图作为中介变量会强化转型外生态度与企业转型行为之间的正向关系	支持
H3c	企业转型意图作为中介变量会强化转型示范性规范与转型行为之间的正向关系	支持
H3d	企业转型意图作为中介变量会强化转型指令性规范与转型行为之间的正向关系	不支持
H3e	转型意图作为中介变量会强化自我效能感与转型行为之间的正向关系	支持
H3f	转型意图作为中介变量会强化控制力与转型行为之间的正向关系	支持
H4a	技术不确定性正向调节企业家的转型意图向转型行为转化	支持
H4b	需求不确定性正向调节企业家的转型意图向转型行为转化	支持
H4c	竞争不确定性正向调节企业家的转型意图向转型行为转化	不支持

第四节　本章小结

一、理论贡献

(1) 运用计划行为理论可以对科技型中小企业家行为与企业转型的影响机理进行很好的解释。在此过程之中，外生态度和指令性规范并不会影响转型意图和转型行为，而转型态度、主观规范、知觉行为控制等变量对转型意图会产生预测作用。

(2) 转型意图在行为态度、主观规范、知觉行为控制等变量影响企业转型活动的过程中发挥着中介作用。但这种中介作用在外生态度变量和指令性规范变量与转型行为的关系中并不存在。

(3) 环境不确定性包括技术不确定性、需求不确定性和竞争不确定性三方面。其中技术不确定性和需求不确定性能够在转型意图与转型行为的关系中发挥正向的调节作用，而竞争不确定性并未体现出这种调节关系。

通过对上述研究结果进行分析和汇总，可以得出科技型中小企业家行为与企业转型的关系模型，具体内容如图 6-10 所示。

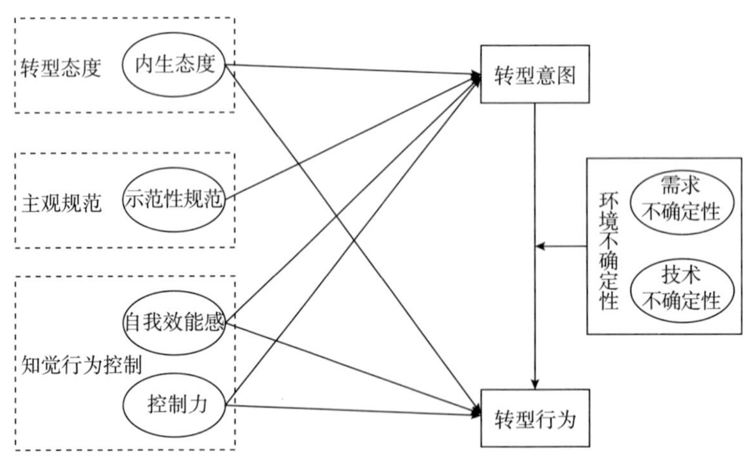

图 6-10　科技型中小企业家行为与企业转型的关系模型

二、管理启示

（1）企业家内生态度的正向积极作用。根据实证研究结果可以发现，企业家内生态度正向促进科技型中小企业家转型行为与企业转型活动的关系，企业家外生态度与转型意图和转型行为则没有发生任何关系。需要注意的是，内生态度与转型行为之间的关系会受到来自转型意图这一变量中介作用的影响。

上述结论表明，企业家本身具备企业未来命运决策者的身份，为使企业能够保持持续、稳定发展，他们会表现出比其他群体更高的自我满足感和对于自我成就的追求，为此能够更加有效地产生积极的转型行为动机。这种来自于内生态度的激励将会引起由意图到行为的连锁反应（张敏、张一力，2016）。

通过结构模型分析可知，企业家外生态度对企业转型意向显著但是对企业转型行为影响不显著，究其原因可能是：从外生态度三个方面的因素来讲，企业家追求社会地位、经济效益和公众认可以促使企业家产生强烈的转型意向，但是受到外部政策环境、市场环境等诸多企业家不可控因素的影响，企业家是否愿意或者能够做出企业转型行为存在较大不确定性，特别是当企业家意识到不可控因素的干扰性较大时，企业家不会做出转型决策进而产生转型行为。这一过程具体的转化机制还需要做进一步深入分析。

（2）示范性规范对转型意图和转型行为的正向影响。当某些企业转型成功时，会产生企业转型的氛围。而在集体意识的作用下，其他企业会纷纷投入转型的活动中，这种情况在中国表现得更为明显（陈东平，2008）。科技型中小企业转型往往会受到成功转型企业示范性规范的影响，或者说会受到来自成功转型企业家无形的压力，在这些因素的推动作用下，科技型中小企业家会出于从众心理，推动企业实施转型行为。

在这一过程中，指令性规范并不会对企业家产生较大的影响。企业家本身具有较高的地位，很难屈从于他人的命令指使，企业家更倾向于按照自己的意志做出行为决策。这与我国传统儒家文化中所强调的权力距离相一致（陈东平，2008），企业家作为位尊者拥有更大的权力，他们更多的是发布命令。所以，企业家群体并不会受到指令性规范的影响。

为更好地发挥成功转型企业的示范性作用，在企业转型氛围的烘托下，科技型中小企业应该选择出榜样企业。这样能够使得企业家更好地感受到示范性作用，促进企业家产生转型意图，并积极推进企业转型行为。

（3）企业家自我效能的正向影响。企业家自信心在企业转型过程中发挥着重要作用，其转型意图和转型行为会受到来自企业家自我效能感的影响，这种影响是显著的、正向的。特别是当企业绩效因环境因素而下降时，企业家需要保持自信的心态来克服困难（陈莹、周小虎，2017）。研究还发现，转型意图和转型行为还会受到控制力这一变量的影响，这种控制力经常表现在对可用资源的把控上。如果企业家能够有较强控制所需资源的能力，那么他们将更好地实现由转型意图到转型行为的发展，这也是企业家控制力经济合理性的具体体现（郭新帅、方世建，2007）。

因此，在企业转型发展的过程之中，企业家不但需要拥有自信心，还需增强控制能力。当转型行为具有高风险特性时，企业家要对转型充满自信，坚持走企业转型发展之路，坚信转型过程最终能够走向成功。同时，企业家要加强企业转型过程中所需资源控制力度，采取多方面、多渠道融资策略，保持企业转型所需资金的充足。根据企业转型需要及时调整人力、物力的数量，将各项资源数量把控在合理范围之内。具备自信心和控制力能力的企业家更能产生转型意图，并推动其向转型行为发生转变。

（4）环境不确定性对企业家及企业转型的影响。转型意图和转型行为之间的关系还会受到来自环境不确定性的正向调节作用的影响。不同企业家个体具备不同的风险偏好。对于科技型中小企业而言，当环境不确定程度越高，其越容易产生转型行为（张敏、张一力，2016）。尽管企业家具备合理配置资源的能力，但在环境不确定性的条件下，企业也不一定会取得转型成功的结果。郭新帅和方世建（2007）将企业转型看作是经济实验，环境的不确定性加剧了实验的风险性，但那些具有较高风险偏好的企业家个体能够受到鼓励，在此环境下产生更大的转型意图，进而促进转型行为的发生，企业家会制定相应的发展战略，使企业在激烈的市场环境中获得竞争优势。与此同时，产品生命周期和商业模式周期随着环境不确定性的加剧越来越短（Hamel，2000），面对未来的不可预见性，企业应该抓住时机积极转型，并在这一过程中获得收益（王伟毅、李乾文，2007）。

第七章　企业家隐性人力资本与科技型创业企业成长关系的实证研究

本章采用扎根理论的研究方法，通过调查、访谈和资料收集等方式明确和阐明科技型企业家及其行为的内在特征，以及创业绩效如何进行评估，在此基础之上验证企业家隐性人力资本对创业绩效（生存性绩效和成长性绩效）的影响。

第一节　科技型企业家隐性人力资本的扎根理论研究

一、数据来源及选择

（一）数据来源

本书以"三角剖分"的方法来获取数据。Creswell 和 Miller（2000）将三角剖分定义为"研究人员在多个和不同的信息来源之间寻找趋同以形成研究主题或类别的有效程序"。Patton（2001）认为"三角剖分通过结合方法来加强研究，这可能意味着使用几种方法或数据，包括使用定量和定性方法"。几个数据源的三角剖分及其解释支持一种"现实主义范式"，依靠对单个现实的多重感知来增强信度和效度（Healy and Perry，2000）。

原始数据以科技型企业家为研究对象从调查和访谈中收集。二级数据来自对全球创业金融研究所（GEFRI）进行的创业概况收集和访谈。三级数据则是取自已经发表的文献。企业家个人的传记和历史记录也是本书数据的重要采集来源。

（二）数据选择标准

被研究主体必须是科技型企业家。科技型企业家被定义为创建至少一个科技驱动或基于科技的商业企业的主要参与者，不论该企业是否持续经营。

科技型企业包括创建或实施新的科技驱动或基于科技的营利商业组织。在科技驱动的企业中，利润完全取决于新科技的创建、实施或利用（SIPP，2011）。

科技驱动的公司竞争生产科技来维持和提升他们的客户（供应方）（Carayannis and Formica，2008）。在以科技为基础的企业中，利润是由科技支持的，但科技本身并不一定是销售的产品、服务或经验（Sipp，2011）。以科技为基础的公司依赖于采用和使用其他公司生产的科技（需求方）（Carayannis and Formica，2008）。

创业涉及概念、规划、实施和启动的所有阶段。符合下列排除标准的数据记录将被排除：

（1）特许经营者，他们并不是真正的企业家，他们走的是现有商业签约模式；

（2）创办基于非技术产品或服务的公司或预先建立技术中立市场以及技术中立的部署和交付机制的企业家；

（3）未建立正式商业实体并试图将风险观念引入市场的发明者和自营者；

（4）自雇专业从业人员（例如医生、牙医、管理顾问、宴会承办商、装修师等），除非他们建立了具有竞争性差异的技术创新企业。

二、研究的效度、信度和普适性

对效度、信度和普适性的影响包括：

（1）原始数据的准确性不能在本书中得到证实，因为受试者或许会隐瞒他们经历的任何部分，从而对内部有效性造成威胁。克服这一影响的最佳机制是保证原始数据主体的身份绝对不被泄露，并建立一种融洽的关系。

（2）内部有效性还受到每个数据集调查对象规模小所带来的威胁，此外滚雪球式调查方法在调查对象上也会造成偏差。数据集之间的三角剖分方法是为了减轻这些威胁而设计的。

（3）存在预期效应的风险，尽管研究人员试图不以暗示的方式提示接受采访的对象，但是总是把每一个提示都写成一个非先导的问题。由于访谈既没有见证也没有记录，信度取决于研究人员的一致性、可信度和诚信。

（4）由于缺乏资源进行多次主题编码和分析，调查对象以自我为中心的偏见风险对信度和效度造成了威胁。

（5）原始数据和二级数据的调查对象存在自我选择倾向，这在自愿性调查中始终存在，这两个来源都是如此（GEFRI 受试者同意在编写这些报告时接受研究生的访谈）。自我选择偏见对外部有效性构成威胁，因为调查对象可能无法代表更多的科技型企业家群体。

（6）本书对扎根理论进行了归纳，扎根理论本质上是对观察结果进行严格分析和解释的一种尝试，目的是明确表达可概括的期望。研究人员坚持本书所详述的方法，旨在支持普遍性。

综上所述，通过数据三角化和严格执行主题分析，从而加强数据内部有效性（Creswell，2003）。

外部有效性和普遍性将主要受到自我选择偏差的限制，即使在主题编码中显示了饱和度的度量。本书的前两个目的（Marshall and Rossman，2006）是探索和解释，可能允许将分析样本的结果推广到一般人群中（Patten，2007）。关于本书的后两个目的（Marshall and Rossman，2006）是描述和预测，研究人员只对观察的意义、意图或推断可能被推广到更多的科技企业家群体抱有适度的期望。

信度问题主要涉及措施或判断的一致性。这项研究的信度是通过仔细系统地处理每一组数据，与主要研究对象的深思熟虑的互动，以及激发和捕获他们的行为方式来加强的。在定量内容分析方面，这些过程的数值结果被用来指导三角剖分方法的制定，而不是支持从参数统计中得出的任何结论。

三、科技型企业家创业要素的主题编码及主成分分析

表 7-1 为扎根理论的构建。

表 7-1 扎根理论的构建

<table>
<tr><th>主题编码</th><th colspan="2">主成分</th></tr>
<tr><td rowspan="8">个人特征</td><td colspan="2">知识、经验</td></tr>
<tr><td colspan="2">创造力、创意、创新</td></tr>
<tr><td colspan="2">天生的销售员，销售理念的能力，说服力</td></tr>
<tr><td colspan="2">信誉、声誉</td></tr>
<tr><td rowspan="2">智力、分析能力</td><td>了解不知道的东西，并为此做些什么</td></tr>
<tr><td>知道什么是个人控制范围之外的</td></tr>
<tr><td colspan="2">利己主义</td></tr>
<tr><td colspan="2">进取精神</td></tr>
<tr><td rowspan="6">积极抓住机遇</td><td rowspan="2">深谋远虑</td><td>企业家的直觉</td></tr>
<tr><td>理想主义</td></tr>
<tr><td colspan="2">战略网络和联盟</td></tr>
<tr><td colspan="2">合并、收购或风险合作</td></tr>
<tr><td colspan="2">投资于战略计划、市场目标、目标设定</td></tr>
<tr><td colspan="2">将个人资源投入商业理念</td></tr>
</table>

续表

<table>
<tr><th>主题编码</th><th colspan="2">主成分</th></tr>
<tr><td rowspan="8">幸运</td><td colspan="2">适应能力，多才多艺，接受变化</td></tr>
<tr><td colspan="2">充分利用坏情况</td></tr>
<tr><td rowspan="4">意外之喜</td><td>发现人才</td></tr>
<tr><td>找到意想不到的市场机会</td></tr>
<tr><td>没有计划的即兴表演</td></tr>
<tr><td>意外之财</td></tr>
<tr><td colspan="2">创造你自己的运气—积极地追求它</td></tr>
<tr><td colspan="2">被前雇主拒绝或同意</td></tr>
<tr><td rowspan="7">动力和毅力</td><td colspan="2">痴迷工作</td></tr>
<tr><td colspan="2">个人雄心壮志，不断向前</td></tr>
<tr><td colspan="2">完美主义，控制问题</td></tr>
<tr><td colspan="2">过度的乐观、激情、兴奋、热爱他们所做的事情</td></tr>
<tr><td colspan="2">难以接受想法被拒绝，思想顽固</td></tr>
<tr><td colspan="2">保持平衡，反击</td></tr>
<tr><td colspan="2">愿意牺牲，吃苦</td></tr>
<tr><td rowspan="2">风险导向</td><td colspan="2">风险爱好</td></tr>
<tr><td colspan="2">风险规避</td></tr>
<tr><td rowspan="9">成功的意义</td><td colspan="2">技术上的成功</td></tr>
<tr><td colspan="2">创造或改造整个产业和传统的经济生活方式</td></tr>
<tr><td rowspan="3">财务成功，财务回报，贪得无厌</td><td>满足外部投资者的需求</td></tr>
<tr><td>出售企业</td></tr>
<tr><td>招商引资</td></tr>
<tr><td>成功的标准</td><td>业务扩展</td></tr>
<tr><td colspan="2">建立一个有动力、有能力、忠诚的团队</td></tr>
<tr><td colspan="2">价值，寿命，认知度，伟大的产品，客户服务</td></tr>
<tr><td colspan="2">利他主义、理想主义、使命意识、利益最大化、英雄主义</td></tr>
<tr><td rowspan="6">障碍</td><td colspan="2">监管障碍、体制和文化障碍</td></tr>
<tr><td colspan="2">财务障碍</td></tr>
<tr><td colspan="2">腐败</td></tr>
<tr><td colspan="2">竞争</td></tr>
<tr><td colspan="2">获得市场信誉、接受</td></tr>
<tr><td colspan="2">被人说有好的天性，却被送上了错误的道路</td></tr>
</table>

续表

主题编码	主成分	
失败的意义	失败的标准	财务上的失败
		技术缺失、过时
		其他资源短缺，后勤短缺
	问题的迹象	团队，内斗，人员问题
		自鸣得意、扩散、大言不惭
公平、公正、民主	公司内部的健康关系	
道德标准	正直	
	虚假陈述	
	丑闻	
个人健康与幸福人际关系	负面影响	忽视朋友/亲情/休闲时间
		在工作中产生焦虑、紧张和压力
	积极影响	维持健康的平衡

四、基于理论的再认识——企业家隐性人力资本

（一）基于企业家隐性人力资本视角

表7-2展示的企业家所拥有的人格特征、机会、幸运、动力和毅力、风险取向以及道德等都属于企业家隐性人力资本的范畴，在定性研究的基础之上，本章继续探讨企业家隐性人力资本对科技型创业企业发展的影响，并对此采用实证研究进行检验。根据企业家隐性人力资本的相关理论，本书将上述扎根理论的结果分为企业家隐性知识、企业家精神和企业家社会资本三类，分别探讨其与科技型创业企业发展之间的关系。其中，企业家的隐性知识是指企业家在进行创业活动、管理企业过程中所思考和理解而得到的，无法表达和交流且隐含在企业家潜意识中的各种知识、技能、经验、思想等。这是企业家与外部环境长期互动的结果，它与企业家理解能力、价值判断标准和个人经历高度相关。企业家精神以创新、冒险以及开拓精神为基础，具有优化资源配置并提升企业竞争力的作用。企业家社会资本本质上由两个维度组成：企业家构建的关系网络以及利用该关系网络获得的对创业企业发展有价值的资源和机会的能力。

表 7-2　企业家创业要素的扎根理论解读——企业家隐性人力资本

主题维度	主题编码	主题成分
企业家隐性人力资本	人格特征	知识、经验
		创造力、创新性
		销售能力
		卓越的声誉、信誉
		智力、分析能力
		利己主义
		进取精神
	机会	足智多谋
		深谋远虑
		企业家的直觉
		理想主义
		适应性、多才多艺
		战略网络和联盟
		个人资源投入商业理念
	幸运	意外之喜
	动力和毅力	工作狂
		个人抱负
		完美主义，控制问题
		过度乐观、热情、兴奋、热爱自己所做的事
	风险取向	风险偏好
	道德	正直

（二）科技型初创企业创业绩效的衡量

第一，技术成功。设计和开发提供实际工作解决方案的产品或服务。

第二，财务成功。从谋生和偿还债务到获得财富和投资回报，包括筹集资本、销售收入、正现金流/成本控制、盈利、个人收入、出售企业等方面。

第三，团队建设和团队维持团结。包括从形成合作伙伴关系到组织发展。

第四，业务扩展。这实际上是一个综合因素，其决定因素包括许多其他因素。

第五，市场接受度。有效地将产品或服务传达给那些认识到所销售产品或服务的价值并接受其价值的买家。

第六，个人成就。包括企业家的冒险、完成挑战、获得认可和自豪感、承担

使命等。

本书中创业企业成长用创业绩效来表示，创业绩效是企业家创业行为产生的外部绩效，是企业在创业初期的绩效表现，其重点在于初创企业的成长性绩效。创业绩效是衡量创业企业是否成功生存并发展成长的关键标准（Rutherford, Coombes and Mazzei, 2012）。扎根理论的结果表明，对于初创企业而言，需要使用多种指标来衡量企业绩效，而不仅仅是企业财务状况。因此，本书将创业企业绩效划分为生存性绩效和成长性绩效两个维度，以财务指标、技术指标和市场占有率指标为标准，生存性绩效包括净利润、市场占有率、现金流等，成长性绩效包括市场占有率增长、销售收入增长、技术提升等。

第二节 企业家隐性人力资本和创业企业绩效的关系

一、企业家隐性人力资本对创业企业绩效的影响

企业家隐性人力资本是企业家在进行各种创业活动以及管理企业的过程中所积累的，它的形成过程使其具有高度的个体专属性，难以编码和传递给其他人。因此，企业家隐性人力资本是一种高价值的宝贵资源（薛乃卓、杜纲，2005）。

企业家隐性人力资本的巨大作用和价值显现之后，学者开始将其与企业绩效一起进行研究，并尝试探索它们之间的联系。赵士军等（2011）从高层管理团队角度探讨了隐性人力资本与企业绩效之间的关系，研究表明隐性人力资本对企业绩效具有积极影响。张琳杰（2015）同样研究了高管团队隐性人力资本对绩效的影响，结果表明高管团队隐性人力资本正向影响工作绩效。

通过以上研究和分析，可以看出，企业家隐性人力资本为企业发展和成长提供了强大、持久的积极动力，是科技型创业企业绩效的保障。因此，本书提出第一个假设：

H_1：企业家隐性人力资本对创业企业绩效有正向的影响作用。

二、企业家隐性知识对创业企业绩效的影响

从扎根理论的结果来看，企业家隐性知识包括知识和经验、销售能力、智力和分析能力、创造力等，这些隐性知识是企业家在长期的创业活动、经营管理企业的实践经历中，通过自己的认知和判断、思考和理解并内化到企业家自身思想以及潜意识中的知识、技能、经验和方法等。依据隐性知识的形成过程，它与企业

家个体息息相关、联系紧密，且难以交流表达和传递给其他人。所以，每个企业家所拥有的隐性知识都有很大不同，其具有较强的个体差异性。正是因为企业家隐性知识的个体差异性和难以复制性，其价值才更大，它是企业竞争的基础（Hamel，1991）。王天力（2013）通过研究还表明，隐性知识在创业企业创新绩效表现中起重要作用。对于创业企业，特别是科技型创业企业来说，创新性的技术和产品在其初创时的生存阶段以及之后的成长阶段都扮演着至关重要的角色，而正是企业家隐性知识为创新提供了原动力。根据上述分析，本书提出以下假设：

H_2：企业家隐性知识对创业企业绩效有正向的影响作用。

H_{2a}：企业家隐性知识对创业企业生存性绩效有正向的影响作用。

H_{2b}：企业家隐性知识对创业企业成长性绩效有正向的影响作用。

三、企业家精神对创业企业绩效的影响

从扎根理论的结果来看，企业家精神包括创新性、利己主义、进取精神、足智多谋、深谋远虑、企业家直觉、理想主义、适应性、完美主义、冒险精神、正直以及乐观、热情、兴奋和热爱自己的事业等，是企业家在平时的创业活动、经营管理企业的实践活动中自觉培养形成的一种精神力量。依据企业家精神的形成过程，它是企业家自身所有并难以传递的一种隐性人力资本。具有冒险开拓精神的企业家往往能够获取先动优势，创造顾客需求，培养顾客忠诚度，并快速抓住市场机会，从而为企业带来更多的超额利润和垄断利润（Friesen and Miller，1982）。武莉莉（2015）同样强调了企业家精神对创业企业发展的重要性，表明创业企业的生存、发展和成长与企业家精神息息相关。当前，学术界的大多数研究成果均表明，企业家精神与创业企业绩效之间存在正相关关系。在从无到有的阶段，创业企业异常艰难，要想在充斥着很多未知困难和进入壁垒的环境下成功生存，需要企业家的创业精神带动企业前进；另外，企业成长阶段通常也会面对各种各样的机遇、风险和挑战，企业若要在竞争中脱颖而出并立于不败之地，同样也需要企业家的冒险精神和开拓精神，以准确把握掌握技术趋势和市场机会，抢先占领市场以促进企业快速成长。根据上述分析，本书提出以下假设：

H_3：企业家精神对创业企业绩效有正向的影响作用。

H_{3a}：企业家精神对创业企业生存性绩效有正向的影响作用。

H_{3b}：企业家精神对创业企业成长性绩效有正向的影响作用。

四、企业家社会资本对创业企业绩效的影响

从扎根理论的结果来看，企业家社会资本包括战略网络和联盟、个人资源、商业理念、幸运等，具体可分为关系网络和资源能力两个方面。企业家社会资本

是企业家通过其在创业活动和企业经营过程中努力建立的一种关系网络，其中包括许多高价值的资源和发展机会。更重要的是，建立社会关系网络之后，企业家要学会利用自己的社会关系网络，查找对本企业发展有价值的重要信息，抓住资源和机会，促进企业成长。此外，企业家社会资本同样有很强的个人专属性，难以编码复制和传递给其他人。幸运也是企业家创业过程中不可多得的个人资源，它会为创业者带来许多意外之喜。

现有研究对企业家社会资本理论与企业绩效之间的关系进行了多视角的探讨。边燕杰（2006）从创业者视角研究发现，创业者的社会资本为创业企业早期的生存和发展提供了支持，创业者要学会从社会网络关系中获得有用的重要信息以促进企业成长（卿涛，2013）。在初创阶段，广泛的社会网络为企业提供机会、资金和资源，提高了企业的生存性绩效；在成长阶段，根据资源基础观，企业家社会资本所提供的各种有形资源和无形资源提升了企业的能力，进而促进企业成长。根据以上分析，本书提出如下假设：

H_4：企业家社会资本对创业企业绩效有正向的影响作用。

H_{4a}：企业家社会资本对创业企业生存性绩效有正向的影响作用。

H_{4b}：企业家社会资本对创业企业成长性绩效有正向的影响作用。

综上所述，本书提出并解释了企业家隐性人力资本的概念，并将其划分为企业家隐性知识、企业家精神和企业家社会资本，创业企业绩效划分为生存性绩效和成长性绩效，在此基础之上，本书建立了企业家隐性人力资本和创业企业绩效的理论模型，并提出了相关假设。实证框架如图 7-1 所示。

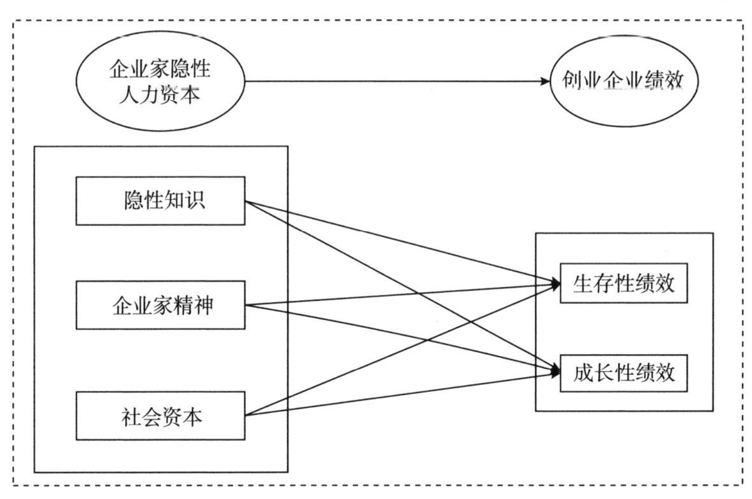

图 7-1　实证研究框架

相关假设汇总如表 7-3 所示。

表 7-3　研究假设汇总

编号	研究假设内容
H_1	企业家隐性人力资本对创业企业绩效有正向的影响作用
H_2	企业家隐性知识对创业企业绩效有正向的影响作用
H_{2a}	企业家隐性知识对创业企业生存性绩效有正向的影响作用
H_{2b}	企业家隐性知识对创业企业成长性绩效有正向的影响作用
H_3	企业家精神对创业企业绩效有正向的影响作用
H_{3a}	企业家精神对创业企业生存性绩效有正向的影响作用
H_{3b}	企业家精神对创业企业成长性绩效有正向的影响作用
H_4	企业家社会资本对创业企业绩效有正向的影响作用
H_{4a}	企业家社会资本对创业企业生存性绩效有正向的影响作用
H_{4b}	企业家社会资本对创业企业成长性绩效有正向的影响作用

第三节　研究设计

一、问卷设计

问卷调查法是以书面提出问题的方式搜集资料的一种研究方法，研究者将所要研究的问题编制成问题表格，以邮寄、当面作答或者追踪访问方式让受访者填答，从而了解受访者对某一现象或问题的看法和意见。本书针对两个研究变量（企业家隐性人力资本和创业企业绩效）分别设计了相应的问题形成调查问卷，并进行发放和回收，以收集本书实证分析所需要的数据。因此，问卷设计的结构和题项的质量对于本书的实证分析和结果至关重要。问卷设计要综合考虑所测变量，合理设置题项，并将适用性等原则考虑在内。

问卷设计分三步进行。第一步明确调查问卷的内容构成：第一部分是对受访者及其所在企业基本情况的调查，包括受访者性别、学历、职位等基本信息和所在企业所处位置、归属行业、建立时间等职业方面的基本信息；第二部分是针对自变量企业家隐性人力资本设计问题；第三部分是针对因变量创业企业绩效设计

问题。第二步明确数据分析方法。由于本书的自变量和因变量是潜变量，其数值难以观测并确定，因此我们根据因子划分的结果为这两个变量设计了相应的问题来进行测量，并且采用 Likert 5 级评分法，对每个问题进行测度，从“1”到“5”满意程度逐渐递增。第三步借鉴已有相关研究所使用的经典成熟量表，结合本书的实际研究情况，最终完成本书的问卷设计工作。

二、变量测量

（一）企业家隐性人力资本

企业家隐性人力资本的测度，针对其三个维度分别设计相应的题项。本书参考了连旭等（2007）关于管理者隐性知识的测量量表、Covin 和 Slevin（1989）关于企业家精神的测量量表以及张文江和陈传明（2009）关于企业家社会资本的测量量表，总共设计了 15 个题项，每个维度分别对应 5 个题项（见表 7-4），受访者根据对描述问题的符合程度进行评分，从“1”到“5”满意程度逐渐增强。

表 7-4　企业家隐性人力资本的测度指标

维度		测度题目
企业家隐性人力资本	隐性知识	Tac1. 随时学习，提高自己的知识、技能、经验
		Tac2. 规划、组织、领导的能力
		Tac3. 化解团队不和谐，构建团队良好氛围的能力
		Tac4. 高效使用、调配、组织资源
		Tac5. 合理分配任务完成组织目标
	企业家精神	Ent1. 对于企业的技术创新非常重视
		Ent2. 团队组织和公司管理的变革创新
		Ent3. 在遇到未知的技术和市场时，敢于做出果断、快速的决策，把握发展机会
		Ent4. 面对技术和产品的选择时，喜欢进入高风险高回报领域
		Ent5. 对市场的敏感度很高，经常做第一个引入创新技术产品管理经验的开拓者等
	社会资本	Soc1. 在同行业内具有较高知名度，与有关企业负责人有较好的私人关系
		Soc2. 与大客户企业的负责人具有良好的私交
		Soc3. 经常与相关职能部门或政府机构的人员有接触
		Soc4. 建立与高校、研究所的技术合作关系
		Soc5. 善于利用网络关系达成企业目标

(二) 创业企业绩效

创业企业绩效的测度，针对其两个维度分别设计相应的题项。根据科学性原则，本书在设计问卷过程中结合本书的实际研究情况，借鉴了现有研究中 Geenhuizen（2008）、Shweizer（2013）和易朝辉（2012）等的相关成熟量表，采用主观评价法并结合多种绩效指标对创业企业绩效进行测度指标设计。总共设计了 6 个题项，每个维度对应 3 个题项（见表 7-5），参与调查的人员根据对描述问题的符合程度进行评分，从“1”到“5”满意程度逐渐增强。

表 7-5　创业企业绩效的测度指标

维度		测度题目
创业企业绩效	生存性	Surv1. 与同行业对手相比，对企业现在净利润的满意程度
		Surv2. 与同行业对手相比，对企业现在市场占有率的满意程度
		Surv3. 与同行业对手相比，对企业现在资金流情况的满意程度
	成长性	Gro1. 对企业成立以来市场占有率增长的满意程度
		Gro2. 对企业成立以来总销售收入增长的满意程度
		Gro3. 对企业成立以来技术提升创新能力的满意程度

三、研究方法

本书的实证分析和假设检验是利用 AMOS21.0 和 SPSS21.0 数据分析软件完成的，具体方法如下：

(一) 描述性统计分析

描述性统计分析由两部分组成。第一部分是分析受访者及其所在企业的基本特征，将问卷填写者及其所在企业基本信息中每个题项出现的频数进行统计，得出各选项的百分比并用饼状图直观表示。第二部分整理分析每个题项的对应得分，统计每个题项对应得分以及有关分布形态特点的测度指标的数值，进而观察其分布形态是否为正态分布，若不是，则需要对数据进行修订。

(二) 信度分析

信度分析主要是为了检验数据的可靠性，即多次重复分析同样一组数据能否获得一致的结果。本书参照当前普遍广受认可的信度分析方法，利用统计软件 SPSS 21.0 计算了自变量（企业家隐性人力资本）和因变量（创业企业绩效）对应题项的 Cronbach's α 系数，问卷的信度状况依据 Cronbach's α 值的大小来判断。

(三) 效度分析

效度分析是为了检验问卷设计的有效性和准确程度，用于测量题项设计是否

合理，通常从内容效度和结构效度两个方面进行检验。问卷效度反映了数据分析结果是否令人信服。本书的效度分析通过 Amos21.0 和 SPSS 21.0 分别进行验证性因子分析（CFA）、探索性因子分析（EFA）。

（四）相关分析

本书的相关分析采用的是 SPSS 21.0，依据 Pearson 相关系数的方法标准进行分析。分析结果中相关系数的大小、正负号以及显著性水平都可用来评判变量之间相关性。

（五）回归分析

回归分析以相关性分析为基础，目的是进一步探索变量之间相互关系的影响方向、高低程度和路径系数。本书利用 SPSS21.0 对数据进行一元和多元线性回归分析。

第四节 测度模型的构建

一、企业家隐性人力资本的测度模型

本书将企业家隐性人力资本划分为三个维度，对变量的测度也将从这三个维度展开，得到如下测度模型（TC）：

$$TC = \omega_1 Tac + \omega_2 Ent + \omega_3 Soc \tag{7-1}$$

其中，TC 代表企业家隐性人力资本，Tac 代表企业家隐性知识，Ent 代表企业家精神，Soc 代表企业家社会资本，Tac、Ent 和 Soc 前面的系数 ω_1、ω_2、ω_3 分别表示三个维度的权重系数。

企业家隐性人力资本的维度 Tac 计算公式如式（7-2）所示（Ent、Soc 与 Tac 的计算公式相同）：

$$Tac = \sum_{g=1}^{k} \sigma g T(n, g) \tag{7-2}$$

其中，σg 代表第 g 个企业家隐性知识测量题项的权重系数（具体数值见于下文验证性因子分析），T（n，g）代表第 n 个调查对象第 g 个隐性知识测量题项的得分。

二、创业企业绩效的测度模型

对创业企业绩效的测度从生存性绩效和成长性绩效两个维度入手。创业企业

绩效的测度模型（EP）如下：

$$EP=\lambda_1 Surv+\lambda_2 Gro \tag{7-3}$$

其中，EP 代表创业企业绩效，Surv、Gro 分别表示生存性绩效与成长性绩效。系数 λ_1、λ_2 分别代表两个维度 Surv 和 Gro 在模型中的权重。

Surv 的计算公式如式（7-4）所示（Gro 与 Surv 的计算公式相同）：

$$Surv = \sum_{g=1}^{k} \varphi g S(n,\ g) \tag{7-4}$$

其中，φg 代表第 g 个生存性绩效测量题项权重系数（具体数值见于下文验证性因子分析），S（n，g）代表第 n 个调查对象第 g 个生存性绩效测量题项的分值。

三、企业家隐性人力资本和创业企业绩效的回归模型

本书构建了如下四个回归方程来探索自变量企业家隐性人力资本与因变量创业企业绩效之间的相关关系：

自变量 TC 与因变量 EP 的关系：

$$EP=\beta_0+\beta_1 TC+\varepsilon \tag{7-5}$$

自变量 TC 各维度与因变量 EP 的 Surv 维度的关系：

$$Surv=\beta_0+\beta_1 Tac+\beta_2 Ent+\beta_3 Soc+\varepsilon \tag{7-6}$$

自变量 TC 各维度与因变量 EP 的 Gro 维度的关系：

$$Gro=\beta_0+\beta_1 Tac+\beta_2 Ent+\beta_3 Soc+\varepsilon \tag{7-7}$$

自变量 TC 各维度与因变量 EP 的关系：

$$EP=\beta_0+\beta_1 Tac+\beta_2 Ent+\beta_3 Soc+\varepsilon \tag{7-8}$$

第五节　实证分析

一、数据采集与基本分析

（一）样本采集与数据分析

本书的研究目的在于探讨企业家隐性人力资本对创业企业绩效的作用，选取北京、天津等地区的科技型创业企业作为调查对象，是因为这些地区的企业近年来国家政策支持较多且企业活跃程度较高。这些科技型创业企业的成立时间均为 2011 年及之后，并且这些科技型创业企业基本上是均匀分布在各高新技术行业，这样可以保证调查的适用性和全面性。由于本书的自变量为企业家隐性人力资

本，为保证问卷的适用性和调查结果的科学性，所以我们选择这些企业的中高层管理者进行问卷调查。

问卷发放始于 2015 年 10 月，于 2016 年 1 月收回所有问卷。本书采用两种方式收集数据：一是企业现场发放问卷，二是在问卷星平台上发放和回收网络问卷。两种方式的结合共发出 710 份问卷，最终收回 586 份，回收率为 82.54%；删除不符合要求的问卷后，剩余 538 份问卷用于数据分析，问卷的有效回收率为 75.77%。问卷被访者和企业的基本情况如表 7-6 所示。

表 7-6　问卷被访者和企业的基本情况

维度	频数
1. 问卷填写人性别	
男	413
女	125
2. 问卷填写人学历	
高中及以下	11
大专	18
本科	211
硕士	221
博士及以上	77
3. 企业成立年限	
1 年以下	10
1~3 年	274
3~5 年	175
5 年以上	79
4. 所属技术行业	
IT 业	102
光电子	27
航空航天技术	15
新材料技术	68
生物医药	62
资源与环境技术	25
通信技术	69
新能源及节能技术	40

续表

维度	频数
电子信息技术	69
高技术服务业	29
其他	32

（二）描述性统计分析

如图 7-2 所示，调查对象中女性占 23. 20%，男性占 76. 80%，这样的比例分布符合科技型企业的领导性别、行业属性等特征；如图 7-3 所示，55. 4%的调查对象学历为硕士及以上，这符合科技型企业家学历较高、专业性强的特征。

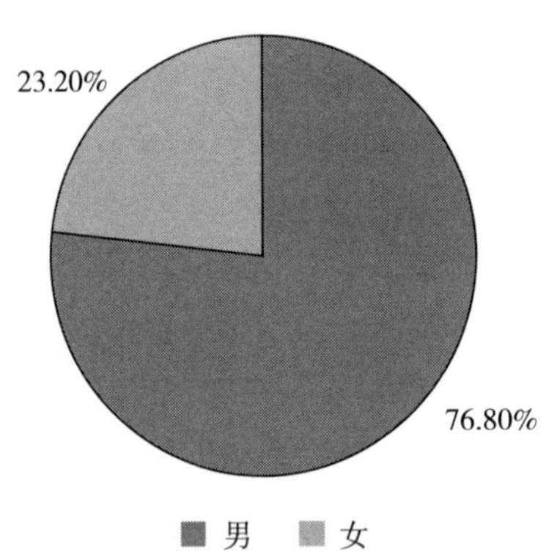

图 7-2　受访者性别情况

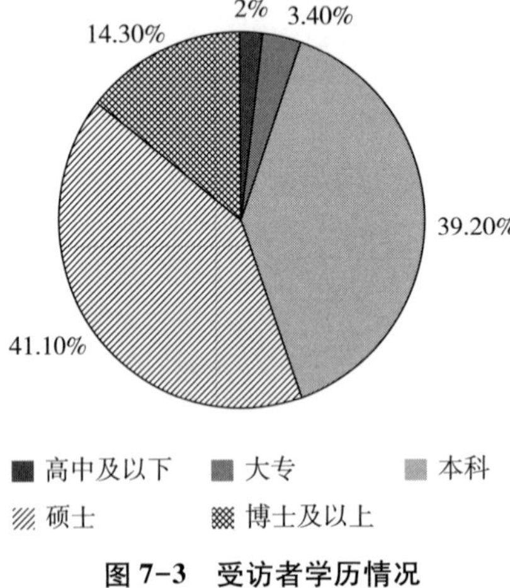

图 7-3　受访者学历情况

从企业成立年限来看，如图 7-4 所示，50.9%的企业成立年限为“1~3 年”，所占比例最多，表明所调查的科技型企业多数处于初创阶段，这符合本书的研究内容。图 7-5 表明，所调查科技型企业几乎分布在所有行业，符合本书的研究要求。

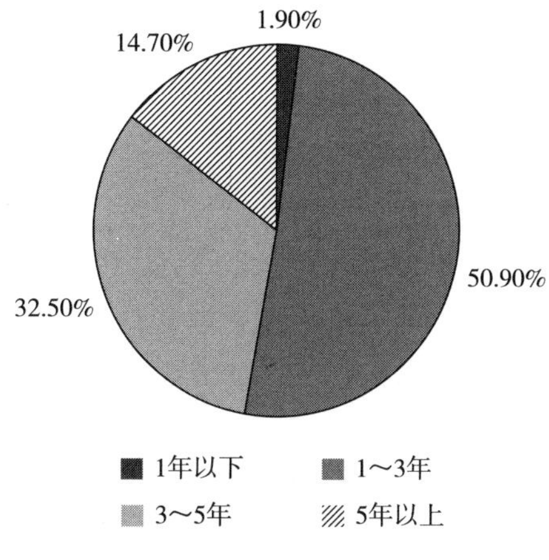

图 7-4 企业成立年限情况

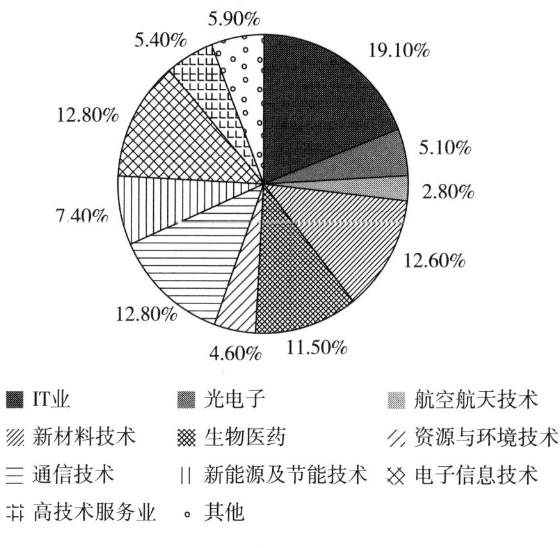

图 7-5 企业所属行业情况

同时，根据适用性原则，还需要判断问卷数据的质量是否达到实证要求。本书利用 SPSS21.0 对问卷数据进行分析，得到表 7-7 中反映数据分布特征的数值。显然，各题项的均值大多集中在 3~4，并没有出现异常情况，峰度和偏度的绝对值均小于 2，表明调查问卷的数据质量满足进行实证分析和检验的基本要求。

表 7-7　数据分布特征

变量	样本数	最小值	最大值	平均值	标准差	偏度	峰度
Tac1	538	1	5	3.05	1.125	-0.21	-0.68
Tac2	538	1	5	2.91	1.137	-0.18	-0.84
Tac3	538	1	5	3.37	0.989	-0.54	-0.01
Tac4	538	1	5	3.12	1.049	-0.13	-0.59
Tac5	538	1	5	2.69	1.154	0.06	-0.90
Ent1	538	1	5	3.78	0.873	-0.66	0.43
Ent2	538	1	5	3.79	0.867	-0.68	0.75
Ent3	538	1	5	3.75	0.920	-0.58	0.09
Ent4	538	1	5	3.48	0.932	-0.26	-0.17
Ent5	538	1	5	3.51	1.022	-0.55	0.06
Soc1	538	1	5	3.64	0.953	-0.59	0.12
Soc2	538	1	5	3.90	0.824	-0.67	0.87
Soc3	538	1	5	3.73	0.857	-0.32	-0.23
Soc4	538	1	5	3.75	0.842	-0.34	-0.22
Soc5	538	1	5	3.78	0.850	-0.54	0.16
Surv1	538	1	5	3.60	1.031	-0.53	-0.33
Surv2	538	1	5	3.54	1.078	-0.58	-0.25
Surv3	538	1	5	3.83	0.963	-0.73	0.17
Gro1	538	1	5	3.11	1.068	-0.13	-0.62
Gro2	538	1	5	3.16	1.027	-0.18	-0.49
Gro3	538	1	5	3.42	1.002	-0.41	-0.27

二、信效度分析

信度检验是指多次重复测度一组数据之后，其结果并无差异。本书依据 Nunnally（1978）所使用的衡量标准，运用 Cronbach’s α 系数估计内部一致性。

同时，本书还运用 CITC（修正后的个体—总体相关系数）的衡量标准来检验各测量题项，并观察无测量题项后 Cronbach’s α 值发生的变化，删除使其值

显著升高的测量题项，保障量表的信度。

（一）企业家隐性人力资本信度分析

对所有的变量及其对应的题项进行统计分析得到表 7-8。结果表明，隐性知识、企业家精神和社会资本的 Cronbach's α 系数分别为 0.903、0.894、0.895，三者都大于 0.8，具有较好的内部一致性。并且这三个维度所有题项的 CITC 值都大于 0.5，且删除某个题项后的 Cronbach's α 值并没有显著升高。总体来看，企业家隐性人力资本量表具有较高的信度水平，符合相关要求。

表 7-8 企业家隐性人力资本信度分析

维度	题目	CITC	删除对应题项后的 α 系数	删除对应题项前的 α 系数
隐性知识	Tac1	0.774	0.878	0.903
	Tac2	0.810	0.870	
	Tac3	0.675	0.898	
	Tac4	0.797	0.873	
	Tac5	0.737	0.886	
企业家精神	Ent1	0.785	0.862	0.894
	Ent2	0.821	0.854	
	Ent3	0.664	0.888	
	Ent4	0.795	0.859	
	Ent5	0.660	0.892	
社会资本	Soc1	0.716	0.880	0.895
	Soc2	0.691	0.883	
	Soc3	0.805	0.858	
	Soc4	0.816	0.856	
	Soc5	0.694	0.883	

（二）创业企业绩效信度分析

表 7-9 表明，生存性绩效与成长性绩效的 Cronbach's α 系数值分别为 0.868 和 0.831，都大于 0.8，具有较好的内部一致性。两个维度对应题项的 CITC 值都大于 0.5，表现出较高的可靠性，且没有发现删除某个题项后的 Cronbach's α 值会显著提高。总体来看，创业企业绩效的量表具有较高的信度水平，符合相关要求。

表 7-9 创业企业绩效信度分析

维度	题目	CITC	删除对应题项后的α系数	删除对应题项前的α系数
生存性绩效	Surv1	0.735	0.826	0.868
	Surv2	0.756	0.808	
	Surv3	0.758	0.808	
成长性绩效	Gro1	0.655	0.802	0.831
	Gro2	0.726	0.730	
	Gro3	0.691	0.765	

（三）企业家隐性人力资本的探索性因子分析

表 7-10 表明，企业家隐性人力资本的 Bartlett 近似卡方分布值为 5380.507，该数值相对较大，Sig. 值小于 0.01，样本适当性度量值（KMO 值）为 0.884，大于 0.8，均符合要求，适合做因子分析。

表 7-10 企业家隐性人力资本的 KMO 及 Bartlett 球形检验

Kaiser-Meyer-Olkin 取样适当性度量		0.884
Bartlett 球形检验	近似卡方分布	5380.507
	显著性检验（Sig.）	0.000

之后进行主成分分析，运用正交方法（方差）分析因子旋转量。如表 7-11 所示，选取表中所有初始特征值大于 1 的因子，即表中前三个因子，它们的总方差贡献率为 71.981%，大于 60%。基本符合本研究对企业家隐性人力资本的维度划分。

表 7-11 企业家隐性人力资本总方差解释　　单位：%

成分	初始特征值			提取平方和载入			旋转平方和载入		
	合计	方差贡献率	累计方差贡献率	合计	方差贡献率	累计方差贡献率	合计	方差贡献率	累计方差贡献率
1	6.144	40.960	40.960	6.144	40.960	40.960	3.701	24.675	24.675
2	2.573	17.153	58.113	2.573	17.153	58.113	3.567	23.783	48.457
3	2.080	13.868	71.981	2.080	13.868	71.981	3.529	23.524	71.981
4	0.598	3.988	75.969						
5	0.587	3.912	79.881						

接着分析企业家隐性人力资本各因子的权重系数，如表 7-12 所示。选取因子权重系数超过 0.5 的题项，这些题项对因子的解释度较高。

表 7-12　变量因子载荷

变量	Component（抽取的因子）		
	因子 1	因子 2	因子 3
Tac1	0. 841	0. 176	0. 116
Tac2	0. 869	0. 113	0. 149
Tac3	0. 717	0. 130	0. 307
Tac4	0. 856	0. 079	0. 166
Tac5	0. 817	0. 118	0. 131
Ent1	0. 132	0. 104	0. 874
Ent2	0. 164	0. 155	0. 878
Ent3	0. 072	0. 104	0. 786
Ent4	0. 223	0. 159	0. 822
Ent5	0. 390	0. 139	0. 671
Soc1	0. 112	0. 809	0. 098
Soc2	0. 072	0. 787	0. 132
Soc3	0. 152	0. 861	0. 135
Soc4	0. 150	0. 877	0. 094
Soc5	0. 106	0. 782	0. 147

与上述因子选取方法相同，选出表 7-12 中权重系数值大于 0. 5 的题项，可以发现题项排列后显示了对应的三个维度，总结归纳提炼这三个维度的题项，寻找共同点。最后我们发现“隐性知识”对应的是 Tac1~5、“企业家精神”对应的是 Ent1~5、“企业家社会资本”对应的是 Soc1~5。

（四）创业企业绩效的探索性因子分析

表 7-13 表明，创业企业绩效的 Bartlett 近似卡方分布值为 1453. 204，该数值相对而言较大，Sig. 值小于 0. 01，样本适当性度量值（KMO 值）为 0. 754，大于 0. 7，基本符合要求，适合做因子分析。

表 7-13 创业企业绩效 KMO 及 Bartlett 球形检验

Kaiser-Meyer-Olkin 取样适当性度量		0.754
Bartlett 球形检验	近似卡方分布	1453.204
	显著性检验（Sig.）	0.000

之后对创业企业绩效量表进行主成分分析，采用方差分析因子旋转量。如表 7-14 所示，选取其中所有初始特征值大于 1 的因子，即前面两个因子，它们的总方差贡献率为 77.100%，超过 60%，意味着结果基本吻合创业企业绩效的维度划分。

表 7-14 创业企业绩效总方差解释 单位：%

成分	初始特征值			提取平方和载入			旋转平方和载入		
	合计	方差贡献率	累计方差贡献率	合计	方差贡献率	累计方差贡献率	合计	方差贡献率	累计方差贡献率
1	2.909	48.491	48.491	2.909	48.491	48.491	2.375	39.587	39.587
2	1.717	28.609	77.100	1.717	28.609	77.100	2.251	37.513	77.100
3	0.441	7.346	84.446						
4	0.335	5.584	90.030						
5	0.313	5.211	95.241						

接着分析创业企业绩效各因子的权重系数，如表 7-15 所示，选取其中权重系数超过 0.5 的测量题项，因为这些题项对因子的解释度较高。

表 7-15 变量因子载荷

变量	Component（抽取的因子）	
	因子 1	因子 2
Surv1	0.867	0.158
Surv2	0.887	0.116
Surv3	0.894	0.074
Gro1	0.128	0.831
Gro2	0.100	0.881
Gro3	0.108	0.860

与上述因子选取方法相同，选出表 7-15 中权重系数值大于 0.5 的题项，可以发现题项排列后显示了对应的两个维度，总结归纳提炼这两个维度对应的题项，寻找共同点。最后得出“生存性绩效”由 Surv1~3 测试、“成长性绩效”由 Gro1~3 测试。

（五）企业家隐性人力资本的验证性因子分析

验证性因子分析和探索性因子分析相辅相成、互为补充。研究者通常以理论研究假设为基础，第一步对有关变量维度的假设进行探索性因子分析，第二步采用验证性因子分析对假设进行检验（付会斌，2010）。据此，接下来本书采用 Amos21.0 对变量进行二阶验证性因子分析，相关指标评价标准如表 7-16 所示。

表 7-16 相关指标评价标准

指标	c^2/df	RMSEA	RMR	AGFI、GFI、NNFI、NFI、CFI
评价标准	小于 2，最优；大于 2 小于 5，达到要求	小于 0.05，最优；大于 0.05 小于 0.08，比较优；大于 0.08 小于 0.1，达到要求	小于 0.05，最优；大于 0.05 小于 0.06，达到要求	大于 0.9，最优；大于 0.8，达到要求

如表 7-17 所示，c^2/df 的值为 5.064，基本满足要求；RMSEA 值为 0.087，小于 0.1，基本满足要求；RMR 值为 0.058，约为 0.05，基本满足要求；AGFI、GFI、NFI、CFI 都超过 0.80，满足要求。由此可以认为各指标都达到了标准。

表 7-17 变量的 CFA 分析相关指标汇总

测量指标	实际值	判断结果
c^2/df	440.554/87=5.064	接近 5，由于样本量大于 500，达到要求
RMSEA	0.087	大于 0.08 小于 0.1，达到要求
AGFI	0.858	大于 0.8 小于 0.9，达到要求
GFI	0.897	大于 0.8 小于 0.9，达到要求
RMR	0.058	接近 0.05，达到要求
NFI	0.919	大于 0.9，最优
CFI	0.934	大于 0.9，最优

此外，表 7-18 显示，各层次变量的相互路径系数值都大于 0.5，这表明各

阶路径的因子设计相对不错。总体来看，变量具有较高的效度水平，对变量的维度划分标准符合科学性。

表 7-18 企业家隐性人力资本的变量系数值

变量	Estimate
TAC←TC	0. 659
ENT←TC	0. 660
SOC←TC	0. 514
Tac1←隐性知识	0. 834
Tac2←隐性知识	0. 866
Tac3←隐性知识	0. 724
Tac4←隐性知识	0. 832
Tac5←隐性知识	0. 784
Ent1←企业家精神	0. 876
Ent2←企业家精神	0. 916
Ent3←企业家精神	0. 699
Ent4←企业家精神	0. 805
Ent5←企业家精神	0. 683
Soc1←社会资本	0. 760
Soc2←社会资本	0. 726
Soc3←社会资本	0. 871
Soc4←社会资本	0. 880
Soc5←社会资本	0. 745

图 7-6 显示了企业家隐性人力资本的验证性因子分析结果，展示了自变量企业家隐性人力资本的维度构成以及各维度间的系数值。

依据表 7-19 的标准化计算过程，本书对验证性因子分析得到的企业家隐性人力资本三个维度的系数进行标准化权重处理，获得的最终权重代入式（7-1）得到公式（7-9），通过式（7-9）能够计算出各样本的自变量得分，通过式（7-2）能够计算出企业家隐性人力资本每个维度的分数。

$$TC = 0.360Tac + 0.360Ent + 0.280Soc \quad (7-9)$$

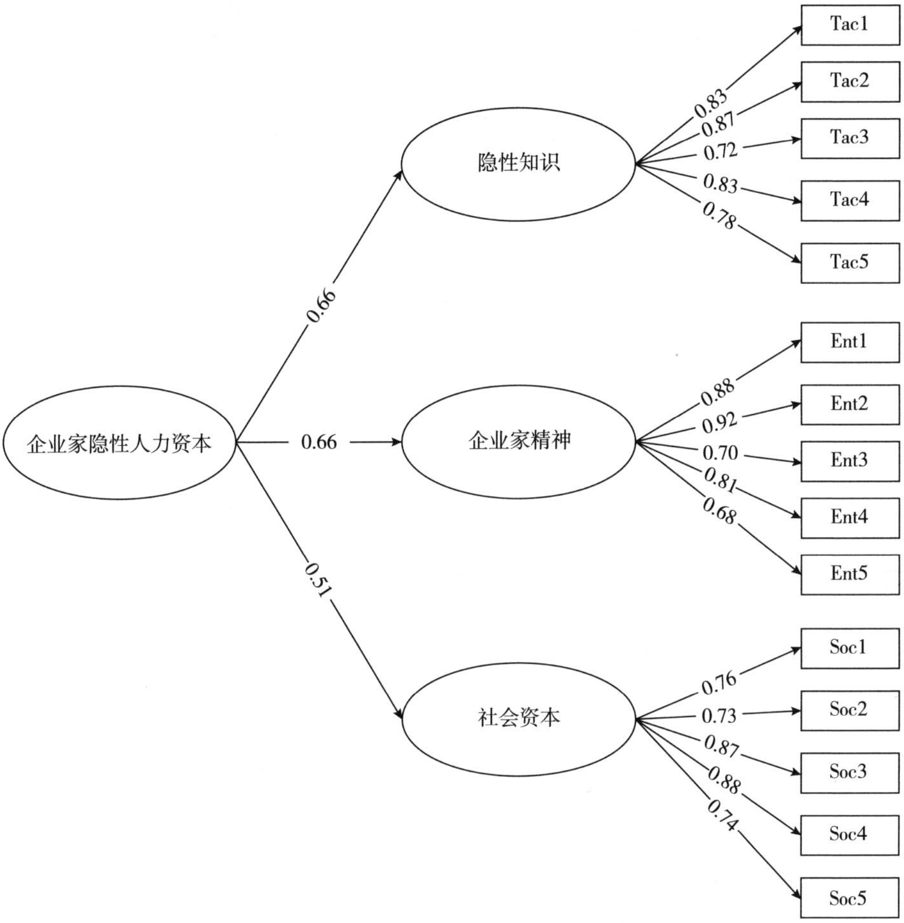

企业家隐性人力资本
0.66
隐性知识
0.66
企业家精神
0.51
社会资本
0.83 0.87 0.72 0.83 0.78
Tac1 Tac2 Tac3 Tac4 Tac5
0.88 0.92 0.70 0.81 0.68
Ent1 Ent2 Ent3 Ent4 Ent5
0.76 0.73 0.87 0.88 0.74
Soc1 Soc2 Soc3 Soc4 Soc5

图 7-6　企业家隐性人力资本及其各维度的验证性因子分析结果

表 7-19　企业家隐性人力资本的标准化权重

变量	方向	变量	Estimate	标准化权重
TAC	←	TC	0. 659	0. 360
ENT	←	TC	0. 660	0. 360
SOC	←	TC	0. 514	0. 280

（六）创业企业绩效的验证性因子分析

表 7-20 显示 c^2/df 的实际值为 1. 573，小于 2，处于最优状态；RMSEA 的实际值为 0. 033，小于 0. 05，处于最优状态；RMR 的实际值为 0. 024，小于 0. 05，

处于最优状态；AGFI、GFI、NFI、CFI 的实际值都超过 0.90，处于最优状态。因此各指标基本符合要求。

表 7-20　变量的验证性因子分析相关指标汇总

测量指标	实际值	判断结果
c^2/df	12.586/8=1.573	小于 2，最优
RMSEA	0.033	小于 0.05，最优
AGFI	0.980	大于 0.9，最优
GFI	0.992	大于 0.9，最优
RMR	0.024	小于 0.05，最优
NFI	0.991	大于 0.9，最优
CFI	0.997	大于 0.9，最优

表 7-21 显示，各层次变量的相互路径系数值都超过了 0.5，表明各阶路径的因子设计相对不错。总体来看，变量具有较高的效度水平，对变量的维度划分标准符合科学性。

表 7-21　创业企业绩效的变量系数值

变量	Estimate
SURV-EP	0.537
GRO-EP	0.546
Surv1-生存性绩效	0.812
Surv2-生存性绩效	0.841
Surv3-生存性绩效	0.838
Gro1-成长性绩效	0.734
Gro2-成长性绩效	0.845
Gro3-成长性绩效	0.790

图 7-7 为创业企业绩效的验证性因子分析结果，显示了企业家隐性人力资本以及企业家隐性人力资本各维度间的系数值，由生存性绩效和成长性绩效两个维度构成。

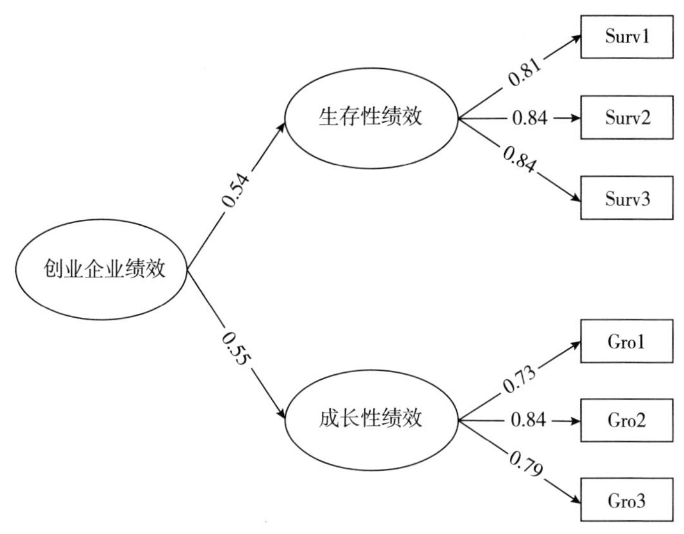

图 7-7 创业企业绩效的验证性因子分析结果

依据表 7-22 的标准化计算过程，标准化权重处理因变量的维度系数，获得的最终权重值代入式（7-2）得到式（7-10），被调查企业的 EP 分数由式（7-10）计算得出，每个维度的分数由式（7-4）计算得出。

$$EP=0.496Surv+0.504Gro \tag{7-10}$$

表 7-22 创业企业绩效的标准化权重

变量	方向	变量	Estimate	标准化权重
SURV	←	EP	0. 537	0. 496
GRO	←	EP	0. 546	0. 504

三、企业家隐性人力资本与创业企业绩效关系分析

验证性因子分析获得了企业家隐性人力资本和创业企业绩效的二阶因子构成模型以及各因子的标准权重系数，为之后的相关分析和回归分析奠定了数据基础。

如表 7-23 所示，本书运用 SPSS21. 0 中的 Pearson 相关分析法得到的企业家隐性人力资本与创业企业绩效的 Pearson 相关系数为 0. 639，且具有较高的显著性水平，符合要求。

表 7-23　企业家隐性人力资本与创业企业绩效的 Pearson 相关系数

变量	企业家隐性人力资本	创业企业绩效
企业家隐性人力资本	1	0.639** （0.000）
创业企业绩效	0.639** （0.000）	1

注：**表示在 0.01 水平上双尾检验显著；括号内为 Sig. 值。

上述相关分析的结果表明，企业家隐性人力资本正向影响创业企业绩效，且相关度较高，接下来我们运用 SPSS21.0 统计软件中的线性回归分析继续研究两者之间的因果关系和强度。

表 7-24 结果表明，$R^2=0.409$，$p=0.000$，在 0.01 水平上显著，$F=370.538$，测量指标基本都达到标准。所以构建的模型结果相对较理想，具有一定的解释意义和统计意义。将分析获得的两个系数代入式（7-5）可以得到如下回归方程：

$$EP=0.741TC+0.933 \tag{7-11}$$

由此证明了假设 H_1，即企业家隐性人力资本正向影响创业企业绩效。

表 7-24　回归系数分析

变量	模型
常数项	0.933*** （7.043）
企业家隐性人力资本	0.741*** （19.249）
R^2	0.409
F	370.538

注：***表示在 0.01 水平上双尾检验显著；括号内为 t 值。

四、企业家隐性人力资本各维度与创业企业绩效及其各维度的关系分析

（一）相关性分析

表 7-25 是运用 SPSS21.0 中的 Pearson 相关分析法的结果，可以看出隐性知识与创业企业绩效之间的相关系数为 0.491，隐性知识与生存性绩效之间的相关系数为 0.298，隐性知识与成长性绩效间的相关系数为 0.481，且在 0.01 水平上显著；企业家精神与创业企业绩效之间的相关系数为 0.602，企业家精神与生存

性绩效之间的相关系数为 0. 382，企业家精神与成长性绩效间的相关系数为 0. 574，且在 0. 01 的水平上显著；企业家社会资本与创业企业绩效之间的相关系数为 0. 326，企业家社会资本与生存性绩效之间的相关系数为 0. 333，企业家社会资本与成长性绩效间的相关系数为 0. 185，且在 0. 01 的水平上显著。于是，企业家隐性人力资本各维度与创业企业绩效及其各维度之间的相关关系通过了检验。

表 7-25　企业家隐性人力资本各维度与创业企业绩效及其各维度的 Pearson 相关系数

变量	隐性知识	企业家精神	社会资本
创业企业绩效	0. 491** （0. 000）	0. 602** （0. 000）	0. 326** （0. 000）
生存性绩效	0. 298** （0. 000）	0. 382** （0. 000）	0. 333** （0. 000）
成长性绩效	0. 481** （0. 000）	0. 574** （0. 000）	0. 185** （0. 000）

注：** 表示在 0. 01 水平上双尾检验显著；括号内为 Sig. 值。

（二）多元回归分析

上述相关分析的结果表明，两两变量之间都具有正向关系且相关度较高，接下来我们运用多元回归分析继续探索两两变量之间的因果关系和强度。

第一，企业家隐性人力资本各维度与创业企业生存性绩效的回归分析。

采用 SPSS21. 0 统计软件中的多元线性回归方法探索企业家隐性人力资本各维度对创业企业生存性绩效的影响方向和影响度。如表 7-26 所示，我们采用逐步进入法进行多元回归分析，分为三个步骤，每个步骤对应一个模型。依据自变量与因变量关系的紧密程度以及探索性因子分析和验证性因子分析结果，模型 1 中只有变量“企业家精神”，模型 2 中包含变量“企业家精神”和“隐性知识”，模型 3 中包含变量“企业家精神”“隐性知识”和“社会资本”。

表 7-26 的模型 1 结果表明：调整后的 $R^2=0.144$，$p=0.000$，且具有良好的显著性水平。表明该模型设计的结果相对较为理想，具备一定的解释意义和统计意义。假设 H_{3a} 由此得到证明，即企业家精神正向影响创业企业生存性绩效。回归方程如下所示：

$$Surv=0.449Ent+2.005 \tag{7-12}$$

表 7-26 中模型 2 回归分析的结果为：调整后的 $R^2=0.164$，$p=0.000$，且显著性水平良好。表明该模型设计的结果相对较理想，具备一定的解释意义和统计意义。假设 H_{2a} 由此得到证明，即企业家隐性知识正向影响创业企业生存性绩效。回归方程如下所示：

Surv=0. 366Ent+0. 159Tac+1. 828 (7-13)

表 7-26 模型 3 的结果表明：调整后的 $R^2=0.201$，企业家精神和社会资本 p=0. 000，隐性知识 p=0. 007，且具有良好的显著性水平。表明该模型设计的结果相对较理想，具备一定的解释意义和统计意义。假设 H_{4a} 由此得到证明，即社会资本正向影响创业企业生存性绩效。回归方程如下所示：

Surv=0. 308Ent+0. 117Tac+0. 264Soc+1. 180 (7-14)

上述分析表明，企业家隐性人力资本的三个维度与科技型创业企业生存性绩效之间均存在显著的正相关关系。对创业企业生态性绩效的影响度排序为：企业家精神>社会资本>隐性知识。

表 7-26 企业家隐性人力资本各维度与创业企业生存性绩效的回归指标结果

变量	模型 1	模型 2	模型 3
常数项	2. 005*** (11. 382)	1. 828*** (10. 137)	1. 180*** (5. 421)
企业家精神	0. 449*** (9. 573)	0. 366*** (7. 113)	0. 308*** (5. 969)
隐性知识		0. 159*** (3. 716)	0. 117*** (2. 727)
社会资本			0. 264*** (5. 076)
调整后的 R^2	0. 144	0. 164	0. 201
F	91. 639	53. 819	46. 128

注：*** 表示在 0. 01 水平上双尾检验显著；括号内为 t 值。

第二，企业家隐性人力资本各维度与创业企业成长性绩效的回归分析。

与上述方法相同，分为三个步骤，每个步骤对应一个模型。将企业家隐性人力资本的三个维度作为自变量，将创业企业成长性绩效作为因变量，进行多元线性回归分析。

表 7-27 中模型 1 结果表明：调整后的 $R^2=0.328$，p=0. 000，且具有良好的显著性水平。表明该模型设计的结果相对较理想，具备一定的解释意义和统计意义。假设 H_{3b} 由此得到证明，即企业家精神正向影响创业企业成长性绩效。回归方程如下所示：

Gro=0. 661Ent+0. 806 (7-15)

表 7-27 中模型 2 结果表明：调整后的 $R^2=0.393$，企业家精神与隐性知识的

p=0.000，且具有良好的显著性。表明该模型设计的结果相对较理想，具备一定的解释意义和统计意义。假设 H_{2b} 由此得到证明，即隐性知识正向影响创业企业成长性绩效。回归方程如下所示：

$$Gro = 0.518Ent + 0.274Tac + 0.503 \tag{7-16}$$

表 7-27 中模型 3 结果表明：社会资本的 p 等于 0.116，大于 0.05，显著性水平较低，假设 H_{4b} 被拒绝。

上述分析表明企业家隐性知识和企业家精神与科技型创业企业成长性绩效之间均存在显著的正相关关系，社会资本对创业企业成长性绩效作用并不显著。

表 7-27 企业家隐性人力资本各维度与创业企业成长性绩效的回归指标结果

变量	模型 1	模型 2	模型 3
常数项	0.806*** (5.270)	0.503*** (3.339)	0.674*** (3.631)
企业家精神	0.661*** (16.209)	0.518*** (12.041)	0.533*** (12.107)
隐性知识		0.274*** (7.664)	0.285*** (7.834)
社会资本			-0.070；p=0.116 (-1.574)
调整后的 R^2	0.328	0.393	0.395
F	262.730	174.879	117.734

注：*** 表示在 0.01 水平上双尾检验显著；括号内为 t 值。

第三，企业家隐性人力资本各维度与创业企业绩效的回归分析。

自变量为企业家隐性人力资本的三个维度，将创业企业绩效作为因变量，进行多元线性回归分析。与上述方法相同，分为三个步骤，每个步骤对相应的一个模型进行了解释。

将模型 1 回归分析结果汇总，如表 7-28 所示，统计分析结果表明：调整后的 R^2 值为 0.362，p 值为 0.000，模型 1 具有良好的显著性水平。该回归结果对假设 H_3 进行了验证。结果表明，创业企业绩效会受到来自企业家精神的正向影响。因此，假设 H_3 成立，模型 1 的回归方程如下所示：

$$EP = 0.556Ent + 1.400 \tag{7-17}$$

将模型 2 回归分析结果汇总，如表 7-28 所示，统计分析结果表明：调整后的 R^2 值为 0.426，p 值为 0.000，模型 2 具有良好的显著性水平。该回归结果对

假设 H_2 进行了验证。结果表明，创业企业绩效会受到来自隐性知识的正向影响。因此，假设 H_2 成立，模型 2 的回归方程如下所示：

$$EP=0.443Ent+0.217Tac+1.160 \tag{7-18}$$

将模型 3 回归分析结果汇总，如表 7-28 所示，统计分析结果表明：调整后的 R^2 值为 0.433，p 值为 0.000，模型 3 具有良好的显著性水平。该回归结果对假设 H_4 进行了验证。结果表明，创业企业绩效会受到企业家社会资本的正向影响。因此，假设 H_4 成立，模型 3 的回归方程如下所示：

$$EP=0.422Ent+0.202Tac+0.096Soc+0.925 \tag{7-19}$$

上述分析表明企业家隐性人力资本的三个维度与科技型创业企业绩效之间均存在显著的正相关关系。对创业企业绩效的影响度排名为：企业家精神>隐性知识>社会资本。

表 7-28 企业家隐性人力资本各维度与创业企业绩效的回归指标结果

变量	模型 1	模型 2	模型 3
常数项	1.400*** (11.733)	1.160*** (9.888)	0.925*** (6.426)
企业家精神	0.556*** (17.471)	0.443*** (13.210)	0.422*** (12.345)
隐性知识		0.217*** (7.789)	0.202*** (7.137)
社会资本			0.096*** (2.784)
调整后的 R^2	0.362	0.426	0.433
F	305.244	199.952	137.566

注：*** 表示在 0.01 水平上双尾检验显著；括号内为 t 值。

第四，回归分析结果汇总。

将所得回归分析的结果进行汇总，如表 7-29 所示。通过回归结果可以得到企业家隐性人力资本各维度与创业企业绩效及各维度之间的相关关系。由表 7-29 可以看出，创业企业绩效的成长性绩效会受到来自企业家隐性知识和企业家精神的正向影响，而创业企业绩效的生存性绩效则会受到来自社会资本的正向影响。

表 7-29　回归结果汇总

变量	创业企业生存性绩效	创业企业成长性绩效	创业企业绩效
常数项	1.180*** (5.421)	0.674*** (3.631)	0.925*** (6.426)
企业家精神	0.308*** (5.969)	0.533*** (12.107)	0.422*** (12.345)
隐性知识	0.117*** (2.727)	0.285*** (7.834)	0.202*** (7.137)
社会资本	0.264*** (5.076)	-0.070；p=0.116 (-1.574)	0.096*** (2.784)
调整后的 R^2	0.201	0.395	0.433
F	46.128	117.734	137.566

注：*** 表示在 0.01 水平上双尾检验显著；括号内为 t 值。

第六节　结果分析与讨论

一、假设检验结果

运用实证分析方法对企业家隐性人力资本—创业企业绩效理论模型以及提出的假设进行分析检验，所得假设检验结果如表 7-30 所示。

表 7-30　假设检验结果

编号	假设	结果
H_1	企业家隐性人力资本对创业企业绩效有正向的影响作用	成立
H_2	企业家隐性知识对创业企业绩效有正向的影响作用	成立
H_{2a}	企业家隐性知识对创业企业生存性绩效有正向的影响作用	成立
H_{2b}	企业家隐性知识对创业企业成长性绩效有正向的影响作用	成立
H_3	企业家精神对创业企业绩效有正向的影响作用	成立
H_{3a}	企业家精神对创业企业生存性绩效有正向的影响作用	成立
H_{3b}	企业家精神对创业企业成长性绩效有正向的影响作用	成立

续表

编号	假设	结果
H_4	企业家社会资本对创业企业绩效有正向的影响作用	成立
H_{4a}	企业家社会资本对创业企业生存性绩效有正向的影响作用	成立
H_{4b}	企业家社会资本对创业企业成长性绩效有正向的影响作用	不成立

二、企业家隐性人力资本对创业企业生存性绩效的影响

创业企业生存性绩效均会受到来自企业家隐性人力资本的三个维度的正向影响，按不同维度企业家隐性人力资本影响度排序为：企业家精神>社会资本>隐性知识。这是因为企业在初创阶段企业家的创业精神至关重要，能够帮助企业战胜各种困难挑战，引领企业从无到有并成功生存。同时，初创阶段的企业还需要企业家的社会关系网络提供的各种机会、资金和资源等支持，帮助其抵御市场竞争。虽然隐性知识与创业企业生存性绩效之间存在显著正相关关系，但其对企业的生存影响并没有企业家精神和企业家社会资本的影响大。

三、企业家隐性人力资本对创业企业成长性绩效的影响

作为企业成长的重要衡量指标，创业企业成长性绩效会受到隐性知识与企业家精神的显著正向影响，但受到社会资本的正向影响并不显著。这是因为企业家在企业成长的过程中需要投入大量的时间和金钱资源，以便对企业家社会资本进行获取和维护。相反，与之相对的强关系将造成企业间过度依赖的结果，同行业企业抱团行为会使得企业的创新原动力大幅度下降，对企业未来成长产生不利影响。而且就科技型创业企业而言，其核心竞争力和立足根本在于创新的产品和技术，企业家社会资本的作用相对较小。

四、企业家隐性人力资本对创业企业绩效的影响

创业企业绩效均会受到来自企业家隐性人力资本及其各维度的显著正向影响。企业家隐性人力资本各维度影响力排序为：企业家精神>隐性知识>社会资本。首先，企业家的创新精神是科技型创业企业的命脉所在，不断创新技术和产品才是生存之法；其次，企业家的创业精神牵引着一个企业从无到有并不断发展壮大，克服各种困难和挑战；最后，在不可预测的外部市场环境和巨大的市场竞争压力下，科技型创业企业的企业家需要不畏风险的企业家精神来抓住市场机遇，勇于作出开拓性决策。

高新技术企业是科技型创业企业群组中较具代表性的企业，该类企业具有敏锐的嗅觉，掌握着前沿的、较为先进的技术和生产工艺，并在长时间的发展过程中积累了众多有关企业成长和转型的高价值专业知识。它们与个体之间存在着高度相关性，难以被其他行业竞争者发掘和模仿。正是由于企业家这些特有的隐性知识，科技型创业企业才能在其发展的过程中处于领先地位，并在转化的过程中为企业创新提供动力，为提升创业企业绩效提供保障。

社会资本是企业家在创业活动和管理实践中形成的，它能够为企业提供发展机会和资源条件，提高企业绩效。但就科技型创业企业而言，知识技术是其核心，创新是其发展最重要的动力，并且社会资本往往需要付出很大的代价来维护，产生的强关系可能会使企业间相互依赖，阻碍创新。因此，隐性知识和企业家精神在企业发展过程中具有社会资本不可比拟的作用。

第七节 本章小结

一、主要结论

通过对相关研究的总结和梳理，本书概括提炼出了企业家隐性人力资本与创业企业绩效两个研究变量，在此基础之上对概念进行界定并划分了具体维度。基于此，我们研究探索了两个变量间的影响关系并建立了理论模型和研究假设，接着运用 Amos21.0 和 SPSS21.0 对调查问卷的数据进行实证分析，同时检验相关变量之间的关系和研究假设。结论如下：

（1）提出了企业家隐性人力资本，并阐述了其概念和维度划分。本书研究认为企业家隐性知识、企业家精神和企业家社会资本三个维度均属于企业家隐性人力资本的范畴，通过了探索性因子分析和验证性因子分析，为企业家隐性人力资本的测度提供基础。

（2）企业家隐性人力资本的三个维度对创业企业绩效的影响度排序为：企业家精神>隐性知识>社会资本。

（3）企业家隐性人力资本中企业家隐性知识和企业家精神两个维度显著正向影响创业企业成长性绩效，而企业家社会资本与创业企业成长性绩效间的正相关关系并不显著。

（4）企业家隐性人力资本及其三个维度均与创业企业绩效之间具有显著的正相关关系。

（5）企业家隐性知识和企业家精神主要与创业企业绩效的成长性绩效具有显著的正相关关系，社会资本则与创业企业绩效的生存性绩效之间具有显著的正相关关系。

二、理论与管理启示

（一）企业家隐性知识方面的管理启示

企业家隐性知识具有专有性、不可复制性以及难以传播性。正是这种隐性知识使得企业家的能力有所差异，显示了他们之间的区别，这种差异使得企业竞争力与企业绩效表现不同。所以对于科技型创业企业家而言，决策过程在创业活动与企业日常管理过程中变得尤为重要，企业家应有意识地学习领悟其中的隐性知识，增强学习认知能力，并在这一过程中建立自身正确判断事物的标准，并梳理起正确的价值观。

（二）企业家精神方面的管理启示

企业家精神是企业家的内在动力，其作为推动企业发展的重要力量，在提升企业绩效、促进企业转型升级方面发挥重要作用。这种无形的资本也是企业家隐性人力资本组成成分，它是企业家在平时创业活动和管理实践过程中自我培养的一种力量。科技型创业企业所面临的挑战来自多个方面，难以预测的外部市场环境和竞争对手关键技术把控阻碍了科技型创业企业发展，同时，为追求更高利润空间，同行业企业竞争愈演愈烈。在这种情况下，创业精神作为企业家特有品质能够引领企业克服重重困难和挑战。此外，企业家的创新精神能够推动科技型创业企业的发展和壮大。因此，科技型创业企业家要加强自我培养，培养自我身份认同感，发挥自身企业家精神，在长期创业活动中坚持不懈，克服创业倦怠，用积极的心态面对挑战，保持创业热情，同时塑造创新精神，保持灵敏的市场嗅觉并把握机会，遇到风险时果断作出决策，敢于承担责任，引领企业发展。

（三）社会资本方面的管理启示

作为企业家隐性人力资本的重要组成因素之一，企业家社会资本能够对企业绩效产生积极影响。企业家构建的社会关系网络能够为企业带来各种资金和资源支持，科技型企业家要善于利用其社会关系网络中的有价值的稀缺资源和机会等，以促进企业发展和成长。因此，科技型企业家既要在创业活动和管理实践中努力建立属于自己的社会关系网络，还要加强对社会关系网络中资源和机会等的捕捉和利用能力，使其社会资本发挥最大效用。

第八章　研究局限与展望

本书在课题前期研究成果基础上进行了进一步的拓展，提出了企业家创业情绪和企业家行为这两个新的研究视角，并分别从企业家创业激情、创业倦怠和企业家行为的视角展开了理论研究和实证分析，实证检验了企业家隐性人力资本对创业企业绩效的影响，但是还存在很多研究的局限和不足，也同时明确了今后的研究方向和内容。

第一节　研究局限

尽管本书在梳理总结已有研究的基础之上，获得了一些创新性的发现，但由于在调查时间、调查资源的有限性以及研究方法的选择上存在局限性，加上笔者能力有限，本书存在如下几点不足之处有待改进：

1. 关于企业家隐性人力资本内涵和外延的深度挖掘还不够

本书在原有企业家隐性人力资本如隐性知识、企业家精神及社会资本等要素基础上，丰富了企业家情绪调节能力及企业家行为态度等要素，但是有关各要素的总结、归纳及各要素间相互作用及关联的分析还不够，这也是今后需要进一步厘清的重要内容和方向。

2. 企业家情绪和行为还未纳入企业家隐性人力资本的实证研究中

本书分别从企业家创业激情和企业家行为的视角进行了理论分析，并分别进行了实证研究，但是囿于各种原因在本书第六章中未能将其列入企业家隐性人力资本的构成要素中，也未能进行实证检验。这也是本书需要在扎根理论研究基础上进一步进行实证研究的重要内容和方向。

3. 企业家隐性人力资本对创业绩效的影响的实证研究还不完善

本书只涉及企业家隐性人力资本对企业绩效的直接影响，并没有涉及两个变量之间是否存在中介变量或调节变量。因此，未来的研究可以考虑增加诸如环境不确定性等变量作为中介或调节变量进行进一步的研究。同时，本书从静态时间视角对自变量和因变量之间的相互关系进行了实证分析研究，未来研究可以从动态时间视角，采用动态跟踪法对两个研究变量之间的相互关系进行研究，使研究更加全面。

4. 研究方法比较单一

目前，本书采取了扎根理论和实证分析的研究方法对企业家隐性人力资本的要素及对创业企业的影响机理进行了理论分析和实证研究，但是，研究方法的多元性不足，如可以采取多案例和跨案例的研究，从而更加深刻地理解企业家隐性人力资本对创业企业的影响。

5. 实证研究中数据采集及样本处理方面的局限

本书获取数据的渠道为发放和回收问卷，但调查问卷的形式受很多主观因素的影响，例如问卷填写者可能会错误理解题项的内容与设计初衷以及可能会仓促随意填写问卷，这些因素都会影响最终数据的真实性，从而影响实证分析以及结果。

本书的调查对象是科技型创业企业的企业家，研究结论对于其他行业或类型的企业是否适用，没有进行进一步研究。未来研究可以将企业家隐性人力资本的研究扩展到其他行业，观察研究结论是否一致。

本书所有变量的测量数据均来源于主观性评价，虽然保证了数据的可获得性，但是容易受到问卷填写者主观意识的评价。未来可以进一步开发相关量表，在定性指标中加入定量指标，保证数据的客观性。

第二节　研究展望

1. 动态数据的跟踪与研究

本书的数据为横截面数据，但是创业是一个持续性的过程，创业激情转化为创业成果也需要时间，所以本书收取的数据不可避免有一定的时滞性。未来可以考虑跨时间的纵向研究。可以借鉴美国 PSED 创业动态项目的设计思路，补充动态数据，从而提高实证分析的可信度。同时扩大调查的区域范围，广泛覆盖创业活动活跃性不同的地区。此外各地区的制度环境也不尽相同，未来的研究可以进一步考虑情景因素。

2. 不同企业生命周期的研究

本书主要针对科技型创业企业的企业家，对于已经处于成熟期其他类型企业

来说，企业家激情以及资源获取是否会有不同的作用？未来研究可以针对处于不同阶段的企业进行研究。

3. 创业倦怠的影响效应及作用机制的深入研究

目前企业家创业倦怠的影响效应研究主要集中在对创业认知、创业行为、创业绩效三个方面。这些研究成果主要是针对企业家自身而言，缺乏创业倦怠对其追随者、投资者的影响效应。研究创业倦怠对追随者和投资者的影响至关重要。另外，创业倦怠是同时影响认知、行为和绩效，还是通过认知影响行为，再影响绩效，即认知、行为、绩效之间是并列关系还是因果关系有待讨论。

已有研究证明意义构建（Thomas et al.，1993）、失败正常化（Shepherd et al.，2011）、资源互动（Lilius，2012）、失败归因与恢复导向（于晓宇等，2018）、反事实思维（郝喜玲等，2018）等能够缓解个体负面情绪，因此还可从这几个方面入手研究克服创业倦怠的措施。可从创业导向、双元学习这两个角度探讨其是否对克服创业倦怠有效。

4. 跨文化、多样化方法的研究

现有企业家隐性人力资本研究要在充分借鉴国外研究的基础上，植根于国内创业情境，多采用问卷调查、单案例研究和叙事访谈等方法揭示企业家人力资本的形成机制、影响效应等，也可采用情景实验、多案例研究、跨层次分析等研究方法深入剖析，还可以采用动态跟踪法对企业家隐性人力资本进行跨越时序的纵向研究。

参考文献

［1］白福萍．企业家隐性知识对企业知识资本形成的影响：基于海尔的案例分析［J］．财会月刊，2011（30）：87-89.

［2］白景坤，荀婷，张贞贞．组织惰性：成功的副产品，抑或组织病症？——基于系统性审查方法的述评与展望［J］．外国经济与管理，2016，38（12）：113-128.

［3］柏帅蛟．基于计划行为理论视角的变革支持行为研究：以中国军工企业军民融合战略变革为例［D］．成都：电子科技大学，2016.

［4］彼得·德鲁克．创新与企业家精神［M］．北京：机械工业出版社，2015.

［5］蔡莉，单标安．中国情境下的创业研究：回顾与展望［J］．管理世界，2013（12）：160-169.

［6］蔡莉，单标安，朱秀梅，等．创业研究回顾与资源视角下的研究框架构建——基于扎根思想的编码与提炼［J］．管理世界，2011（12）：160-169.

［7］曾义，冯展斌，张茜．地理位置、环境规制与企业创新转型［J］．财经研究，2016（9）：87-98.

［8］陈东平．以中国文化为视角的霍夫斯泰德跨文化研究及其评价［J］．江淮论坛，2008（1）：123-127.

［9］陈建安，曹冬梅，陶雅．创业认同研究前沿探析与未来展望［J］．外国经济与管理，2015，37（12）：30-43.

［10］陈金亮，林嵩，刘小元，等．企业家社会团体纽带与新创企业成长：信息处理观权变视角的探究［J］．管理评论，2017，31（5）：177-192.

［11］陈漫，张新国．经济周期下的中国制造企业服务转型：嵌入还是混入［J］．中国工业经济，2016（8）：93-109.

［12］陈树文，郭殿东．基于无限次重复博弈的企业隐性人力资本积累研究［J］．科技进步与对策，2012，29（15）：96-99.

［13］陈莹，周小虎．战略变革背景下组织变革信心的构建过程研究［J］．

管理案例研究与评论，2017，10（5）：478-490.

［14］陈致中，沈源清．企业家精神与中小企业战略转型［J］．现代管理科学，2014（6）：33-35.

［15］崔连广，张玉利，闫旭．心潮澎湃才能喜出望外？——创业激情对新创企业绩效的作用机制研究［J］．外国经济与管理，2019，41（8）：17-18+12.

［16］单标安，鲁喜凤，郭海．创始人的人格特质对科技型新企业成长的影响研究［J］．管理学报，2018，15（5）：687-694.

［17］邓少军，芮明杰．高层管理者认知与企业双元能力构建：基于浙江金信公司战略转型的案例研究［J］．中国工业经济，2013（11）：135-147.

［18］丁志卿，吴彦艳．科技型中小企业特征与资本市场的错位关系研究［J］．技术经济与管理研究，2011（5）：37-40.

［19］段文婷，江光荣．计划行为理论述评［J］．心理科学进展，2008（2）：315-320.

［20］范钧，郭立强，聂津君．网络能力、组织隐性知识获取与突破性创新绩效［J］．科研管理，2014，35（1）：16-24.

［21］范钧，王进伟．网络能力、隐性知识获取与新创企业成长绩效［J］．科学学研究，2011，29（9）：1365-1373.

［22］房路生．企业家社会资本与创业绩效关系研究［D］．西安：西北大学，2010.

［23］付丙海，谢富纪，韩雨卿，等．动态能力一定会带来创新绩效吗？——不确定环境下的多层次分析［J］．科学学与科学技术管理，2016（12）：41-52.

［24］干春晖，邹俊，王健．地方官员任期、企业资源获取与产能过剩［J］．中国工业经济，2015（3）：46-58.

［25］高倩，佐斌，郭新立，等．人际吸引机制探索：主我分享中情绪的作用［J］．心理与行为研究，2010，8（3）：183-189.

［26］耿新，张体勤．企业家社会资本对组织动态能力的影响：以组织宽裕为调节变量［J］．管理世界，2010（6）：109-121.

［27］桂昭明．经济增长的源泉：人力资本、研究开发与技术外溢［J］．中国社会科学，2015（2）：32-46.

［28］郭际，李南，白奕欣．基于生命周期理论的企业危机管理动态分析［J］．科学学与科学技术管理，2006（7）：116-120.

［29］郭立新，陈传明．企业家社会资本与企业绩效：以战略决策质量为中介［J］．经济管理，2011，33（12）：43-51.

［30］郭新帅，方世建．创业企业与企业家控制［J］．科技管理研究，2007（8）：166-168.

［31］郭英帝．人力资本、显性和隐性人力资本辨析［J］．理论学刊，2014（10）：87-91.

［32］郭玉林．隐性人力资本的价值度量［J］．中国工业经济，2002（7）：84-90.

［33］韩言锋．科技型企业创业环境研究［D］．长春：吉林大学，2005.

［34］郝喜玲，陈忠卫，刘依冉．创业者的目标导向、失败事件学习与新企业绩效关系［J］．科学学与科学技术管理，2015，36（10）：100-110.

［35］郝喜玲，张玉利，刘依冉，等．创业失败情境下的反事实思维研究框架构建［J］．外国经济与管理，2018，40（4）：3-15.

［36］何承金．人力资本管理［M］．成都：四川大学出版社，2000.

［37］何伏林，韦雪艳．大学生创业压力源、控制感与倦怠关系研究［J］．技术经济与管理研究，2010（5）：7-11.

［38］何海涛，刘慧娟．企业人力资本的科学定位与功能分析［J］．江汉大学学报（人文科学版），2011（6）：22-27.

［39］何轩，马骏，朱丽娜，等．制度变迁速度如何影响家族企业主的企业家精神配置：基于动态制度基础观的经验性研究［J］．南开管理评论，2016（19）：64-76.

［40］胡永青．基于计划行为理论的大学生创业倾向影响因素研究［J］．教育发展研究，2014（9）：77-82.

［41］贾良定，张君君，钱海燕，等．企业多元化的动机、时机和产业选择：西方理论和中国企业认识的异同研究［J］．管理世界，2005（8）：94-104.

［42］姜卫韬．中小企业自主创新能力提升策略研究：基于企业家社会资本的视角［J］．中国工业经济，2012（6）：107-119.

［43］蒋春燕．高管团队要素对公司企业家精神的影响机制研究：基于长三角民营中小高科技企业的实证分析［J］．南开管理评论，2011（3）：72-84.

［44］焦俊，苏中锋，李垣．企业家资本对创业成功的作用［J］．科技进步与对策，2011（5）：6-8.

［45］孔伟杰．制造业企业转型升级影响因素研究：基于浙江省制造业企业大样本问卷调查的实证研究［J］．管理世界，2012（9）：120-131.

［46］赖晓，丁宁宁．企业新创期资源获取问题的研究模型［J］．经济问题探索，2009（5）：90-94.

［47］兰玉杰，陈晓剑．人力资本的概念界定及其性质研究［J］．科学学与

科学技术管理，2003（4）：80-81+94.

［48］黎常，朱玥，王永跃．创业激情对创业坚持行为的影响机制研究［J］．科研管理，2018，39（9）：137-145.

［49］李柏洲，徐广玉，苏屹．中小企业合作创新行为形成机理研究：基于计划行为理论的解释架构［J］．科学学研究，2014（5）：777-786.

［50］李保珍，朱庆华，周献中．隐性知识形成的主体相对性模式识别［J］．科学学与科学技术管理，2007（4）：92-96.

［51］李超平，时勘．分配公平与程序公平对工作倦怠的影响［J］．心理学报，2003（5）：677-684.

［52］李海峥，梁赟玲，刘智强，等．中国人力资本测度与指数构建［J］．经济研究，2010，45（8）：42-54.

［53］李汉通．企业隐性人力资本存量价值计量方法研究［J］．中国流通经济，2007（6）：55-57.

［54］李后建，刘培森．人力资本结构多样性对企业创新的影响研究［J］．科学学研究，2018，36（9）：1694-1707.

［55］李建民．人力资本通论［M］．上海：上海三联书店，1999.

［56］李金洲，周敏倩．基于因子和判别分析的医药行业上市公司成长性综合研究［J］．现代管理科学，2008（1）：70-71.

［57］李杏．企业家精神对中国经济增长的作用研究：基于 SYS-GMM 的实证研究［J］．科研管理，2011（1）：97-104.

［58］李永周，谭蓉，袁波．异质性人力资本的国家高新区创新网络嵌入开发研究［J］．科技进步与对策，2015（24）：143-148.

［59］李宇，张雁鸣．大企业情境下企业家精神驱动的创新成长导向研究——以苹果公司为例［J］．科学学与科学技术管理，2013，34（1）：154-163.

［60］李玉海，陈娟．论企业隐性知识管理［J］．情报科学，2004（8）：941-943+954.

［61］李作学，丁堃，齐艳霞．论企业隐性知识的作用和挖掘途径［J］．科学学研究，2003（S1）：220-222.

［62］连旭，车宏生，田效勋．中国管理者隐性知识的结构及相关研究［J］．心理学探新，2007，102（2）：77-81.

［63］连燕玲，贺小刚，高皓．业绩期望差距与企业战略调整——基于中国上市公司的实证研究［J］．管理世界，2014，254（11）：119-132+188.

［64］梁巧转，孟瑶，刘炬，等．创业团队成员人格特质和工作价值观与创

业绩效——基于创业导向的中介作用［J］. 科学学与科学技术管理，2012，33（7）：171-180.

［65］林汉川，魏中奇. 中小企业存在理论评述［J］. 经济学动态，2000（4）：75-79.

［66］林钟高，郑军，卜继栓. 环境不确定性、多元化经营与资本成本［J］. 会计研究，2015（2）：36-43.

［67］刘芳，梁耀明，王浩. 企业家能力、关键资源获取与新创企业成长关系研究［J］. 科技进步与对策，2014（8）：91-96.

［68］刘井建. 创业学习、动态能力与新创企业绩效的关系研究：环境动态性的调节［J］. 科学学研究，2011（5）：728-734.

［69］刘井建，史金艳. 组织要素对新创企业成长绩效的影响机制研究［J］. 科研管理，2013，34（9）：81-88.

［70］刘善球，何继善. 企业家人力资本定价机制探讨［J］. 求索，2005（2）：22-23.

［71］刘树森. 创业环境对新创科技型企业成长影响研究［D］. 长春：吉林大学，2014.

［72］刘文，罗永泰. 资本构成的演变：从知识资本到隐性人力资本［J］. 现代管理科学，2008（7）：25-27+38.

［73］刘曜，干胜道. 企业成长：定义及测度［J］. 软科学，2011，25（2）：141-144.

［74］刘遗志，汤定娜. 消费者创新性对移动购物行为的影响机制研究：基于计划行为理论视角［J］. 大连理工大学学报（社会科学版），2015（3）：40-46.

［75］刘迎秋. 人力资本积累与企业收入增长互动效应［J］. 重庆大学学报，2011（2）：157-160.

［76］刘玉斌. 高技能人才隐性人力资本形成与转化研究［D］. 天津：天津财经大学，2008.

［77］刘志成，吴能全. 中国企业家行为过程研究：来自中国近代企业家的考察［J］. 管理世界，2012（2）：109-123.

［78］陆根尧，陶子毓. 企业家人力资本评价体系的设计与运用［J］. 经济论坛，2006（10）：78-79.

［79］陆立军，盛世豪. 科技型中小企业：环境与对策［M］. 北京：中国经济出版社，2002.

［80］罗向平，罗彪，王成园. 企业家叙事对创业资源获取的影响研究

[J]．北京航空航天大学学报（社会科学版），2017，32（5）：90-98.

[81] 罗志恒，葛宝山，董保宝．网络、资源获取和中小企业绩效关系研究：基于中国实践［J］．软科学，2009，23（8）：130-134.

[82] 吕东，云乐鑫，范雅楠．科技型创业企业商业模式创新与适应性成长研究［J］．科学学与科学技术管理，2015（11）：132-144.

[83] 马蓝．新创企业创业拼凑、创业学习能力对商业模式创新的影响研究［J］．当代经济管理，2019，41（5）：16-24.

[84] 马小援．论企业环境与企业可持续发展［J］．管理世界，2010（4）：1-4.

[85] 毛定祥．商业银行经营实力的二次相对评价［J］．系统工程理论方法应用，2004（6）：538-542.

[86] 毛蕴诗，姜岳新，莫伟杰．制度环境企业能力与 OEM 企业升级战略：东菱凯琴与佳士科技的比较案例研究［J］．管理世界，2009（6）：135-146.

[87] 孟建平，霍国庆．领导理论丛林与领导学科的发展［J］．科学学与科学技术管理，2008，318（3）：160-166.

[88] 钱佩华．中小企业板上市公司成长性指标体系的构建［J］．科技信息，2013（9）：464-465.

[89] 秦辉，傅梅兰，黄宏斌．科技型中小企业的创新策略［J］．企业改革与管理，2010（5）：36-37.

[90] 秦剑，张玉利．社会资本对创业企业资源获取的影响效应研究［J］．当代经济科学，2013，35（2）：96-106.

[91] 任声策，范倩雯．产业环境不确定性对产品转型绩效的影响［J］．产业经济评论，2015（1）：48-56.

[92] 芮明杰，郭玉林．智力资本激励的制度安排［J］．中国工业经济，2002（9）：64-69.

[93] 司强，李维梁．人力资本价值理论的演变和衡量方法［J］．山东社会科学，2005（10）：65-67.

[94] 宋光辉，董永琦，吴栩．科技型中小企业特征及融资体系构建：基于生命周期的视角［J］．财会月刊，2016（1）：32-37.

[95] 宋清，胡雅杰，李志祥．促进科技型创业企业成长的孵化要素实证研究［J］．科学学与科学技术管理，2011（5）：108-114.

[96] 汤文仙，李攀峰．基于三个维度的企业成长理论研究［J］．软科学，2005，19（1）：17-20.

[97] 唐绍欣，刘文．西方知识资本理论述评［J］．经济科学，1999（2）．

[98] 万文海，刘龙均．领导创造力影响员工创造力的机制研究［J］．华侨大学学报（哲学社会科学版），2019，131（2）：69-77.

[99] 汪丁丁．企业家的形成与财产制度：评张维迎《企业的企业家—契约理论》［J］．经济研究，1996（1）：62-68.

[100] 王爱群，唐文萍．环境不确定性对财务柔性与企业成长性关系的影响研究［J］．中国软科学，2017（3）：186-192.

[101] 王国香，刘长江，伍新春．教师职业倦怠量表的修编［J］．心理发展与教育，2003（3）：82-86.

[102] 王海珍，刘新梅，张永胜，等．高管团队政府工作经验、政治网络与企业绩效的关系研究［J］．软科学，2008（7）：63-67.

[103] 王金营．人力资本与经济增长［M］．北京：中国财政经济出版社，2001.

[104] 王良秋，孙婷婷，董妍，等．道路交通违法行为研究：基于计划行为理论的视角［J］．心理科学进展，2015（11）：2009-2019.

[105] 王士红，彭纪生．基于隐性知识转移的知识管理研究［J］．科学管理研究，2014（12）：82-84.

[106] 王伟毅，李乾文．环境不确定性与创业活动关系研究综述［J］．外国经济与管理，2007，29（3）：53-58.

[107] 王瑛芳．企业成长性主成分分析：以环保行业上市公司为例［J］．中国管理信息化，2010（10）：38-41.

[108] 王勇，刘志远，靳光辉．企业现金持有、客户依赖与产品市场竞争——基于中国制造业上市公司的实证研究［J］．系统工程，2016，34（8）：13-23.

[109] 王忠武．成功企业家的人格特征及其社会化塑造机制［J］．经济纵横，2000（1）：12-15+21.

[110] 韦红泉．企业家能力转化与企业成长研究［D］．天津：天津大学，2013.

[111] 韦雪艳．民营企业家职业倦怠内容和结构研究［J］．应用心理学，2008，14（3）：255-261.

[112] 韦雪艳，王重鸣，段锦云．变革背景下民营企业家创业压力源与职业倦怠的关系［J］．软科学，2009，23（11）：96-101.

[113] 韦雪艳，王重鸣，段锦云．民营企业家社会支持与职业倦怠的关系研究［J］．重庆大学学报（社会科学版），2012，18（4）：33-37.

[114] 温海池．劳动经济学［M］．天津：南开大学出版社，2000.

［115］吴春波，曹仰峰，周长辉．企业发展过程中的领导风格演变：案例研究［J］．管理世界，2009（2）：123-137.

［116］吴俊杰，戴勇．企业家社会资本、知识整合能力与技术创新绩效关系研究［J］．科技进步与对策，2013（11）：84-88.

［117］吴世农，李常青，余玮．我国上市公司成长性的判定分析和实证研究［J］．南开管理评论，1999（4）：49-57.

［118］吴先明，张楠，赵奇伟．工资扭曲、种群密度与企业成长：基于企业生命周期的动态分析［J］．中国工业经济，2017（10）：139-157.

［119］吴晓晖，叶瑛．市场化进程、资源获取与创业企业绩效：来自中国工业企业的经验证据［J］．中国工业经济，2009（5）：79-88.

［120］武光，欧阳桃花，姚唐．战略性新兴产业情境下的企业商业模式动态转换：基于太阳能光伏企业案例［J］．管理评论，2015（9）：217-230.

［121］小艾尔弗雷德·D. 钱德勒．看得见的手：美国企业的管理革命［M］．北京：商务印书馆，1987.

［122］谢康，吴瑶，肖静华，等．组织变革中的战略风险控制：基于企业互联网转型的多案例研究［J］．管理世界，2016（2）：133-149.

［123］谢雅萍，陈小燕．创业激情研究现状探析与未来展望［J］．外国经济与管理，2014，36（5）：3-11.

［124］谢雅萍，陈小燕，叶丹容．创业激情有助于创业成功吗？［J］．管理评论，2016（11）：170-181.

［125］辛杰，吴创．企业家职业倦怠及基于社会责任的消解前因：情商与领导风格的调节作用［J］．科学学与科学技术管理，2015，36（7）：155-166.

［126］许晖．中国企业国际化风险识别与控制研究［M］．北京：科学出版社，2010.

［127］许小东．组织惰性行为初研［J］．科研管理，2000（4）：56-60.

［128］许秀梅．技术资本与企业价值：基于人力资本与行业特征的双重调节［J］．科学学与科学技术管理，2015（8）：152-161.

［129］许正．构建中国企业的转型模式［J］．管理学报，2010（11）：1632-1636.

［130］薛乃卓，杜纲．知识型组织人力资本内涵新视角及其价值推进与实现［J］．科学学与科学技术管理，2005（3）：118-121.

［131］薛有志，周杰，初旭．企业战略转型的概念框架：内涵、路径与模式［J］．经济管理，2012（7）：39-48.

［132］亚当·斯密．国民财富的性质和原因的研究：上卷［M］．郭大力，

王亚南，译．北京：商务印书馆，1972：344-345.

［133］杨桂菊．代工企业转型升级：演进路径的理论模型——基于3家本土企业的案例研究［J］．管理世界，2010（6）：132-142.

［134］杨建昆，王心焕，雷家骕．高新企业成长相关政策设计与执行对政策效果的作用分析［J］．中国软科学，2016（11）：184-192.

［135］杨晶照，杨东涛，赵顺娣，等．“我是”、“我能”、“我愿”：员工创新心理因素与员工创新的关系研究［J］．科学学与科学技术管理，2011（4）：165-172.

［136］杨荣．人力资本下“干中学”与企业竞争优势［J］．管理观察，2016（1）：91-94.

［137］姚红艳，知识流动机理的三维分析模式［J］．研究与发展管理，2013（15）：39-43.

［138］姚树荣，张耀奇．人力资本含义与特征分析［J］．上海经济研究，2001（2）：5.

［139］姚数荣，张耀奇．人力资本与区域经济增长［M］．镇江：江苏大学出版社，2013：152.

［140］姚艳红．新疆人才资源开发和利用的现状分析［J］．和田师范专科学校学报，2005（3）：54-55.

［141］叶国灿．论企业家的定位及其培育机制的构建［J］．江西社会科学，2004（2）：231-237.

［142］易朝辉．网络嵌入、创业导向与新创企业绩效关系研究［J］．科研管理，2012（11）：105-115.

［143］易明．企业家的界定：涵义、对象、身份、行为特征［J］．经济师，2000（4）：33-34.

［144］尹利．企业家个性与企业的个性化发展［J］．环渤海经济瞭望，2005（1）：18-21.

［145］雍少宏，王娟．企业家行为民族特性理论构想［J］．心理科学进展，2012（11）：1735-1748.

［146］于林，赵士军，陈倩．高层管理团队隐性人力资本研究［J］．工业技术经济，2011（2）：118-122.

［147］于米，于桂兰．技能型人才隐性人力资本的测定与价值研究：基于吉林省汽车制造业的实证分析［J］．人口学刊，2012（2）：89-97.

［148］于晓宇，李小玲，陶向明，等．失败归因、恢复导向与失败学习［J］．管理学报，2018，15（7）：988-997.

［149］余向前，张正堂，张一力．企业家隐性知识、交接班意愿与家族企业代际传承［J］．管理世界，2013，242（11）：77-88+188.

［150］俞荣建．基于价值链分析的职位相对价值决定机理与应用启示［J］．集团经济研究，2005（7）：96-97.

［151］岳彬．企业家精神与企业核心能力的塑造［J］．科技管理研究，2003（1）：56-60.

［152］张爱丽．潜在企业家创业机会开发影响因素的实证研究：对计划行为理论的扩展［J］．科学学研究，2010（9）：1405-1412.

［153］张聪群．超竞争环境下产业集群内中小企业转型研究：基于企业动态能力视角［J］．科技进步与对策，2014（14）：92-97.

［154］张瑾．民营企业家人力资本与企业成长绩效实证研究［D］．济南：山东大学，2009.

［155］张静．中国中小企业成长的影响因素及模式研究［J］．高等函授学报（哲学社会科学版），2008（2）：20-23.

［156］张君立，蔡莉，朱秀梅．社会网络、资源获取与新创企业绩效关系研究［J］．工业技术经济，2008（5）：89-92.

［157］张梦琪．科技型新创企业创业导向、知识获取与成长绩效研究［J］．科技与管理，2019（5）：9-15.

［158］张敏，张一力．风险偏好还是网络偏好？网络环境下跨代企业家双元创新实施路径探究［J］．科学学与科学技术管理，2016（3）：125-135.

［159］张敏，张一力，凡培培．企业家"主我"认知与"宾我"认知的博弈：对双元创新路径的认知新解［J］．外国经济与管理，2016（2）：3-15.

［160］张庆普．用隐性知识组装无形资产［J］．企业管理，2002（11）：74-76.

［161］张生太，段兴民．企业集团的隐性知识传播模型研究［J］．系统工程，2004（4）：62-65.

［162］张维迎．企业理论与中国企业改革［M］．北京：北京大学出版社，1999.

［163］张秀娥，李梦莹．创业韧性的驱动因素及其对创业成功的影响研究［J］．外国经济与管理，2020，42（8）：96-108.

［164］张秀娥，徐雪娇．创业学习与新创企业成长：一个链式中介效应模型［J］．研究与发展管理，2019，31（2）：15-23.

［165］张振刚，李云健，袁斯帆，等．企业家社会资本、产学研合作与专利产出：合作创新意愿的调节作用［J］．科学学与科学技术管理，2016（7）：64.

［166］赵斌，栗虹，李新建．科技人员创新行为产生机理研究：基于计划行为理论［J］．科学学研究，2013（2）：286-297.

［167］赵彩虹，宋洋，文正再，等．产业集聚对新创企业成长的作用机制研究［J］．工业技术经济，2019，38（11）：153-160.

［168］赵福杨，林凤．创业企业人力资源共享联盟初探［J］．网络财富，2010（1）：58-59.

［169］赵丽娟，王核成．制造企业转型升级的战略风险形成机理及战略模式选择［J］．科技进步与对策，2012（10）：75-79.

［170］赵荔，杨海儒．隐性知识视角的企业家能力形成机理分析［J］．科技管理研究，2014（20）：119-122.

［171］赵敏慧，刘伟江，孙聪．创业激情对创业成功的影响——基于有调节的中介效应模型［J］．技术经济与管理研究，2019（11）：26-34.

［172］赵士军，葛玉辉，陈悦明．基于隐性人力资本价值因子的高层管理团队与团队绩效关系模型研究［J］．科技进步与对策，2011（16）：135-137.

［173］郑江淮．企业家行为的制度分析［M］．北京：人民出版社，2004：2.

［174］郑万松，孙晓琳，王刊良．基于社会资本和计划行为理论的知识共享影响因素研究［J］．西安交通大学学报（社会科学版），2014（1）：43-48.

［175］郑伟，王月红．潜在人力资本转化模型的研究［J］．科技管理研究，2014（4）：26-29.

［176］周键．创业激情对创业成长的影响及作用机制研究［J］．科学学与科学技术管理，2016（12）：82-91.

［177］周键．“情绪-行为-绩效”视角的创业激情研究［J］．科研管理，2022，43（1）：200-208.

［178］周键，王庆金．创业企业如何获取持续性成长？基于创业动态能力的研究［J］．科学学与科学技术管理，2017，38（11）：128-143.

［179］朱秀梅．资源获取、创业导向与新创企业绩效关系研究［J］．科学学研究，2008，26（3）：589-595.

［180］朱秀梅，费宇鹏．关系特征、资源获取与初创企业绩效关系实证研究［J］．南开管理评论，2010（3）：127-137.

［181］朱秀梅，魏泰龙，刘月，等．创业激情传染研究前沿探析及未来展望［J］．外国经济与管理，2019（11）：41-56.

［182］朱忠福．风险投资中企业家人力资本及激励机制研究［D］．长沙：中南大学，2004.

［183］祝振铎，李新春．新创企业成长战略：资源拼凑的研究综述与展望［J］．外国经济与管理，2016（11）：82.

［184］祝振媛，李广建．“数据—信息—知识”整体视角下的知识融合初探——数据融合、信息融合、知识融合的关联与比较［J］．情报理论与实践，2017，40（2）：12-18.

［185］庄亚明，李金生，何建敏．企业成长的内生能力模型与实证研究［J］．科研管理，2008，29（5）：155-166.

［186］邹国平，郭韬，任雪娇．区域环境因素对科技型企业规模的影响研究：组织学习和智力资本的中介作用［J］．管理评论，2017（5）：52-63.

［187］左晶晶，谢晋宇．社会网络结构与创业绩效：基于270名科技型大学生创业者的问卷调查［J］．研究与发展管理，2013（3）：64-73.

［188］Abbot Ⅲ，Thomas A. Measuring High-Technology Trade：Contrasting International Trade Administration and Bureau of Census Methodologies and Results［J］. Journal of Economic and Social Measurement，1991，17（1）：17-44.

［189］Agarwal R，Helfat C E. Strategic Renewal of Organizations［J］. Organization Science，2009，20（2）：281-293.

［190］Ahsan M，Adomako S，Mole K F. Perceived Institutional Support and Small Venture Performance：The Mediating Role of Entrepreneurial Persistence［J］. International Small Business Journal，2021，39（1）：18-39.

［191］Ajzen I. Perceived Behavioral Control，Self—Efficacy，Locus of Control，and the Theory of Planned Behavior［J］. Journal of Applied Social Psychology，2002，32（4）：665-683.

［192］Allport G W. Traits Revisited［J］. American Psychologist，1966，21（1）：1-10.

［193］Anand J，Oriani R，Vassolo R S. Alliance Activity as a Dynamic Capability in the Face of a Discontinuous Technological Change［J］. Organization Science，2010，21（6）：1213-1232.

［194］Andrew H，Van De Ven，Marshall Scott Poole. Explaining Development and Change in Organizations［J］. Academy of Management Review，1995（3）：510-540.

［195］Antony S R，Manstead，Sander A M. Distinguishing Between Perceived Behavioral Control and Self-Efficacy in the Domain of Academic Achievement Intentions and Behaviors［J］. Journal of Applied Social Psychology，1998，28（15）：1375-1392.

[196] Atkeson A, Kehoe P J. Modeling and Measuring Organization Capital [J] . Journal of Political Economy, 2005, 113 (5): 1026-1053.

[197] Atuahene-Gima Kwaku, Li Haiyang, De Luca Luigi M. The Contingent Value of Marketing Strategy Innovativeness for Product Development Performance in Chinese New Technology Ventures [J] . Industrial Marketing Management, 2006, 35 (3): 359-372.

[198] Awe S C. Intellectual Capital: Realising Your Company' s True Value by Finding Its Hidden Roots [J] . Library Journal, 1997, 40 (6): 172.

[199] Babalola S S. The Role of Socio-Psychological Capital Assets on Identification with Self-Employment and Perceived Entrepreneurial Success among Skilled Professionals [J] . Journal of Small Business & Entrepreneurship, 2010, 23 (2): 159-172.

[200] Babbie E. The Practice of Social Research [M] . Belmont: Wadsworth Pub, C. A. , 1998: 411-416.

[201] Bakker A B, Demerouti E, Verbeke W. Using the Job Demands Resources Model to Predict Burnout and Performance [J] . Human Resource Management, 2004, 43 (1): 83-104.

[202] Barbara Bird, Leon Schjoedt, Robert Baum J. Editor' s Introduction Entrepreneurs' Behavior: Elucidation and Measurement [J] . Entrepreneurship Theory and Practice, 2012 (9): 889-914.

[203] Baron J N, Hannan M T. Organizational Blueprints for Success in High-tech Start-ups: Lessons from the Stanford Project on Emerging Companies [J] . California Management Review, 2002, 44 (3): 8-36.

[204] Baron R A, Ward T B. Expanding Entrepreneurial Cognition' s Toolbox: Potential Contributions from the Field of Cognitive Science [J] . Entrepreneurship Theory and Practice, 2004, 28 (6): 553-573.

[205] Baron R A. The Role of Affect in the Entrepreneurial Process [J] . The Academy of Management Review, 2008, 33 (2): 328-340.

[206] Barrick M R. Yes, Personality Matters: Moving on to More Important Matters [J] . Human Performance, 2005, 18 (4): 359-372.

[207] Bastié F, Cieply S, Cussy P. The Entrepreneur' s Mode of Entry: The Effect of Social and Financial Capital [J] . Small Business Economics, 2011, 40 (4): 865-877.

[208] Baum J R, Locke E A. The Relationship of Entrepreneurial Traits, Skill,

and Motivation to Subsequent Venture Growth [J] . Journal of Applied Psychology, 2004, 89 (4): 587-598.

[209] Becker G S. Investment in Human Capital: A Theoretical Analysis [J] . Journal of Political Economy, 1962, 70 (5): 9-49.

[210] Becker G S, Murphy K, Mand Tamura R. Resource Cooperation Via Social Contracting Resource Acquisition Strategies for New ventures [J] . Strategic Management Journal, 1990 (11) .

[211] Becker G S. Human Capital: A theoretical and Empirical Analysis with Special Reference to Education (3rd ed.) [M] . Chicago: The University of Chicago Press, 1993.

[212] Belaid S, Hamrouni A D. How Entrepreneurs Burnout? A Narrative Approach to Understanding Entrepreneurship Burnout [J] . International Journal of Social Science and Economic Research, 2016, 1 (6): 786-805.

[213] Ben Tahar Y, Torres O. Une Étude Exploratoire Du Burnout des Dirigeants de PME [J] . Les Cahiers des RPS, 2013, 21 (June): 25-28.

[214] Bhatt Ganesh D. Organizing Knowledge in the Knowledge Development Cycle [J] . Journal of Knowledge Management, 2000, 4 (1): 15-26.

[215] Biggadike R. The Risky Business of Diversification [J] . Social Science Electronic Publishing, 1979, 57 (3): 103-111.

[216] Bird B J. Entrepreneurial Behavior [M] . Glenview, Iuinois: Scott Foresman and Company, 1989.

[217] Block J, Kremen A M. IQ and Ego-Resiliency: Conceptual and Empirical Connections and Separateness [J] . Journal of Personality & Social Psychology, 1996, 70 (2): 349-361.

[218] Boles J S, Dean D H, Ricks J M, et al. The Dimensionality of the Maslach Burnout Inventory across Small Business Owners and Educators [J] . Journal of Vocational Behavior, 2000, 56 (1): 12-34.

[219] Bono J E, Ilies R. Charisma, Positive Emotions and Mood Contagion [J] . Leadership Quarterly, 2006, 17 (4): 317-334.

[220] Bontis N. A knowledge Management Process and International Joint Venture [J] . Organization Science, 1996, 19 (4): 454-468.

[221] Bowman M J. Can Ideas be Capital? Factors of Production in the Postindustrial Economy: Review and Critique [J] . Academy of Management Review, 1969, 32 (2): 573-594.

［222］ Branzei O，Zietsma C. Entrepreneurial Love：The Enabling Functions of Positive Illusions in Venturing. ［C］. Babson－Kauffman Entrepreneurial Research Conference，2003.

［223］ Brockhaus R H. The Psychology of the Entrepreneur ［J］. Encyclopedia of Entrepreneurship，1982：3956.

［224］ Busenitz L W，Barney J B. Differences between Entrepreneurs and Managers in Large Organizations：Biases and Heuristics in Strategic Decision－Making ［J］. Journal of Business Venturing，1997，12（1）：9－30.

［225］ Caliendo M，Fossen F，Kritikos A S. Personality Characteristic and the Decisions to Become and Stay Self－Employed ［J］. Small Business Economics，2014，42（4）：787－814.

［226］ Caliendo M，Fossen F M，Kritikos A S. Risk Attitudes of Nascent Entrepre Neursnew Evidence from an Experimentally Validated Survey ［J］. Small Business Economics，2009，32（2）：153－167.

［227］ Callero P L. Role－Identity Salience ［J］. Social Psychology Quarterly，1985，48（3）：203－215.

［228］ Cantillon R. Essai Sur La Nature Du Commerce En General ［M］. Edited and Translated by H. Higgs，London：Macmillan，1931（Originally 1755）.

［229］ Cardon M S，Gregoire D A，Stevens C E，et al. Measuring Entrepreneurial Passion：Conceptual Foundations and Scale Validation ［J］. Journal of Business Venturing，2013，28（3）：373－396.

［230］ Cardon M S，Kirk C P. Entrepreneurial Passion as Mediator of the Self－Efficacy to Persistence Relationship ［J］. Entrepreneurship：Theory and Practice，2015，39（5）：1027－1050.

［231］ Cardon M S，Post C，Forster W R. Team Entrepreneurial Passion：Its Emergence and Influence in New Venture Teams ［J］. Academy of Management Review，2017，42（2）：283－305.

［232］ Cardon M S，Sudek R，Mitteness C. The Impact of Perceived Entrepreneurial Passion on Angel Investing ［J］. Frontiers of Entrepreneurship Research，2009，29（2）：1.

［233］ Cardon M S，Wincent J，Singh J，et al. The Nature and Experience of Entrepreneurial Passion ［J］. Academy of Management Review，2009，34（3）：511－532.

［234］ Carland J W，Hoy F，Boulton W R，et al. Differentiating Entreprenrurs

From Small Business Owners: A Conceptualization [J] . Academy of Management Review, 1984 (9): 354-359.

[235] Carmeli A, Schaubroeck J. The Influence of Leaders and Other Referents' Normative Expectation on Individual Involvement in Creative Work [J] . The Leadership Quarterly, 2007, 18 (1): 3548.

[236] Cassar G, Friedman H. Does Self-Efficacy Affect Entrepreneurial Investment? [J] . Strategic Entrepreneurship Journal, 2009, 3 (3): 241-260.

[237] Celik F. The Use of Time Perspective to Prevent Entrepreneurial Burnout [D] . Enschede: University of Twente, 2017.

[238] Chandler G N, Hanks S H. Measuring the Performance of Emerging Businesses: A Validation Study [J] . Journal of Business Venturing, 1993, 8 (5): 391-408.

[239] Chen C C, Greene P G, Crick A. Does Entrepreneurial Self-Efficacy Distinguish Entrepreneurs from Managers? [J] . Journal of Business Venturing, 1998, 13 (4): 295-316.

[240] Chen X, Yao X, Kotha S, et al. Entrepreneur Passion and Preparedness in Business Plan Presentations: A Persuasion Analysis of Venture Capitalists' Funding Decisions [J] . Academy of Management Journal, 2009, 52 (1): 199-214.

[241] Chin-Seang Tan, Hooi-Yin Ooi, Yen-Nee Goh. A Moral Extension of the Theory of Planned Behavior to Predict Consumers' Purchase Intention for Energy-Efficient Household Appliances in Malaysia [J] . Energy Policy, 2017 (107): 459-471.

[242] Ciptasari P, Arie D, Pandu R, et al. A Survey on HIV-Related Health-Seeking Behaviors Among Transgender Individuals in Jakarta, Based on the Theory of Planned Behavior [J] . BMC Public Health, 2015 (15): 1-10.

[243] Coase R. The Theory of the Firm [J] . Economica, 1937, 4 (16): 386-405.

[244] Collins C J, Hanges P J, Locke E A. The Relationship of Achievement Motivation to Entrepreneurial Behavior: A Meta-Analysis [J] . Human Performance, 2004, 17 (1): 95-117.

[245] Conner M, Armitage C J. Extending the Theory of Planned Behavior: A Review and Avenues for Further Research [J] . Journal of Applied Social Psychology, 1998, 28 (15): 1429-1464.

[246] Cordes C L, Dougherty T W. A Review and an Integration of Research on

Job Burnout [J]. Academy of Management Review, 1993, 18 (4): 621-656.

[247] Costa Jr P T, McCrae R R. Four Ways Five Factors are Basic [J]. Personality and Individual Differences, 1992, 13 (6): 653-665.

[248] Crafts L W, Rotter J B. Social Learning and Clinical Psychology [J]. American Journal of Psychology, 1954, 68 (4): 698.

[249] Crick G A. Does Entrepreneurial Self-Efficacy Distinguish Entrepreneurs from Managers? [J]. Journal of Business Venturing, 1998, 13 (4): 295-316.

[250] Cropanzano R, Dasborough M T, Weiss H M. Affective Events and the Development of Leader-Member Exchange [J]. Academy of Management Review, 2017, 42 (2): 233-258.

[251] Dalborg C, Wincent J. The Idea is not Enough: The Role of Self-Efficacy in Mediating the Relationship between Pull Entrepreneurship and Founder Passiona Research Note [J]. International Small Business Journal, 2015, 33 (8): 974-984.

[252] Davenport T H, Prusak L. Information Ecology: Mastering the Information and Knowledge Environment [J]. Academy of Management Executive, 1997, 15 (3): 86-90.

[253] David P, Lopez J. Effective Choice in the Prisoner's Dilemma [J]. Journal of Conflict Resolution, 2001, 24 (3): 3-25.

[254] Davidsson P, Delmar F. Arriving at the High-Growth Firms: Characteristics, Job Contribution and Method Observations [J]. Journal of Business Venturing, 2003, 18 (2): 189-216.

[255] Delaye R, Boudrandi S. L'épuisement Professionnel Chez Le Manager De Proximité: Le Rôle Régulateur De L'entreprise Dans La Prévention Du Burnout [J]. Management Avenir, 2010 (2): 254-269.

[256] Delmar F, Davidsson P, Gartner W B. Arriving at the High-Growth Firm [J]. Journal of Business Venturing, 2003, 18 (2): 189-216.

[257] Demerouti E, Bakker A B, Nachreiner F, et al. The Job Demands-Resources Model of Burnout [J]. Journal of Applied Psychology, 2001, 86 (3): 499.

[258] Demerouti E, Mostert K, Bakker A B. Burnout and Work Engagement: A Thorough Investigation of the Independency of both Constructs [J]. Journal of Occupational health Psychology, 2010, 15 (3): 209.

[259] De Mol E, Ho V T, Pollack J M. Predicting Entrepreneurial Burnout in a Moderated Mediated Model of Job Fit [J]. Journal of Small Business Management, 2018, 56 (3): 392-411.

［260］ Denison E F. Our Company's Most Valuable Asset: Intellectual Capital ［J］. Fortune, 1962, 3 (10): 68–74.

［261］ Dennis Foley, Allan John O'Connor. Social Capital and the Networking Practices of Indigenous Entrepreneurs ［J］. Journal of Small Business Management, 2013, 51 (2): 276–296.

［262］ Digman J M. Personality Structure: Emergence of the Five–Factor Model ［J］. Annual Review of Psychology, 1990, 50 (1): 417–440.

［263］ Drucker P F. The Discipline of Innovation ［J］. Harvard Business Review, 1985, 63 (3): 67–72.

［264］ Dyer G W. Toward a Theory of Entrepreneurial Careers ［J］. Entrepreneurship Theory & Practice, 1995, 19 (2): 7–21.

［265］ Eisenhardt K M, Graebner M E. Theory Building from Cases: Opportunities and Challenges ［J］. Academy of Management Journal, 2007, 50 (1): 25–32.

［266］ Envick B R, Langford M. The Five–Factor Model of Personality: Assessing Entrepreneurs and Managers ［J］. Academy of Entrepreneurship Journal, 2000, 6 (1): 617.

［267］ Evans D S, Leighton L S. Some Empirical Aspects of Entrepreneurship ［J］. American Economic Review, 1989, 79 (3): 519–535.

［268］ Fatoki O. Entrepreneurial Stress, Burnout, Intention to Quit, and Performance of an Immigrant–Owned Small Business in South Africa ［J］. International Journal of Entrepreneurship, 2019, 23 (4): 1–15.

［269］ Fedor D B, Caldwell S, Herold D M. The Effects of Organizational Change on Employee Commitment: A Multilevel Investigation ［J］. Personnel Psychology, 2006, 59 (1): 1–29.

［270］ Fernet C, Torrès O, Austin S, et al. The Psychological Costs of Owning and Managing an SME: Linking Job Stressors, Occupational Loneliness, Entrepreneurial Orientation, and Burnout ［J］. Burnout Research, 2016, 3 (2): 45–53.

［271］ Fishbein M, Ajzen I. Belief Attitude, Intention, and Behavior: An Introduction to Theory and Research ［M］. MA: Addison–Wesley, 1975.

［272］ Fisher D. The Demonstration Effect Revisited ［J］. Annals of Tourism Research, 2004, 31 (2): 428–446.

［273］ Fitz–Enz J. Managing Organizational Knowledge Integration in the Emerging Multimedia Complex ［J］. Journal of Management Studies, 2000, 36 (3): 379–398.

［274］ Foo M D, Uy M A, Baron R A. How Do Feelings Influence Effort? An Empirical Study of Entrepreneurs' Affect and Venture Effort ［J］. Journal of Applied Psychology, 2009, 94 (4): 1086.

［275］ Frank H, Lueger M, Korunka C. The Significance of Personality in Business Start-Up Intentions, Start-Up Realization and Business Success ［J］. Entrepreneurship & Regional Development, 2007, 19 (3): 227-251.

［276］ Frederic P, Lad F. A Technical Note on the Logitnormal Distribution ［R］. University of Canterbury Mathematics and Statistics Research Report, 2003.

［277］ Freudenberger H J. Staff Burnout ［J］. Journal of Social Issues, 1974, 30 (1): 159-165.

［278］ Gans J S, Stern S. The Product Market and the Market for "Ideas": Commercialization Strategies for Technology Entrepreneurs ［J］. Research Policy, 2003, 32 (2): 333-350.

［279］ Gartner W B. A Conceptual Framework for Describing the Phenomenon of New Venture Creation ［J］. Academy of Management Review, 1985, 10 (4): 696-706.

［280］ Garud R, Nayyar P R. Transformative Capacity: Continual Structuring by Intertemporal Technology Transfer ［J］. Strategic Management Journal, 1994, 15 (5): 365-385.

［281］ Garud R, Rappa M A. A Socio-cognitive Model of Technology Evolution: The Case of Cochlear Implants ［J］. Organization Science, 1994, 5 (3): 344-362.

［282］ George J M. Personality, Affect, and Behavior in Groups ［J］. Journal of Applied Psychology, 1990, 75 (2): 107-116.

［283］ Gerben A Van Kleef, Christina Anastasopoulou, Bernard A Nijstad. Can Expressions of Anger Enhance Creativity? A Test of the Emotions as Social Information (EASI) Model ［J］. Journal of Experimental Social Psychology, 2010, 46 (6): 1042-1048.

［284］ Gimeno J, Folta T B, Cooper A C, et al. Survival of the Fittest? Entrepreneurial Human Capital and the Persistence of Underperforming Firms ［J］. Administrative Science Quarterly, 1997: 750-783.

［285］ Godkin L, Allcorn S. Overcoming Organizational Inertia: A Tripartite Model for Achieving Strategic Organizational Change ［J］. The Journal of Applied Business and Economics, 2008, 8 (1): 82-94.

［286］ Goldberg L R. An Alternative "Description of Personality": The Big-Five

Factor Structure [J]. Journal of Personality & Social Psychology, 1990, 59 (6): 1216.

[287] Golembiewski R T, Munzenrider R F, Stevenson J. Stress in Organizations: Toward a Phase Model of Burnout [M]. New York: Praeger Publishers, 1986.

[288] Gompers P, Lerner J. The Venture Capital Revolution [J]. Journal of Economic Perspectives, 2001, 15 (2): 145-168.

[289] Gratton L, Ghoshal S. Managing Personal Human Capital: New Ethos for the "Volunteer" Employee [J]. European Management Journal, 2003, 21 (1): 1-10.

[290] Greenwood R, Hinings C R. Organizational Design Types, Tracks and the Dynamics of Strategic Change [J]. Organization Studies, 1988, 9 (3): 293-316.

[291] Gryskiewicz N, Buttner E H. Testing the Robustness of the Progressive Phase Burnout Model for a Sample of Entrepreneurs [J]. Educational and Psychological Measurement, 1992, 52 (3): 747-751.

[292] Gulati R. Network Location and Learning: The Influence of Network Resources and Firm Capabilities on Alliance Formation [J]. Strategic Management Journal, 1999 (20): 397-420.

[293] Gürol Y, Atsan N. Entrepreneurial Characteristics Amongst University Students: Some Insights for Entrepreneurship Education and Training in Turkey [J]. Education Training, 2006, 52 (1): 20-47.

[294] Hackett G, Betz N E. An Exploration of the Mathematics Self-Efficacy/Mathematics Performance Correspondence [J]. Journal for Research in Mathematics Education, 1989, 20 (3): 261-273.

[295] Halbesleben J R B, Buckley M R. Burnout in Organizational Life [J]. Journal of Management, 2004, 30 (6): 859-879.

[296] Hansemark O C. Need for Achievement, Locus of control and the Prediction of Business Start-Ups: A Longitudinal Study [J]. Journal of Economic Psychology, 2003, 24 (3): 301-319.

[297] Hatak I, Rauch A, Fink M, et al. Business Start-Up, Burn-Out and Start-Up Success [J]. Frontiers of Entrepreneurship Research, 2016, 36 (5): 2.

[298] Hayes A F. Process: A Versatile Computational Tool for Observed Variable Mediation, Moderation, and Conditional Process Modeling [R]. 2012.

[299] Hayton J C, Cholakova M. The Role of Affect in the Creation and Intentional Pursuit of Entrepreneurial Ideas [J]. Entrepreneurship Theory & Practice,

2012, 36 (1): 41-68.

[300] Hobfall S. Resource Conservation. A New Attempt to Conceptualize Stress [J]. American Psychologist, 1989 (3): 513-524.

[301] Hobfoll S E. Conservation of Resources: A New Attempt at Conceptualizing Stress [J]. American Psychologist, 1989, 44 (3): 513.

[302] Hodgkinson G P, Healey M P. Psychological Foundations of Dynamic Capabilities: Reflexion and Reflection in Strategic Management [J]. Strategic Management Journal, 2011, 32 (13): 1500-1516.

[303] Honjo Y. Why are Entrepreneurship Levels so Low in Japan? [J]. Japan and the World Economy, 2015 (36): 88-101.

[304] Hood J N, Young J E. Entrepreneurship's Requisite Areas of Development: A Survey of Top Executives in Successful Entrepreneurial Firms [J]. Journal of Business Venturing, 1993, 8 (2): 115-135.

[305] Hoselitz B F. Sociological Aspect of Economic Growth [M]. Nederland: Feffer and Simons, 1960.

[306] House J S. Work Stress and Social Support [M]. Reading. MA: Addisoon-wesley, 1981.

[307] Howard H Sternberg, J Carlos Jarllo. A Paradigm of Entrepreneurship [J]. Strategic Management Journal, 1990 (11): 17-27.

[308] Hsu D K. "This is My Venture!" The Effect of Psychological Ownership on Intention to Reenter Entrepreneurship [J]. Journal of Small Business and Entrepreneurship, 2013, 26 (4): 387-402.

[309] Huang L, Knight A P. Resources and Relationships in Entrepreneurship: an Exchange Theory of the Development and Effects of the Entrepreneur-Investor Relationship [J]. Academy of Management Review, 2017, 42 (1): 80-102.

[310] Icek Ajzen. The Theory of Planned Behavior [J]. Organizational Behavior and Human Decision Processes, 1991 (50): 179-211.

[311] Ireland R D, Hitt M A, Sirmon D V. A Model of Strategic Entrepreneurship: The Construct and Its Dimensions [J]. Journal of Management, 2003 (6): 963-989.

[312] Isabell M Welpe, Matthias S, Dietmar G, et al. Emotions and Opportunities: The Interplay of Opportunity Evaluation, Fear, Joy, and Anger as Antecedent of Entrepreneurial Exploitation [J]. Entrepreneurship Theory and Practice, 2012, 36 (1): 69-96.

[313] Jamal M. Burnout and Self-Employment: A Cross-Cultural Empirical Study [J]. Stress and Health: Journal of the International Society for the Investigation of Stress, 2007, 23 (4): 249-256.

[314] Jared M Hansen, George S, Vladlena Benson. Risk, Trust, and the Interaction of Perceived Ease of Use and Behavioral Control in Predicting Consumers' Use of Social Media for Transactions [J]. Computers in Human Behavior, 2018 (80): 197-206.

[315] John O P, Naumann L P, Soto C J. Paradigm shift to the Integrative Big Five Trait Taxonomy: History, Measurement, and Conceptual Issues [M]. 3rd Edition. Handbook of Personality: Theory and Research, 2008.

[316] Jolly V K, Alahuhta M, Jeannet J P. Challenging the Incumbents: How High Technology Start-Ups Compete Globally [J]. Strategic Change, 1992, 1 (2): 71-82.

[317] Jordan P J, Lindebaum D. A Model of within Person Variation in Leadership: Emotion Regulation and Scripts as Predictors of Situationally Appropriate Leadership [J]. The Leadership Quarterly, 2015, 26 (4): 594-605.

[318] Kamm J B, Shuman J C, Seeger J A, et al. Entrepreneurial Teams in New Venture Creation: A Research Agenda [J]. Entrepreneurship Theory & Practice, 1990, 14 (4): 7-17.

[319] Kaulio M A. Initial Conditions or Process of Development? Critical Incidents in the Early Stages of New Ventures [J]. R&D Management, 2003, 33 (2): 165-175.

[320] Kazanjian R K, Drazin R. A Stage-Contingent Model of Design and Growth for Technology Based New Ventures [J]. Journal of Business Venturing, 1990, 5 (3): 137-150.

[321] Keith Brodley Intellectual Capital and the New Wealth of Nationals [J]. Business Strategy Review, 1997, 8 (1): 53-62.

[322] Kelly J R, Barsade S G. Mood and Emotions in Small Groups and Work Teams [J]. Organizational Behavior and Human Decision Processes, 2001, 86 (1): 99-130.

[323] Khairuddin S, Salim L, Saidun Z, et al. Entrepreneurial Stress, Burnout and Intention to Quit: An Examination on MARA Entrepreneurs [J]. Asian Journal of Scientific Research, 2016, 9 (4): 171-175.

[324] Kihlstrom R E, Laffont J J. A General Equilibrium Entrepreneurial Theory

of Firm Formation Based on Risk Aversion [J] . Journal of Political Economy, 1979 (4): 719-748.

[325] Kirzner Israel M. Competition and Entrepreneurship [M] . Chicago: University of Chicago Press, 1973.

[326] Kirzner Israel M. The Alert and Creative Entrepreneur: A Clarification [J] . Small Business Economics, 2009, 32 (2): 145-159.

[327] Kogut B, Zander U. Knowledge of the Firm and the Evolutionary Theory of the Multinational Corporation [J] . Journal of International Business Studies, 1993, 24 (4): 625-645.

[328] Korunka C, Frank H, Lueger M, et al. The Entrepreneurial Personality in the Context of Resources, Environment, and the Startup Process—A Configurational Approach [J] . Entrep Reneurship Theory and Practice, 2003, 28 (1): 23-42.

[329] Koudstaal M, Sloof R, Praag M V. Risk, Uncertainty and Entrepreneurship: Evidence from a Lab-in-the-Field Experiment [J] . Tinbergen Institute Discussion Papers, 2015, 62 (10): 2897-2915.

[330] Kungwansupaphan C, Siengthai S. Exploring Entrepreneurs' Human Capital Components and Effects on Learning Orientation in Early Internationalizing Firms [J] . International Entrepreneurship & Management Journal, 2012, 10 (3): 1-27.

[331] Kvietok A. Psychological Profile of the Entrepreneur [EB/OL] . [2014-03-24] . http: //www. psyx. cz/texty/psychologickyprofilpodnikatele. php.

[332] Lane P J, Lubatkin M. Relative Absorptive Capacity and Inter Organizational Learning [J] . Strategic Management Journal, 1998, 19 (5): 461-477.

[333] Lavrencic J, Bukovec B, Karpljuk D, et al. Burnout and Lifestyle of Principals and Entrepreneurs [J] . RUO. Revija za Univerzalno Odlicnost, 2014, 3 (4): 147.

[334] Lechat T, Torres O. Exploring Negative Affect in Entrepreneurial Activity: Effects on Emotional Stress and Contribution to Burnout [J] . Emotions and Organizational Governance, 2016 (12): 69-99.

[335] Lee D Y, Tsang E W. The Effects of Entrepreneurial Personality, Back-Ground and Network Activities on Venture Growth [J] . Journal of Management Studies, 2001, 38 (4): 583-602.

[336] Leiter M P, Maslach C. Burnout and Engagement: Contributions to a New Vision [J] . Burnout research, 2017, 5 (1): 55-57.

[337] Leiter M P, Maslach C. The Impact of Interpersonal Environment on Burn-

out and Organizational Commitment [J]. Journal of organizational behavior, 1988, 9 (4): 297-308.

[338] Leiter M P. Coping Patterns as Predictors of Burnout: The Function of Control and Escapist Coping Patterns [J]. Journal of Organizational Behavior, 1991, 12 (2): 123-144.

[339] Lent R W, Hackett G. Career Self-Efficacy: Empirical Status and Future Directions [J]. Journal of Vocational Behavior, 1987, 30 (3): 347-382.

[340] Leonard-Barton D. Wellspring of Knowledge [M]. Boston, MA: Harvard Business School Press, 1995.

[341] Levine R, Rubinstein Y. Smart and Illicit: Who Becomes an Entrepreneur and Do They Earn More? [J]. Quarterly Journal of Economics, 2017, 132 (2): 963-1018.

[342] Lilius J M. Recovery at Work: Understanding the Restorative Side of "Depleting" Client Interactions [J]. The Academy of Management Review, 2012, 37 (4): 569-588.

[343] Little I M D, Mazumdar D, Page J M, et al. Small Manufacturing Enterprises [M]. New York: Oxford University Press, 1987.

[344] Liu W, Song Z L, Li X, et al. Why and When Leaders' Affective States Influence Employee Upward Voice [J]. Academy of Management Journal, 2017, 60 (1): 238-263.

[345] Lourel M, Abdellaoui S, Chevaleyre S, et al. Relationships Between Psychological Job Demands, Job Control and Burnout Among Firefighters [J]. North American Journal of Psychology, 2008, 10 (3): 489-496.

[346] Low M B, Macmillan I C. Entrepreneurship: Past Research and Future Challenges [J]. Journal of Management, 1988, 14 (2): 139-161.

[347] Lumpkin G T, Gregory G. Dess. Clarifying the Entrepreneurial Orientation Construct and Linking it to Performance [J]. Academy of Management Review, 1996, 21 (1): 135-172.

[348] Luszczynska A, Scholz U, Schwarzer R. The General Self-Efficacy Scale: Multicultural Validation Studies [J]. The Journal of Psychology, 2005, 139 (5): 439-457.

[349] Ma H, Tan J. Key Components and Implications of Entrepreneurship: A 4-P Framework [J]. Journal of Business Venturing, 2006, 21 (5): 704-725.

[350] Mainga W, Hirschsohn P, Shakantu W. An Exploratory Review of the Re-

lationship between Enterprise Training and Technology Upgrading: Evidence from South African Manufacturing Firms [J] . The International Journal of Human Resource Management, 2009, 20 (9): 1879-1895.

[351] Malach-Pines A. The Burnout Measure, Short Version [J] . International Journal of Stress Management, 2005, 12 (1): 78.

[352] Marquish D. The Anatomy of Successful Innovation [M] . Cambridge: Winthrop Publishes, 1982.

[353] Martin S Hagger, Derwin K C Chan, Cleo Protogerou, et al. Using Meta-Analytic Path Analysis to Test Theoretical Predictions in Health Behavior: An Illustration Based on Meta-Analyses of the Theory of Planned Behavior [J] . Preventive Medicine, 2016 (89): 154-161.

[354] Maslach C, Jackson S E, Leiter M P, et al. Maslach Burnout Inventory Manual [M] . Palo Alto, CA: Consulting Psychologists Press, 1986.

[355] Maslach C, Jackson S E. The Measurement of Experienced Burnout [J] . Journal of Organizational Behavior, 1981, 2 (2): 99-113.

[356] Maslach C. Understanding Burnout: Definitional Issues in Analyzing a Complex Phenomenon [M] . Beverly Hihs, CA: Sage, 1982: 29-40.

[357] McClelland D C. Characteristics of Entrepreneurs [M] . D Van Nostrand Company, 1961.

[358] McClelland D C. Characteristics of Successful Entrepreneurs [J] . The Journal of Creative Behavior, 1987 (21): 219-223.

[359] McClelland D C. How Motives, Skills, and Values Determine What People Do [J] . American Psychologist, 1985, 40 (7): 812.

[360] McClelland M, Smith B, David C. The Achieving Society [M] . Nixon Era: Free Press, 1967.

[361] McLean A. Occupational Stress [M] . Springfield, IL: Charles C. Thomas, 1974.

[362] Miles M, Huberman A M. Qualitative Data Analysis [M] . Beverly Hills, CA: Sage, 1984.

[363] Miller D, Friesen P H. Momentum and Revolution in Organizational Adaptation [J] . Academy of Management Journal, 1980, 23 (4): 591-614.

[364] Miller K D A. Framework for Integrated Risk Management in International Business [J] . Journal of International Business Studies, 1992, 23 (2): 311-331.

[365] Milliken F J. Three Types of Perceived Uncertainty About the Environment:

State, Effect, and Response Uncertainty [J]. The Academy of Management Review, 1987, 12 (1): 133-143.

[366] Mincer J J. Human Capital Theory: Implication for Human Resource Development [J]. Human Resource Development International, 1962, 7 (4): 545-551.

[367] Misra S, Kumar E S. Resourcefulness: A Proximal Conceptualisation of Entrepreneurial Behaviour [J]. The Journal of Entrepreneurship, 2000, 9 (2): 135-154.

[368] Mueller S L, Thomas A S. Culture and Entrepreneurial Potential: A Nine Country Study of Locus of Control and Innovativeness [J]. Journal of Business Venturing, 2001, 16 (1): 51-75.

[369] Muller S, Volery T, Siemens B A. What Do Entrepreneurs Actually Do? An Observational Study of Entrepreneurs' Everyday Behavior in the Start-Up and Growth Stages [J]. Entrepreneurship Theory and Practice, 2012 (9): 995-1017.

[370] Murphy F M, Stapleton L. Addressing Tacit Knowledge in ISD Methodologies [M] //Information Systems Development. US: Springer, 2006: 527-538.

[371] Murray H A. Explorations in Personality [M]. Oxford, UK: Oxford University Press, 1938.

[372] Nonaka I, Konno N. The Concept of "Ba": Building a Foundation for Knowledge Creation [J]. California Management Review, 1998, 40 (3): 40-54.

[373] Nonaka (Ikujirō), Takeuchi H. The Knowledge-Creating Company: How Japanese Companies Create the Dynamics of Innovation [M]. Oxford University Press, 1995.

[374] Nonaka I, Takeuchi H. The Knowledge-Creating Company [M]. New York: Oxford University Press, 1995.

[375] Nunnally J C. Psychometric Theory [M]. New York, NY: McGraw Hill, 1978.

[376] Omrane A, Kammoun A, Seaman C. Entrepreneurial Burnout: Causes, Consequences and Way Out [J]. FIIB Business Review, 2018, 7 (1): 28-42.

[377] Ozgen E, Baron RA. Social Sources of Information in Opportunity Recognition: Effects of Mentors, Industry Networks, and Professional Forums [J]. Journal of Business Venturing, 2007, 22 (2): 174-192.

[378] Packard M D, Clark B B, Klein P G. Uncertainty Types and Transitions in the Entrepreneurial Process [J]. Organization Science, 2017, 28 (5): 840-856.

[379] Park J, Chae H, Choi J N. The Need for Status as a Hidden Motive of Knowledge-sharing Behavior: An Application of Costly Signaling Theory [J]. Human Performance, 2017, 30 (1): 21-37.

[380] Pascharopoulos G. Returns to Education: A Further International Update and Implications [J]. The Journal of Human Resources, 1985, 20 (4): 36-38.

[381] Pekkala Kerr S P, William Kerr, Tina Xu. Personality Traits of Entrepreneurs: A Review of Recent Literature [R]. National Bureau of Economic Research, Inc, 2017.

[382] Pellettiere V. Organization Self-Assessment to Determine the Readiness and Risk for a Planned Change [J]. Organizational Development Journal, 2006, 24 (4): 38-44.

[383] Penrose E. The Theory of the Growth of the Firm [M]. New York: Oxford University Press, 1996.

[384] Perry Chad. After Further Sightings of the Heffalump [J]. Journal of Managerial Psychology, 1990, 5 (2): 22-31.

[385] Perry S J, Penney L M, Witt L A. Coping with the Constraints of Self-Employment: A Person-Situation Model of Entrepreneurial Burnpout [J]. Academy of Management Annual Meeting Proceedings, 2008 (1): 1-6.

[386] Pervin A L. Personality (Theory and Research) [M]. New York: John Wiley & Sons, Inc., 1993.

[387] Pfeffer J, Salancik G R. The External Control of Organizations: A Resource Dependence Perspective [J]. Social Science Electronic Publishing, 2003, 23 (2): 123-133.

[388] Phan P H, Won P K, Wang C. Antecedents to Entrepreneurship among University Students in Singapore: Beliefs, Attitudes and Background [J]. Journal of Enterprising Culture, 2002, 10 (2): 151-174.

[389] Pines A M. The Female Entrepreneur: Burnout Treated Using a Psychodynamic Existential Approach [J]. Clinical Case Studies, 2002, 1 (2): 170-180.

[390] Polanyi M. Personal Knowledge Chicago: Toward a Post-Critical Philosophy [M]. Chicago: University of Chicago Press, 1958.

[391] Preacher K J, Hayes A F. SPSS and SAS Procedures for Estimating Indirect Effects in Simple Mediation Models [J]. Behavior Research Methods, Instruments, & Computers, 2004, 36 (4): 717-731.

[392] Rahim M A. A Comparative Study of Entrepreneurs and Managers: Stress,

Burnout, Locus of Control, and Social Support [J] . Journal of Health and Human Services Administration, 1995, 18 (1): 68-89.

[393] Rauch A, Frese M. Born to be an Entrepreneur? Revisiting the Personality Approach to Entrepreneurship [A] // J R Baum, M Frese, R A Baron. The Psychology of Entrepreneurship [M] . Mahwah, N J: Erlbaum, 2007a: 41-65.

[394] Rauch A, Frese M. Let' s Put the Person Back into Entrepreneurship Research: A Meta-Analysis on the Relationship between Business Owners' Personality Traits, Business Creation, and Success [J] . European Journal of Work and Organizational Psychology, 2007b (16): 353-385.

[395] Rauch A. Predictions of Entrepreneurial Behavior: A Personality Approach [R] . Handbook of Research on Small Business and Entrepreneurship, 2014.

[396] Reger K, Duhaimf M, Stimpert J L. Deregulation, Strategic Choice, Risk and Financial Performance [J] . Strategic Management Journal, 1992, 13 (3): 189-204.

[397] Reynolds D A. Experimental Evaluation of Features for Robust Speaker Identification [J] . IEEE Transactions on Speech and Audio Processing, 1994, 2 (4): 639-643.

[398] R H Coase. The Nature of the Firm [J] . Economica, 1937, 4 (16): 386-405.

[399] Rieber M. The Effect of Music on the Activity Level of Children [J] . Psychonomic Science, 1965, 3 (1-12): 325-326.

[400] Romer P M. Risk, Uncertainly, and Profit [M] . New York: Augustus M. Kelley, 1987.

[401] Ross D G. Taking a Chance: A Formal Model of How Firms Use Risk in Strategic Interaction with Other Firms [J] . Academy of Management Review, 2014, 39 (2): 202-226.

[402] Rotter J B. Generalized Expectancies for Internal Versus External Control of Reinforcement [J] . Psychological Monographs: General and Applied, 1966, 80 (1): 1-28.

[403] Rui B, Karaöz M, Mendonça J. The Impact of Human Capital on the Early Success of Necessity Versus Opportunity-Based Entrepreneurs [J] . Small Business Economics, 2014 (42): 831-847.

[404] Runtian Jing, McDermott E Patrick. Transformation of State-Owned Enterprises in China: A Strategic Action Model [J] . Management and Organization Re-

view, 2013, 9 (1): 53-86.

[405] Saboe M B. Essays on Entrepreneurship Across Space: How Cities Support the Emergence, Survival, and Capital Acquisition of Entrepreneurs [D] . US: Lehigh University, 2013.

[406] Saint-Onge H. Tacit Knowledge: The Key to the Strategic Alignment of Intellectual Capital [J] . Strategy and Leadership, 1996 (2): 10-14.

[407] Schultz T. Investment in Human Capital [J] . American Economic Review, 1961, 51 (1): 1-17.

[408] Schumpeter, J. A. The Theory of Economic Development (R. Opie, Trans.) [M] . Cambridge, Mass: Harvard University Press, 1934.

[409] Shane S, Venkataraman S. Entrepreneurship as a Field of Research: The Promise of Entrepreneurship as a Field of Research [J] . Academy of Management Review, 2000, 26 (1): 13-17.

[410] Shapero A. The Displaced, Uncomfortable Entrepreneur [J] . Psychology Today, 1975 (9): 83-133.

[411] Shaver K G, Scott L R. Person, Process, Choice: The psychology of New Venture Creation [J] . Entrepreneurship Theory and Practice, 1992, 16 (2): 23-46.

[412] Shepherd C D, Marchisio G, Morrish S C. et al. Entrepreneurial Burnout: Exploring Antecedents, Dimensions and Outcomes [J] . Journal of Research in Marketing Entrepreneurship, 2010, 12 (1): 71-79.

[413] Shepherd D A, Patzelt H, Wolfe M T, et al. Moving Forward from Project Failure: Negative Emotions, Affective Commitment, and Learning from the Experience [J] . Academy of Management Journal, 2011, 54 (6): 1229-1259.

[414] Shepherd D A, Wiklund J, Haynie J M. Moving Forward: Balancing the Financial and Emotional Costs of Business Failure [J] . Journal of Business Venturing, 2009, 24 (2): 134-148.

[415] Shepherd D A. Grief Recovery from the Loss of a Family Business: A Multi-and Meso-Level Theory [J] . Journal of Business Venturing, 2009, 24 (1): 81-97.

[416] Shepherd D A. Learning from Business Faliure: Propositions of Grief Recovery for the Self-Employed [J] . Academy of Management Review, 2003, 28 (2): 318-328.

[417] Simon M, Houghton S M, Aquino K, et al. Cognitive Biases, Risk Per-

ception, and Venture Formation: How Individuals Decide to Start Companies [J] . Journal of Business Venturing, 2000, 15 (2): 113-134.

[418] Slywotzky A. Exploring the Strategic Risk Frontier [J] . Strategy & Leadership, 2004 (6): 11-19

[419] Smilor Raymond W. Entrepreneurship: Reflections on a Subversive Activity [J] . Journal of Business Venturing, 1997, 12 (5): 341-346.

[420] Smith A. The Theory of Moral Sentiments [M] . Oxford: Clarendon Press, 1976.

[421] Smith E R, Conrey F R. Agent-Based Modeling: A New Approach for Theory Building in Social Psychology [J] . Personality and Social Psychology Review, 2007, 11 (1): 87-104.

[422] Stajkovic A D, Luthans F. Self-Efficacy and Work-Related Performance: A Meta-Analysis [J] . Psychological Bulletin, 1998, 124 (2): 240-261.

[423] Stam W, Arzlanian S, Elfring T. Social Capital of Entrepreneurs and Small Firm Performance: A Meta-Analysis of Contextual and Methodological Moderators [J] . Journal of Business Venturing, 2013, 29 (1): 152-173.

[424] Starbuck W H. Organizational Growth and Development [J] . Handbook of Organizations, 1965 (111): 451-533.

[425] Starbuck W H. Organizational Growth and Development [M] . England: Penguin Books, 1971.

[426] Steffens N K, Yang J, Jetten J, et al. The Unfolding Impact of Leader Identity Entrepreneurship on Burnout, Work Engagement, and Turnover Intentions [J] . Journal of Occupational Health Psychology, 2017, 23 (3): 373-387.

[427] Stephan U. Entrepreneurs' Mental Health and Well-Being: A Review and Research Agenda [J] . Academy of Management Perspectives, 2018, 32 (3): 290-322.

[428] Sternberg R J. Practical Intelligence in Everyday Life [M] . Cambridge: Cambridge University Press, 2000.

[429] Stewart W H, Roth P L. A Meta-Analysis of Achievement Motivation Differences between Entrepreneurs and Managers [J] . Journal of Small Business Management, 2010, 45 (4): 401-421.

[430] Stumpf S A. Career Goal: Entrepreneur? [J] . International Journal of Career Management, 1992, 4 (2) .

[431] Sy T, Côté S, Saavedra R. The Contagious Leader: Impact of the Lead-

er' s Mood on the Mood of Group Members, Group Affective Tone, and Group Processes [J] . Journal of Applied Psychology, 2005, 90 (2): 295.

[432] Tahar Y B. Entrepreneurial Burnout: Theoretical and Empirical Discussion [C] //ICSB World Conference Proceedings. International Council for Small Business (ICSB), 2017: 1-6.

[433] Teece David, Piano Gary. The Dynamic Capabilities of Firms: An Introduction [J] . Industrial & Corporate Change, 1997, 3 (3): 537-556.

[434] Tetrick L E, Slack K J, Da Silva N, et al. A Comparison of the Stress-Strain Process for Business Owners and Nonowners: Differences in Job Demands, Emotional Exhaustion, Satisfaction, and Social Support [J] . Journal of Occupational Health Psychology, 2000, 5 (4): 464.

[435] Thomas J B, Clark S M, Gioia D A. Strategic Sensemaking and Organizational Performance: Linkages Among Scanning, Interpretation, Action, and Outcomes [J] . Academy of Management journal, 1993, 36 (2): 239-270.

[436] Trewatha R L. Management, Functions and Behavior [R] . 1979.

[437] Tushman M L, Romanelli E. Organizational Evolution: A Metamorphosis Model of Convergence and Reorientation [J] . Research in Organizational Behavior, 1985 (7): 171-222.

[438] Ucbasaran D, Westhead P, Wright M, et al. Does Entrepreneurial Experience Influence Opportunity Identification [J] . The Journal of Private Equity, 2003 (1): 7-14.

[439] Utsch A, Rauch A. Innovativeness and Initiative as Mediators between Achievement Orientation and Venture Performance [J] . European Journal of Work & Organizational Psychology, 2000, 9 (1): 45-62.

[440] Vallerand R J, Blanchard C, Mageau G A, et al. Les Passions De L' ame: On Obsessive and Harmonious Passion [J] . Journal of Personality and Social Psychology, 2003, 85 (4): 756.

[441] Virany B, Tushman M L, Romanelli E. Executive Succession and Organization Outcomes in Turbulent Environments: An Organization Learning Approach [J] . Organization Science, 1992 (3): 72-91.

[442] Voltmer E, Spahn C, Schaarschmidt U, et al. Work-Related Behavior and Experience Patterns of Entrepreneurs Compared to Teachers and Physicians [J] . International Archives of Occupational and Environmental Health, 2011, 84 (5): 479-490.

［443］ Walsh J R. Capital Concept Applied to Man ［J］ . Quarterly Journal of Economics, 1935, 49 (2): 255-285.

［444］ Wang D, Sutcliffe A, Zeng X J. A Trust-Based Multi-Ego Social Network Model to Investigate Emotion Diffusion ［J］ . Social Network Analysis & Mining, 2011, 1 (4): 287-299.

［445］ Wang G, Seibert S E. The Impact of Leader Emotion Display Frequency on Follower Performance: Leader Surface Acting and Mean Emotion Display as Boundary Conditions ［J］ . The Leadership Quarterly, 2015, 26 (4): 577-593.

［446］ Wei X, Cang S, Hisrich R D. Entrepreneurial Stressors as Predictors of Entrepreneurial Burnout ［J］ . Psychological Reports, 2015, 116 (1): 74-88.

［447］ Wei X, Hai L. Chinese Employee' s Turnover Intentions in Relation to Organizational Identification, Work Values, Job Satisfactions in Service Industry ［C］ . International Conference on Wireless Communications. IEEE, 2007.

［448］ Werner S, Brouthers L E, Brouthers K D. International Risk and Perceived Environmental Uncertainty: The Dimensionality and Internal Consistency of Miller' s Measure ［J］ . Journal of International Business Studies, 1996, 27 (3): 571-587.

［449］ Wesolowski M A, Mossholder K W. Relational Demography in Supervisor-Subordinate Dyads: Impact on Subordinate Job Satisfaction, Burnout, and Perceived Procedural Justice ［J］ . Journal of Organizational Behavior, 1997, 18 (4): 351-362.

［450］ Wiig K M. Integrating Intellectual Capital and Knowledge Management ［J］ . Long Range Planning, 1997, 30 (3): 399-405.

［451］ Wincent J, Oertqvist D, Drnovsek M. The Entrepreneur' s Role Stressors and Proclivity for a Venture Withdrawal ［J］ . Scandinavian Journal of Management, 2008, 24 (3): 232-246.

［452］ Winnen C J. To Be or Not to Be: The Role of Passion and Obsession in the Entrepreneurial Process ［M］ . Minnesota: University of St. Thomas, 2005.

［453］ Winter S, Nelson R. An Evolutionary Theory of Economic Change ［M］ . Cambridge, Mass: Harvard University Press, 1982.

［454］ Wyer Jr R S, Srull T K. Memory and Cognition in Its Social Context ［M］ . Philadelphia: Psychology Press, 1989.

［455］ Yin R K. The Case Study Anthology ［M］ . CA: Sage Publications Inc, 2004.

[456] Yukl G A. Leadership in Organizations [M] . 6th ed. Upper Saddle River, NJ: Prentice-Hall, 2006.

[457] Zhao H, Seibert S E. The Big Five Personality Dimensions and Entrepreneurial Status: A Meta - Analytical Review [J] . Journal of Applied Psychology, 2006, 91 (2): 259-271.

[458] Zott C, Huy Q N. How Entrepreneurs Use Symbolic Management to Acquire Resources [J] . Administrative Science Quarterly, 2007, 52 (1): 70-105.

附录1　访谈提纲

访谈目的：创业者倦怠是一种普遍现象，特别是在新冠肺炎疫情影响下，创业倦怠研究议题变得更为重要。为了构建创业倦怠研究框架，我们需要对创业者是如何理解倦怠及其具体实践进行现场访谈，通过访谈来验证以及构建倦怠的整体研究框架。访谈中得到的信息和您的想法或建议是我们进行学术研究的重要依据。

为了保证此次访谈结果的真实有效，希望您在访谈的过程中，能本着“知无不言、言无不尽”的原则与我们进行交流。本次访谈的内容仅作为个人研究使用，保证不会向他人透露访谈内容，请您畅所欲言。

1. 基本情况

个人信息：年龄、性别、创业经历。

企业信息：企业创建时间、有多少员工、合作伙伴人数、所属行业、企业所处发展阶段。

2. 对倦怠特征进行描述

（1）回忆创业过程中经历的困难事件，在自然状态下阐述自己的倦怠特征。

（2）回忆最近一段时间最失意的时候，详细描述起因、经过和处理方式。

（3）描述自己近期的情绪变化。

（4）回忆并讲述创业过程中最有成就感和认同感的事件。

（5）如何理解创业意愿，描述自己从开始创业到现在创业意愿的变化。

附录 2　正式测量问卷

创业倦怠研究问卷

尊敬的女士/先生：

您好！感谢您在百忙之中参与此次问卷调查！

这是一份有关创业情绪研究的调查问卷，部分问题涉及您个人的基本信息和企业相关信息，请您亲自填写。您仅需根据您的第一反应进行作答即可。本问卷仅用于个人学术研究，我们将恪守科学研究道德规范，做好保密工作。所选题项无对错之分，请您结合自身情况作答。在您认为合适的选项前的数字打“√”，再次对您表示感谢！

第一部分：基本信息情况调查

说明：本部分共分为两大块，分别关于个人基本信息和企业基本信息。请根据您的实际情况进行填写，在备选答案中选择合适的答案，在相应的方框内划“√”。

1. 个人背景信息

（1）性别：

男□　　　　　　女□

（2）文化程度：

高中及以下□　　大专□

本科□　　　　　硕士及以上□

（3）您是否在企业中雇佣家庭成员？

是□　　　　　　否□

（4）您是否有过创业经历？

有□　　　　　　没有□

（5）您是否有过创业失败的经历？

有□　　　　　　没有□

2. 企业基本信息

（1）您的企业目前处于哪一发展阶段？

□创业期　　　　□成长期

□扩张期　　　　□成熟期

（2）您的公司创立年限：

□1 年及以下　　□1~5 年

□5~8 年　　　　□8 年及以上

（3）企业拥有员工人数：

□10 人及以下　　□10~50 人

□50~100 人　　　□100 人及以上

（4）您的企业属于下列哪个行业：

□农、林、牧、渔业	□制造业	□采矿业	□批发和零售业
□建筑业	□电力、热力、燃气及水生产和供应业	□交通运输、仓储和邮政业	□信息传输、软件和信息技术服务业
□住宿和餐饮业	□金融业	□租赁和商务服务业	□其他

第二部分：创业者心理情况调查

1. 创业倦怠测量

下面请您对创业过程中自己的感受进行作答。问卷中不同数字代表不同的感受程度。具体而言，1=非常不符合；2=不符合；3=不确定；4=比较符合；5=非常符合。请您在与您想法相符的数字下打“√”。

（1）我感觉创业太辛苦了。……………………………… ①　②　③　④　⑤

（2）我时常因为创业的事情感到焦虑。……………… ①　②　③　④　⑤

（3）创业过程中我的情绪变得低落。………………… ①　②　③　④　⑤

（4）整天创业让我神经紧绷、心力交瘁。…………… ①　②　③　④　⑤

（5）我不愿向他人表达自己的情绪。………………… ①　②　③　④　⑤

（6）频繁地与客户打交道使我的创业热情降低。…… ①　②　③　④　⑤

（7）我因为创业和他人发生过争吵。………………… ①　②　③　④　⑤

（8）我与合作伙伴产生过矛盾冲突。………………… ①　②　③　④　⑤

（9）我始终为实现创业目标而努力。………………… ①　②　③　④　⑤

（10）创业过程中我很有成就感。……………………… ①　②　③　④　⑤

（11）我在创业的过程中做了许多有意义的事。 …… ① ② ③ ④ ⑤

（12）创业过程中我收获了很多。 ………………… ① ② ③ ④ ⑤

（13）我认为自己是一个合格的创业者。 …………… ① ② ③ ④ ⑤

（14）我的创业动力没有因困难而衰减。 …………… ① ② ③ ④ ⑤

（15）我没有过退出创业的想法。 ………………… ① ② ③ ④ ⑤

（16）遭受创业失败后我仍然会选择继续创业。 …… ① ② ③ ④ ⑤

（17）如果让我再选择一次，我仍然会选择
进行创业。 ……………………………………… ① ② ③ ④ ⑤

2. 创业韧性测量

下面请您对创业过程中自我心理韧性水平进行作答。具体而言，1=非常不符合；2=不符合；3=不确定；4=比较符合；5=非常符合。请您在与您想法相符的数字下打"√"。

（1）我能克服困难并实现创业目标。 ……………… ① ② ③ ④ ⑤

（2）我不会因为创业失败而气馁。 ………………… ① ② ③ ④ ⑤

（3）我认为自己是一个很坚强的人。 ……………… ① ② ③ ④ ⑤

（4）我能在压力下保持专注。 ……………………… ① ② ③ ④ ⑤

（5）我能在遭遇困难之后尽快恢复良好状态。 ……… ① ② ③ ④ ⑤

（6）我能应付创业过程中遇到的任何困难。 ……… ① ② ③ ④ ⑤

（7）我能适应创业环境的快速变化。 ……………… ① ② ③ ④ ⑤

（8）应付压力使我变得更加坚强。 ………………… ① ② ③ ④ ⑤

（9）我试着看到事情好的一面。 …………………… ① ② ③ ④ ⑤

（10）我能调节好创业中不愉快的情绪。 …………… ① ② ③ ④ ⑤

3. 创业坚持行为测量

下面描述的是您在创业过程中有关创业坚持行为的评价问卷，请根据您的实际想法和感受进行作答。问卷中不同数字代表不同的感受程度。具体而言，1=非常不符合；2=不符合；3=不确定；4=比较符合；5=非常符合。请您在与您想法相符的数字下打"√"。

（1）即使别人反对我也会坚持创业。 ……………… ① ② ③ ④ ⑤

（2）当其他人退出创业时，我会反复思考是否
继续坚持创业。 …………………………………… ① ② ③ ④ ⑤

（3）无论面对多大挑战，我都会坚持创业。 ……… ① ② ③ ④ ⑤

（4）我在创业过程中经常不得不放下手中的
工作去履行其他职责。 …………………………… ① ② ③ ④ ⑤

（5）我对生活的满意度大部分来自于创业活动。 …… ① ② ③ ④ ⑤

（6）相对于我认识的人，我在创业中付出的努力更多。…… ① ② ③ ④ ⑤

4. 创业绩效测量

下面描述的是您对企业创业绩效的评价问卷，请根据您的实际想法和感受进行作答。问卷中不同数字代表不同的感受程度。具体而言，1＝非常不符合；2＝不符合；3＝不确定；4＝比较符合；5＝非常符合。请您在与您想法相符的数字下打“√”。

（1）本公司市场占有率高于同行业其他企业。…… ① ② ③ ④ ⑤
（2）本公司利润高于同行业其他企业。…… ① ② ③ ④ ⑤
（3）本公司投资收益率高于同行业其他企业。…… ① ② ③ ④ ⑤
（4）本公司员工数量高于同行业其他企业。…… ① ② ③ ④ ⑤
（5）本公司销售额增长速度高于同行业其他企业。…… ① ② ③ ④ ⑤
（6）本公司收益增长速度高于同行业其他企业。…… ① ② ③ ④ ⑤
（7）本公司市场份额增速高于同行业其他企业。…… ① ② ③ ④ ⑤
（8）本公司新产品或新服务增速高于同行业其他企业。…… ① ② ③ ④ ⑤

后　记

本书是我主持的国家社科基金项目“基于企业家隐性人力资本视角的科技型创业企业成长机理研究”（15BGL072）的结项研究成果。自项目立项以来，课题组围绕预期研究的核心问题展开深入分析和研究，在完成预期研究计划基础上，深入探索和挖掘了企业家隐性人力资本的内涵及外延，从企业家创业情绪和企业家行为的视角展开了深入研究，并形成了研究报告及相应的研究成果。

在研究内容方面，通过系统的文献综述和分析界定了企业家隐性人力资本的内涵，并对科技型企业家隐性人力资本的形成及转化机理进行了理论分析，构建了基于隐性知识和社会网络的科技型企业家隐性人力资本形成机理，以及企业家隐性人力资本显性化和组织化的理论模型。在企业家隐性人力资本与科技型初创企业成长的关系方面，从企业家社会资本、企业家精神、企业家行为等方面进行了实证研究，验证了企业家隐性人力资本通过社会网络、企业集群对企业成长的影响，构建了基于企业家隐性人力资本视角的科技型初创企业成长路径。在实践研究方面，对天津、北京、上海、浙江等省市的科技型初创企业进行了深入的调研，借鉴各省市的发展经验提出了天津市科技型初创企业的发展思路，同时调研科技型企业家的成长情况，提出了科技型企业家的培育模式。

在研究成果方面，在《外国经济与管理》等 CSSCI 期刊上发表论文 3 篇，参加并发表国际会议论文 4 篇（已检索），出版中期研究成果专著 1 部（获得天津市第十五届社会科学优秀成果奖二等奖），发表咨政建议 2 篇（其中一篇获天津市委原书记李鸿忠同志批示），完成咨政建议 2 篇（修改投稿中）。在课题开展研究期间，围绕科技型企业成长与发展获批省部级项目 3 项，包括天津市科学技术委员会招标项目（在研）、一般项目（已结项）各 1 项，获批天津市教育委员会人文社科重大基金项目 1 项（在研），特别是 2022 年 8 月再次获批教育部人文社科基金项目。

在人才培养方面，培养企业管理专业硕士研究生 7 名并已顺利毕业，课题组负责人到美国科罗拉多大学博尔德分校、美国加州大学圣巴巴拉分校分别访学 6 个月和 3 个月，并跟随天津市教育委员会到德国亚琛工业大学和汉堡大学学习工业 4.0 并考察科技型企业发展情况。

本书的一些研究成果得到了很多前人研究的启示和启发，虽然在参考文献中进行了尽可能详细的标注，但是难免存在遗漏之处，在此也向众多的研究学者致以崇高的敬意和感谢。正是这些孜孜以求的学者的贡献推动着我们前进。同时，我深知本书在内容上还存在很多亟待完善的地方，我将不懈努力，也请各位同行批评指正。

本书的出版还得益于经济管理出版社编辑张莉琼老师的辛苦工作和大力支持。张莉琼飒爽利落的工作作风和严谨的工作态度让本书得以顺利出版！我的博士研究生张贵娟和硕士研究生耿少轻、宋爽三位同学在完成项目期间做了大量的工作，分别负责第四章、第三章和第五章的撰写。张贵娟、宋爽同学在企业家行为（创业倦怠）方面的研究成果发表在《外国经济与管理》期刊上。宋爽同学在疫情期间克服困难，跟我做了大量的创业企业家访谈和分析工作，形成大量宝贵的资料，为本课题的研究和本书的出版打下了良好的基础。感谢所有课题组成员的贡献。

该项目的系列研究成果得到了评审专家的一致认可，最终结项评级为“优秀”，这是对我多年来辛勤投入最好的回报，对我未来的研究也是一种激励和鞭策，我将结合评审专家的建议和意见继续深入研究，产出更优秀的成果。

刘玉斌

2022 年 11 月于天财园